Das Buch

Freiwillig mit dem Fahrrad von München nach Meran! In siebeneinhalb Tagen und quer über die Alpen. Das deutsch-italienische Dreamteam Jutta Speidel und Bruno Maccallini will es wissen und scheut keine Strapazen. Anfangs läuft alles bestens, die beiden genießen ein kühles Bier im Kloster Andechs, finden ein angenehmes Nachtquartier, und die anstrengenden Steigungen halten sich auch noch in Grenzen. Doch die Katastrophen lassen nicht lange auf sich warten: Die italienische Telefonitis nimmt überhand, Jutta bekommt einen Hexenschuss, und Bruno hat keine Lust mehr, die Berge hinaufzuradeln. Doch alles wird gut, spätestens hinter der Ziellinie in Meran ...

Mit viel Charme und Humor erzählen Jutta Speidel und Bruno Maccallini die Geschichte ihrer Reise und machen Lust, selbst mal wieder loszuradeln.

Die Autoren

Jutta Speidel ist mit Leib und Seele Schauspielerin, eine der beliebtesten und erfolgreichsten im deutschsprachigen Raum. Sie wurde in München geboren und ist dort verwurzelt. Jutta Speidel hat zwei erwachsene Töchter. Ein Hund und die Mama komplettieren die Familie. Die Schauspielerin ist Gründerin des Vereins und der Stiftung HORIZONT, der sich für obdachlose Kinder und ihre Mütter einsetzt. www.horizont-ev.org

Bruno Maccallini stammt aus Rom und ist in Italien ein erfolgreicher Theaterschauspieler, Regisseur und Fernsehproduzent. In Deutschland wurde er berühmt als »Cappuccino-Mann« in verschiedenen Werbekampagnen (»Isch abbe gar kein Auto, Signorina!«). Zusammen mit seiner Lebensgefährtin Jutta Speidel spielt er auch in deutschen Fernsehfilmen.

Wir haben gar kein Auto ... ist das erste Buch der beiden Autoren.

Jutta Speidel
Bruno Maccallini

Wir haben gar kein Auto …

Mit dem Rad über die Alpen

Ullstein

Besuchen Sie uns im Internet:
www.ullstein-taschenbuch.de

Der Text von Bruno Maccallini wurde von
Michael von Killisch-Horn übersetzt.

Umwelthinweis:
Dieses Buch wurde auf chlor- und säurefreiem Papier gedruckt.

Originalausgabe im Ullstein Taschenbuch
1. Auflage November 2009
3. Auflage 2009
© Ullstein Buchverlage GmbH, Berlin 2009
Umschlaggestaltung: HildenDesign, München
Titelabbildung: © privat (Autoren)/© gioadventures (Berge)/
© AskinTulayOver/© mustafahacalaki/iStockphoto
Satz: LVD GmbH, Berlin
Gesetzt aus der Bembo
Druck und Bindearbeiten: CPI – Ebner & Spiegel, Ulm
Printed in Germany
ISBN 978-3-548-37318-8

*Gewidmet unseren Töchtern
Franziska, Antonia und Martina*

• • • • • • • • • • • • • • • • •

Dieses Buch ist kein Werk der Phantasie. Namen, Personen, Orte und Ereignisse sind von den Autoren beabsichtigt. Diejenigen, die sich darin entdecken, mögen den Dilettantismus eines Erstlingswerks mit Humor betrachten.

Vorbereitungen einer Deutschen

Ich gehe schwanger, oder wie sagt man so schön? Also, ich hab da so eine Idee … Nein, es ist einfach so: Bruno und ich radeln dann mal nach Meran! Na, von München aus natürlich, von wo sonst?

»Aber sonst geht's euch gut?« – »Ihr habt sie ja nicht mehr alle!« – »Ihr macht doch schon nach fünfzig Kilometern schlapp!« – »Ihr seid doch gar nicht trainiert!« – »Weißt du eigentlich, wie dir der Hintern wehtut, da bist du noch nicht mal am Ammersee!« – »Wozu eigentlich? Habt ihr gerade nichts zu tun?«

»Doch. Zu tun, was auch immer das heißt, haben wir schon, also daran liegt es nicht«, erwidere ich. Ich hab so was einfach noch nie gemacht und denke mir, dass es eine tolle Sache ist, sich einfach aufs Rad zu schwingen. Man hat zwar ein Endziel und muss dennoch täglich mit einer ungewissen Strecke klarkommen. Mein Gott, so was haben doch auch schon andere gemacht, so außergewöhnlich ist das nun auch wieder nicht.

Wenn man nun über einen gewissen Zeitraum mit einer solchen Idee liebäugelt, neigt man dazu, sich entweder von allen Miesepetern anstecken zu lassen und mehr und mehr die eventuellen Kalamitäten, die auf einen zukommen könnten, mit Sorge zu betrachten. Oder man schwenkt ins genaue Gegenteil um und sieht irgendwann *nichts,* aber auch gar *nichts* mehr als unüberwindbar an.

Nun gut, oder aber schlecht, *ich* neige jedenfalls dazu, alles zu verharmlosen und Bruno den ewigen Zauderer spielen zu lassen.

Als Erstes gehen wir mit unseren Rädern in ein richtiges Fachgeschäft und sagen dem mit Prachtwadln ausgestatteten Besitzer, was wir so vorhaben.

Und was macht der Mann? Er lacht! Weniger über unser Vorhaben als über unsere prächtigen Mountainbikes, auf die wir so stolz sind.

»Mit den Dingern japst ihr euch aber ganz schön ab, wenn ihr mal 'ne kleine Steigung habt, die sind ja viel zu schwer. Und 'nen Gepäckträger wollt ihr auch noch draufladen? Oder nehmt ihr 'nen Rucksack? Sieht auch wirklich cooler aus, aber seid ihr es gewöhnt, so an die fünfzehn Kilo ständig auf dem Buckel zu haben? Wie lange wollt ihr überhaupt unterwegs sein?«

»Ich dachte, so sieben bis zehn Tage«, antworte ich schon etwas kleinlauter. »Na ja, wir brauchen ja nicht so viele Klamotten, wir radeln ja im Sommer, wenn's schön ist.« Irgendwie merke ich, dass der durchaus sympathische und sicherlich sehr Bike-erfahrene Radlverkäufer sich ein wenig aufplustert. Es folgt ein Monolog über Wetterverhältnisse, von zu viel Sonne oder Schneegestöber im Juli, von durchgeschwitzten T-Shirts, die nicht mehr salonfähig sind, von ollen Stinksocken und dem Bedürfnis nach normaler Kleidung abends sowie von einem Salben- und Medizinset, das unbedingt vonnöten sei.

Ich zähle insgeheim die Kilos und stopfe sie in Brunos Rucksack und meine Seitentaschen. Dann zähle ich meine persönlichen Kilos und die meines Radls dazu. Ja, und dann bin ich ganz still.

Wir schlendern mit Expertenblick durch den schönen Laden und betrachten das enorme Sortiment an Outfits. Sind schwer beeindruckt von den Windelhosen – nein, so sehen sie nur aus, diese gepolsterten Radlhosen. Ja, und was es da für Exemplare gibt! Ich stelle mir insgeheim vor, wie ich breitbeinig und mit hungrigem Magen in ein Gasthaus einfalle. Wahnsinnig elegant, bestimmt passt mein Odeur auch dazu, die Haare verklebt vom Helm, die Wadln von der letzten Pfütze ordentlich verkrustet, aber den Siegerblick in den Augen: Ich habe den Mount Zirl erklommen, Leute, seht mich an!

In diesem Geschäft gibt es die wundersamsten Helme, die ich je gesehen habe. Aerodynamisch, vorne spitz, hinten rund, Modelle, die nach vorne abfallen und sich hinten auftürmen, den kleinen, schnuckeligen runden, den großen motorradähnlichen, welche mit Visier und welche ohne – und das Ganze in Farben, die nichts mehr zu wünschen übrig lassen.

Wir bestaunen das große Sortiment von Schuhen, die der versierte Radler *unbedingt* benötigt.

»Eigentlich hatte ich vor, in Turnschuhen zu radeln, damit ich für abends auch gleich welche habe und nicht noch extra ein Paar mitschleppen muss.« Fast hätte mich der mitleidige Blick getötet, der mich trifft. Okay, okay, war ja nur so 'ne Idee! »Also, dann zeigen Sie mal her, was Sie so für mich richtig finden«, fordere ich ihn auf.

Daraufhin hält er mir ein Paar Schuhe unter die Nase, klar, die aerodynamischen mit Haken, damit ich nicht aus den Pedalen rutsche.

Die Vorstellung, mich haut's mit dem Rad bergab hin und ich komme nicht aus den Pedalen raus, dafür aber ins Krankenhaus rein, lässt mich erschaudern. »Gibt's denn nicht was Aerodynamisches ohne Angelhaken?«, frage ich mit gewinnendem Lächeln.

Hurra, er hat's kapiert und bringt mir hübsche und auch noch farblich erträgliche Sportschuhe. Ich kann es kaum glauben, sie finden offenbar auch in seinen Augen Gnade als Radltreter. Ja, und dann zeigt er uns etwas, bei dem ich mir spontan denke: Das ist so praktisch und gut durchdacht, das muss eine Frau erfunden haben!

Wir haben ja schon über das Wetter geredet und darüber, dass es auf so einer Tour oft voller Überraschungen steckt. Mal regnet es, und du bist nass bis auf die Haut, dann ist es wieder warm, oder der kalte Fahrtwind lässt dich erschaudern. Damit diese Abwechslungen besser zu ertragen sind, hat die schlaue Bikerfrau oder der schlaue Bikermann – ich will mal nicht so sein – lose Ärmel und Hosenbeine passend zum Outfit erfunden. Die rollst du je nach Temperatur und Belieben rauf und runter. So fährst du mal mit kurzem Arm und im nächsten Moment wohlig warm eingepackt bis zu den Fingern, und das Gleiche gilt für die Beine. Einfach genial!

Die will ich sofort haben, und dazu das Jäckchen mit den vielen Taschen. Schick, wirklich schick! Irgendwie komm ich mir schon richtig dazugehörig vor.

Bruno ist auch ganz enthusiastisch. Er neigt ja dazu, immer gleich alles haben zu wollen, so quasi für alle Fälle. Ich dagegen denke wieder an die Kilos und daran, was das Zeugs so alles kostet. Also, ganz easy kann man da einen Betrag hinlegen, der mir sonst eigentlich eher bei einem Edelschneider passiert. Auf 'ner Party würde ich aber damit ganz schön aus dem Rahmen fallen.

Also, es muss ein Outfit her, das man notfalls auch am Abend, bevor man ins noch nicht gefundene Nachtquartier fällt, in einem Gasthaus tragen kann. Vielleicht gibt's ja nette Überhosen, ich meine, damit die Windeln nicht so auffallen. Blöde Frage, natürlich hat man so was im Sortiment. Und wieder hauen mich die Farben fast um. Frauen radeln wohl gerne als Kakadu verkleidet. Ich frag mich, ob es 'ne Jeans eigentlich nicht auch tut.

Aber ich frage mich das nur selbst, denn gerade wird Bruno eindringlich die Notwendigkeit des Windelpakets erläutert. Es folgt eine schauerliche Schilderung von bis aufs Fleisch rohen, blutigen Hintern, die tagelang nicht mehr sitzen konnten. Ich frage mich, warum bloß die Fahrradsättel unbedingt so aerodynamisch sein müssen anstatt gemütlich sanft gepolstert. Schließlich will ich keinen Geschwindigkeitsrekord aufstellen.

»Es muss doch eine Zwischenlösung geben?«, frage ich unseren Radlmeister.

Dieser nickt begeistert. »Ich habe da ganz wunderbar gepolsterte Exemplare zur Auswahl.«

Na ja, die sehen auch eher dem Kopf eines Windhundes ähnlich, aber – das muss ich zugeben – ein wenig weicher sind sie schon. »Ich benötige den absolut weichsten«, insistiere ich, »und es ist mir absolut wurscht, ob der auf dem Radl komisch aussieht oder nicht.«

So, damit wären wir nun beim Wichtigsten angekommen: dem Mountainbike. An diesem Punkt müssen wir beide nun die Hosen herunterlassen, denn unweigerlich kommt die Frage auf: »Ja, wie fit sind Sie denn eigentlich?«

Klar, wir wollen nicht über Stock und Stein fahren. Wir brauchen Wege. Sie müssen ja nicht neben Hauptstraßen sein, aber doch wenigstens als solche erkenntlich. Wir wollen nicht durch tiefe Wälder fahren und ständig die Räder über Baumstämme tragen, genauso wenig einen Gletscher erklimmen. Nein, wir wollen genießen, Landschaft, Luft und Leute. Einen Drahtesel unter dem Hintern haben, der zwar leicht, aber doch kein Rennrad ist, so was wie ein Mountainbike mit dünneren Rädern.

»Gibt es«, sagt unser Meister, »bitte sehr«, und zeigt uns zwei wunderschöne, wesentlich leichtere Räder als die unsrigen.

Ja, die gefallen uns, aber wir müssen sie trotzdem erst mal ausprobieren. Und übrigens: Das mit dem Sattel hab ich ernst gemeint.

Die nächsten Tage verbringen wir mit gemischten Gefühlen. Man hat uns angeboten, uns zwei nach unseren Maßen angepasste Räder zu Übungszwecken und, so sie denn konvenieren, zum späteren Erwerb zur Verfügung zu stellen. Das bedeutet schlicht und ergreifend: So, jetzt wird es ernst.

Bislang war das ja immer noch eine jederzeit wieder rückgängig zu machende Reise. Klar, irgendwie können wir auch jetzt noch kneifen. Aber wie sieht das denn aus? Nun wissen ja schon etliche Personen davon, und denen zu sagen: »Bitte, bitte habt Verständnis dafür, wir wollen unsere armen Wadln nun doch nicht solchen Strapazen aussetzen«, klingt wirklich erniedrigend. Zumindest für mich. Bruno sagt, für 'ne Absage ist es nie zu spät. Ich kann das aber nicht. Ich hab mir das nun mal vorgenommen, und ich sehe auch wirklich keinen triftigen Grund zu kneifen. Dann gehe ich halt ab morgen ins Fitti und schwing mich bei dröhnender Powermusik zum Spinning aufs Rad, wenngleich mir nichts mehr zuwider ist als diese Massenveranstaltungen, bei denen du nur anerkannt wirst, wenn dein Schweiß bis auf den Boden tropft. Dass die anderen sich danach sowieso das Maul über dich zerreißen werden, von wegen »So 'ne alte Kuh macht da einen auf Muskelaufbau«, ist mir klar. Brrrr, mag ich wirklich nicht, ich setz mir 'ne Perücke auf, dann erkennen sie mich vielleicht nicht, dann ist es nicht ganz so peinlich. Oder ich fahre ein paarmal um den Starnberger See, das macht auch fit und ist gesund.

Brunos Begeisterung über diesen Vorschlag lässt tief blicken. Er ist der Meinung, dass wir uns mit der Reise mehr als genug verausgaben werden, und er versteht absolut nicht, warum er schon vorab so unsinnig lange Touren unternehmen soll. Dann könne man sich ja gleich die geplante Radtour sparen, da sei es ja gar nicht mehr spannend. Seiner Meinung nach genügt es absolut, wenn er sich vier Wochen vorher mit ein bisschen Joggen und Gymnastik fit macht. »Du wirst schon noch sehen und erstaunt sein«, meint er.

Ja, das bin ich in der Tat, schon seit einigen Jahren. Bruno hat nämlich absolut kein Problem damit, ständig davon zu reden, wie fit er bald sein wird, und *»You will be astonished«* ist sein absoluter Lieblingssatz. Nur, was mache ich, wenn er mir auf halber Strecke schlappmacht und nach einem Notarzt japst, was er übrigens äußerst gerne tut?

Warum kann dieser Italiener nicht *ein Mal* eine Sache mit dem gehörigen Ernst angehen? Wir gehen nicht einfach mal so 'ne Stunde spazieren. Immer muss er jonglieren, ich wünsche mir, dass er mir zeigt, so, jetzt hab ich mich entschlossen und bewege meinen Hintern. Ich will eine Initiative sehen, wie: »Ich fahre jetzt mal zehn Kilometer, kommst du mit?«

Stattdessen liegt er auf der Couch und blättert im Fahrradmagazin, um sich fit zu machen. Danach lässt er unheimlich tolle Ideen raus, die ich mir dann merken soll, um sie vielleicht später mal zu Papier zu bringen. Natürlich erzählt er mir auch, was er alles noch unbedingt so braucht, um glücklich radeln zu können.

»Du kannst ja noch gar nicht radeln – weder glücklich noch unglücklich«, keife ich zurück. Oh Mann, das kann ja heiter werden.

Inzwischen fange ich auch schon an, nachts die merkwürdigsten Träume zu bekommen. Wie zum Beispiel vor einigen Nächten, als ich hoch oben auf einem Berg zwischen

Felsen stand, verzweifelt nach Bruno schrie und mir statt einer Antwort von unten immer eine Wasserfontäne entgegenspritzte. Ich will diesen Traum nicht weiter gedeutet wissen.

Während mich in den folgenden Tagen vor allem die praktischen Alltagsradelfragen beschäftigen, treibt Bruno mich mit einer typisch italienischen Eigenart, die mir zutiefst zuwider ist, in den Wahnsinn. Sie lautet: Ein Italiener ohne sein *telefonino* ist nur ein halber Italiener.

Na und?, kann man dazu sagen, aber wenn man den Mann kennt, der Bruno Maccallini heißt, dann weiß man: Der Arme radelt irgendwann mal in sein Verderben mit dem Handy am Ohr.

Es gibt Menschen, die können mehrere Dinge gleichzeitig tun. Dies ist aber nicht Brunos Stärke. Sobald sein Handy klingelt, und das tut es ungefähr zehnmal pro Stunde, gilt seine volle und einzige Aufmerksamkeit diesem blöden Ding und dem Gesprächspartner am anderen Ende der Leitung. Bruno vergisst die Welt um sich herum, kann den anderen, da er ein höflicher Mensch ist, auch nicht abwürgen und würde eher den Absturz in eine Schlucht riskieren, als das verdammte Teil wegzuwerfen. Leider würde es nichts nützen, wenn er einen Stöpsel im Ohr hätte und 'ne Freisprechanlage, weil er, obwohl er ja nur spricht, auch nichts mehr *sieht*. Ein Phänomen, nicht wahr? Ist aber so!!!

Ganz vorsichtig, soweit das bei mir möglich ist, beginne ich, dieses Thema anzuschneiden: »Wie schön die Landschaft sein wird und vor allem die Stille um uns herum«, sage ich. »Nur das Rauschen des Windes und unserer Radl, dazu das Vogelgezwitscher und die Düfte der blühenden Felder um uns herum. Wie unendlich schade wäre es da, wenn man das alles nicht so richtig mitkriegt.« Ich stoße weiter vor: »Also, das Handy bleibt aus, *zumindest tagsüber*!!!«

»So«, sagt er, »aha, ja klar!«

Irgendwie vermute ich, er habe mich überhaupt nicht verstanden, und hake nach: »Unsere Handys sollten gar nicht erst an sein und uns stören können, so tagsüber, wenn wir radeln, meine ich. Verstehst du?«

»Wieso, die stören doch nicht? Ich kann doch mal telefonieren, wenn es sein muss.«

»Nein«, erwidere ich mit zahmer Stimme, »schau, das ist doch wirklich gefährlich, du könntest stürzen und dir was tun.«

»Dann halte ich eben an«, erwidert er.

»Na, und ich warte dann auf dich die nächste Stunde oder kriege es erst mal nicht mit und bin weit vor dir. Dann kann ich zig Kilometer zurückspurten, um dich fröhlich quatschend am Straßenrand aufzugabeln. Nee, also wirklich, da hab ich ja gar keinen Bock drauf. Du kannst das Ding doch einfach mal auslassen und abends, wenn wir angekommen sind, deine Mailbox abfragen. Zugegeben, das ist auch nicht sehr lustig, aber immer noch besser als ein Loch im Knie. Warum kann man denn nicht *ein Mal* dieses blöde Ding für ein paar Tage zu Hause lassen? Früher haben wir doch auch nicht so 'ne Abhängigkeit gehabt«, sage ich.

Okay, okay, ich weiß, ich bin hinterwäldlerisch und intolerant und will immer meinen Kopf durchsetzen, dabei meine ich's doch nur gut! So ein bisschen Egoismus ist natürlich schon dabei. Ich will einfach vorwärtskommen, und eine ständige Unterbrechung würde mich in meinem Rhythmus absolut stören. Wie heißt es so schön bei Loriot? »Der Mann und die Frau passen einfach nicht zusammen.«

Im Zusammenhang mit der *telefonino*-Diskussion beginnt sich bald der Regisseur und Produzent und vor allem auch der Schauspieler in Bruno herauszukristallisieren.

Natürlich hat es in seinem klugen Köpfchen schon ordentlich gerappelt. Er sieht diese Reise *multifunktional*. Will eine Möglichkeit schaffen, damit sich die Verwandtschaft sowie Freunde oder Familie Schneckenschiss an unseren Strapazen ergötzen, mitleiden und erfreuen können, wenigstens zwei Stunden am Tag.

Bruno will sich doch tatsächlich mit dem Internet verkabeln. Nicht nur dass ich keine Ahnung habe, wie so was überhaupt funktionieren kann, allein die Vorstellung, mir schaut gerade jemand zu, wie ich schwitzend und fluchend einen Berg erklimme, finde ich gar nicht komisch. Heißt das dann, ich muss zwei Stunden am Tag ein fröhlich verklemmtes Gesicht machen, weil ich gerade Gefahr laufe, dass Herr Dr. Struve von der ARD mich im Internet beobachtet und sich überlegt, ob er mich wirklich für seinen neuen Blockbuster besetzen soll oder nicht?

»Ja, das ist doch toll«, meint Bruno. »So wissen alle, wo wir gerade sind und was wir so tun, ob es uns gutgeht und so weiter.«

»Ja, und dass ich mal grade aufs Klo muss natürlich auch«, raunze ich. »Sag mal, das kann doch nicht dein Ernst sein.«

Begeistert schildert mir mein multifunktionaler Radel- und Lebensgefährte daraufhin, dass man auf dem Helm eine kleine Digitalkamera befestigen kann, die wiederum mit einem kleinen Dingsbums verbunden ist, dass man dann irgendwo unter der Achselhöhle einen Laptop trägt, der dann irgendwie mit dem Internet über irgendwelche Satelliten kommuniziert, und dass das *alles gaaaanz toll* ist.

Ich bin begeistert!

Aber das ist noch nicht alles, was er da aus seiner Wundertüte holt. Natürlich wollen *wir* auch Fotos machen und die dann auf die Website stellen. »Dann trägst du ein kleines Aufnahmegerät um den Hals, oder vielleicht kann man das auch am Lenker befestigen, und so kannst du jederzeit deine Eindrücke und Gedanken auf Band sprechen«, gerät Bruno ins Schwärmen. »Ist doch 'ne Superidee und erleichtert dir das spätere Schreiben ungemein.«

»Stimmt, aber ich fühle mich so schon wie ein Packesel, und dann noch dieses ganze Zeug an mir dran«, jammere ich.

»Ach, das wiegt doch nichts. Du wirst sehen, das macht großen Spaß«, bügelt er meine Einwände einfach weg.

Herrje, Männer und Frauen passen wirklich nicht zusammen.

»Weißt du, Schatzi«, flöte ich, »ich habe unsere Reise eigentlich mehr unter einem philosophischen Aspekt betrachtet. Es ist doch auch was ganz Intimes, was wir da machen, das muss doch nun wirklich nicht jeder haarklein mitkriegen. Es kann doch auch mal sein, dass wir uns grad streiten, wenn die blöde Kamera läuft und wir auf Sendung sind, stell dir das mal vor!«

»Na, das ist doch gerade der Crime, der spannend ist«, wirft mein Regisseur ein.

Nein, das will ich nicht. Ich will auch mal Arschloch sagen können, wenn mir grad danach ist.

Bruno ist der Meinung, diese weltweite Verbindung könne eine sehr gute Erziehungsmaßnahme sein und uns unweigerlich in die Charts bringen.

Schrecklich, nein, ich glaub, ich lass das Ganze. Ich will nicht zum Massengespött der Nation werden, ich bin keine Dschungelcamperin. Keine »Hilfe, ich will hier raus«-Tussi. Ich bin eine Romantikerin mit leichtem Hang zum Masochismus. »Ich wollte doch nur eine kleine, gemütliche Reise mit dir machen«, sage ich, »und dabei mal an unsere respektive *deine* Grenzen gehen. Das ist doch spannend genug. Muss man denn gleich alle Welt dabei zusehen lassen? Es reicht doch, wenn wir, falls uns danach ist, ein gemeinsames Buch über das Erlebte schreiben.«

Wir belassen es erst mal dabei, denn ich glaube nicht, dass die technische Lösung so parat steht, wie Bruno annimmt. Irgendwie wird alles immer wasserkopflastiger. Daher beschließe ich, ihn erst mal träumen zu lassen, und, wenn es dann an der Zeit ist, das Ganze wieder auf ein erträgliches Maß abzuspecken.

Stattdessen widmen Bruno und ich uns der Zeitfindung.

Ist es nicht toll in unserem Europa? Der Süden stöhnt im Februar unter einer Hitzewelle, während der Norden gleichzeitig im Schneegestöber ertrinkt. Vom Westen kommen immer neue Sturzfluten, die Bergbäche in reißende Flüsse verwandeln und sie mit Muren zu Tal stürzen lassen, und der Osten bekommt den Rest ab. Also wann?

»Mai«, schlägt Bruno vor.

»Ja, Mai klingt gut, aber dieses Jahr waren noch im April die Täler tief verschneit«, wende ich ein.

»Dann Juni.«

»Nein, da wird gedreht!«

»Okay, Juli.«

»Nee, das ist zu heiß, da kommen wir den Berg nicht mehr hoch.«

»August?«

»Klare Absage, da wird geschwommen und nicht geradelt.«

»Ha, September.«

»Ja, das ist gut! Das Oktoberfest ist erst Ende des Monats, und die Menschen sind noch erschöpft von den Sommerferien. Die Wege werden nicht so voll sein, und das Törggelen beginnt auch erst im Oktober.«

Es steht fest: Wir radeln im September.

Hoffentlich kommt kein Film dazwischen oder Österreich erhebt die Fahrradmaut, es schneit schon wieder, Osama bin Laden will den Reschenpass in die Luft sprengen, oder Bruno leidet an einem unerklärlichen Dauermuskelkrampf im linken Wadl.

Nun fehlt nur noch der Reiseverlauf, und wir sind uns zum Glück bald einig.

Es ist geplant, die Tour in sieben bis zehn Tagen zu machen. Wir werden uns jeden Tag eine Strecke vornehmen und absolut offen sein, ob wir sie im gesteckten Zeitrahmen bewältigen.

Abhängig sind wir von unserer Kondition, weshalb durchaus auch mal ein Ruhetag nötig sein kann. Wir werden, falls uns das Wetter einen Strich durch die Rechnung macht, einfach pausieren oder halt ein kürzeres Stück radeln. Wir wollen Land und Leute nicht nur im Sauseschritt in uns aufnehmen, sondern gerade die Besonderheiten und Begegnungen der unterschiedlichen Landschaften und Mentalitäten genießen. Wir wollen in Landgasthöfen regionale Spezialitäten essen und, so es sich ergibt, in deren Buntkarierten schlafen. Wir wollen die geschundenen Muskeln in klaren Bergseen kühlen und auf der Alm frische Kuhmilch trinken. Wir wollen kleine Kapellen besichtigen und ein Kerzchen anzünden, ebenso über alte Friedhöfe mit ihren wunderschönen Eisenkreuzen gehen. In Blumenwiesen faul ein Mittagsschläfchen halten und anschließend beim Bauern einen heißen Kaffee schlürfen. Vielleicht braucht ja jemand spontan Hilfe, weil seine Ziegenherde ausgebüxt ist, und wir müssen beim Einfangen helfen und und und ...

Die Tage sollen, jeder für sich, ihre eigene Überschrift haben. Damit ist gemeint, dass wir uns jeweils eine thematische Priorität vornehmen. Beispielsweise steht ein Tag unter dem Motto »persönliche Zuwendung für den anderen«, man geht sensibel miteinander um und erzählt sich in der Pause Erlebnisse aus der Kindheit. Ein anderer Tag ist »der persönlichen Einstellung zur Geschichte, Tradition und Kultur« gewidmet, der nächste handelt von »der Unterschiedlichkeit in der Essenskultur«, ein weiterer Tag wird »dem Körper und all seinen Zipperlein« geschenkt, der nächste »der Streitkultur«, darauf folgen dann »alles über die Liebe« oder »an sich und überhaupt«. Nicht zuletzt wird es einen »Tag der Toleranz und Weltanschauung« und einen »Tag des Mutes im Allgemeinen« geben.

Wie auch immer sich die Themen finden werden, von denen sich viele sicherlich erst aus dem täglichen Ablauf ergeben: Das hier sind nur Vorschläge, der Sinn des Ganzen ist nämlich, dass alles, was uns passiert, was wir denken und wie wir handeln, *immer* aus der Sicht eines Einzelnen geschildert ist und der Reiz in der Unterschiedlichkeit liegt, die sich zwangsläufig aus der jeweiligen Erziehung und Tradition unserer beider Heimatländer ergibt.
    Ich hoffe, Ihr Interesse geweckt zu haben, und würde mich sehr freuen, wenn Sie uns auf unserer Reise begleiten würden – wie auch immer!

Jutta Speidel
München und
Rom im April 2008

Vorabnotizen eines Italieners

Wo soll ich anfangen? Eine gute Frage … Der Aufbruch ist nie einfach. Genau wie der Anfang eines Buches. Es ist, als ob man nach vielen Jahren wieder aufs Fahrrad steigt und in die Pedale tritt. Als Erstes musst du dem Himmel danken, dass du noch das Gleichgewicht halten kannst und mit dem Lenker zurechtkommst. Doch das reicht nicht.

1.

Lass den iPod zu Hause. Andernfalls ergeht es dir wie mir einmal: Ich fahre die Straße in Obermenzing/Pasing entlang, da fängt auf einmal Carla Bruni an zu blöken. Nein, nein, nein, das klingt ja fürchterlich! Ich nehme den iPod in die Hand, starre auf das Display und suche nach einem besseren Sound.

Da ich häufig auf diesen schönen Wegen am Stadtrand von München unterwegs bin, weiß ich, wie sehr die Fahrradfahrer nerven. Deswegen halte ich mich auch immer so weit rechts wie möglich. Allerdings brauche ich nur, etwa abgelenkt von der Playlist, um Haaresbreite abzuweichen, und schon rutsche ich vom Bordstein auf den gerade erst erneuerten Asphalt. Instinktiv versuche ich, wieder auf den Gehweg zu gelangen, doch da ich nicht sehr gelenkig bin und meine Reflexe wenig ausgebildet sind, stürze ich – bums! – und schlage mit Knien, Handflächen und Gesicht auf dem harten Boden auf. Mit Zähnen und Nase, um genau zu sein.

Sonst bin ich mehr oder weniger okay, außer dass Blut aus meinem rechten Nasenloch läuft. Da ich nichts habe, womit ich es abwischen kann, verharre ich mit nach hinten geneigtem Kopf und warte, dass die ungewohnte Blutung aufhört. Schließlich ziehe ich mir eine Socke aus …

Ich muss zugeben, es ist keine sehr angenehme Erfahrung, sich mit einer Frotteesocke, die von gut zehn Kilometern auf dem Fahrrad durchnässt ist, die Nase zu tamponieren.

2.

Vergewissere dich, dass du das Vorhängeschloss entfernt hast, bevor es sich in den Speichen des Hinterrads verfängt. Die Strafe: Verbiegen der Radspeichen, was mich sehr ärgert.

In diesem Zusammenhang möchte ich Ihnen auch die Geschichte meines ersten Vespa-Ausflugs erzählen: Ich habe das gute Stück also gerade funkelnagelneu beim Händler abgeholt und in die Garage gestellt. Am nächsten Morgen vergesse ich, dass ich vorsichtshalber das Vorderrad mit einem Sperrschloss blockiert habe. Ich gebe Gas und schlage mit dem Gesicht auf den Boden. Man sagt mir, das Sperrschloss zu vergessen sei einer der häufigsten Fehler, die man machen könne.

Ich würde daher zu folgendem kleinen Trick raten: Binde immer ein Taschentuch an den Lenker des Motorrads oder des Fahrrads, wenn du es abstellst. Wenn du es eilig hast oder in Gedanken bist, vergisst du es schnell mal. Versuche daher, es zu einem Automatismus werden zu lassen: Entweder bringst du das Schloss immer an, und dadurch wird es zu einer automatischen Handlung, oder du bringst es nie an.

3.

Frage dich immer, wohin du fährst und warum du fährst. Die Frage stellt sich hier ganz spontan. Was hat mich bloß getrieben, die Strecke München – Meran mit dem Fahrrad zurücklegen zu wollen? Kurz: Wer hat mich dazu gebracht?

Ich glaube nicht, dass ich in meinem früheren Leben Radfahrer gewesen bin, obwohl meine ausgeprägten Waden darauf hindeuten könnten. In diesem Leben allerdings kann ich mich einer Geburt »ad hoc« an dem Ort rühmen, an dem eine der italienischen Radsportlegenden der siebziger Jahre das Licht der Welt erblickte: Vito Taccone, besser bekannt als *Camoscio d'Abruzzo* – die »Gemse der Abruzzen«.

Meine Geburtsstadt Avezzano ist – leider – durch jenes unglückselige Erdbeben von 1915 (eines der verheerendsten Erdbeben, die es jemals in Italien gegeben hat) in Erinnerung geblieben, das die Stadt dem Erdboden gleichgemacht und mehr als 29 000 Opfer gefordert hat, aber auch durch die Siege des großen Vito Taccone beim Giro d'Italia. Das hat die Menschen geprägt. Ich erinnere mich noch gut an einen alten Onkel, der erst im ehrwürdigen Alter von zweiundachtzig Jahren das Radfahren aufgab.

Trotzdem bin ich eigentlich nicht geneigt anzunehmen, dass diese wenigen Ausnahmen mich zu dieser Tour de force nach Meran veranlasst haben. Wahr ist vielmehr, dass meine Lebensgefährtin Jutta Speidel den entscheidenden Anstoß für dieses Unternehmen gegeben hat.

Ich habe bisher nur wenige lange Radtouren unternommen, doch wenn ich auf unserer Fahrt über die Alpen mit einer anstrengenden Bergetappe zu kämpfen haben werde und der Körper von der Anstrengung völlig ausgetrocknet sein wird, dann werde ich mich glücklich schätzen, eine Gefährtin zu haben, die mir etwas zu trinken reicht.

Das darf man sich dann ungefähr so vorstellen wie bei dem mythischen Gespann Coppi/Bartali. Die Rivalität zwischen Fausto Coppi und dem anderen Großen des italienischen Radsports, Gino Bartali, die das Land in der Nachkriegszeit spaltete, war legendär. Ein berühmtes Zeugnis, das eine ganze Sportepoche unsterblich gemacht hat, ist das Foto, auf dem die beiden Helden sich bei einer der zahlreichen Bergetappen der Tour de France von 1952 eine Flasche mit Wasser reichen. Es wurde nie geklärt, ob Coppi damals seinem Rivalen Bartali etwas zu trinken gab oder umgekehrt, ein Geheimnis, das auch die beiden Protagonisten nie lüfteten (indem nämlich beide stets behaupteten, dem anderen geholfen zu haben).

Jutta würde mich nie verdursten lassen. Aber auch so hat mir der Gedanke, eine Reise in Begleitung zu machen, sehr gefallen. Gemeinsam ist es nun mal schöner. Abgesehen davon ist Jutta die beste Reisegefährtin, die man sich wünschen kann. Wir sind zwar zwei sehr unterschiedliche Charaktere, aber vereint durch denselben roten Faden und dieselbe Vorstellung vom Reisen.

Bekanntlich hat jeder seine eigenen Erklärungen für die Manie, sich im Urlaub mit Muskelkraft auf zwei Rädern fortzubewegen, und die Erfahrungen sind ebenso zahl- wie abwechslungsreich. Da wäre zum einen die Reise verstanden als Leichtigkeit, als existenzielles Nomadentum, Eliminierung des Überflüssigen, mystischer Akt, Auspacken, Therapie, Wallfahrt. Vielleicht geben uns das alles auch unsere Reisebusse – und noch mehr. Doch grundsätzlich vereint Jutta und mich der Wunsch, allein zu sein, allein mit der Natur, unsere beiden Taschen im Gleichgewicht auf dem Gepäckträger.

Wichtig ist, sich ein Ziel zu setzen: »Wohin fahren wir?«, und, wenn möglich, einen Sinn: »Warum?«

Ich bin in meinem Leben beständig umhergezogen, und wie Chatwin habe ich oft theoretisch über den Vorteil nachgedacht, sich zu verirren, ohne eine Karte dabeizuhaben. Aber dann habe ich mich mit vierzig tatsächlich mal verirrt. Die lange Straße, auf der ich unterwegs war, war plötzlich nicht mehr befahrbar. Ich musste einen anderen Weg finden.

Der »Weg den Hügel hinunter« ist für einen Mann jenseits der vierzig immer schwierig, doch meiner war eine besondere Herausforderung. Ich habe die Menschen unglücklich gemacht, die mir am liebsten waren, und hatte inneres Gleichgewicht nötig. Ich habe meine Familie verlassen (mit starken Schuldgefühlen), doch schließlich hat eine unbekannte Ruhe mich gezwungen, in mich zu gehen. So habe ich nicht nur den Hügel gefunden, sondern auch ein neues Licht. »Das ist mein Leben«, habe ich mir gesagt.

Der Sommer ist wirklich die schönste Zeit des Jahres und der Seele. Während ich auf dem Sofa meiner Terrasse in Italien liege und schreibe, lasse ich mich liebkosen von einer warmen Bö des Ponentino (der typisch römische Wind, der die Traurigkeit und die Wehmut hinwegzufegen vermag), vom angenehmen, berauschenden Duft meiner kleinen Tomaten, von leiser Musik aus dem Radio meines Nachbarn, vom Schrei der Möwen am Tiber und vom glücklichen Getöse der armen Häftlinge zum Klang des Glöckchens. Es ist die Stunde des Hofgangs. Ich wohne neben dem Gefängnis Regina Coeli, und von einer Seite meines romantischen Vorpostens kann ich nicht nur die Kuppeln der Ewigen Stadt sehen, sondern auch einige Gesichter hinter den vergitterten Fenstern der Zellen.

Bei ihrem Anblick denke ich: Diesen Gesichtern ist es nicht vergönnt, die Schönheiten der Via Claudia Augusta kennenzulernen und diesen langen Abschnitt, den Jutta und ich auf dem Rad zurücklegen werden. Diese antike römische Straße, die den Po mit der Donau verband und die noch heute kurvenreich die Alpen durchquert. Ihnen ist nicht vergönnt, die bezaubernde Stadt Füssen in der Nähe von Schloss Neuschwanstein mit ihren Bergen, Seen und Hügeln zu bewundern, die zu den schönsten der Welt gehören. Ebenso wenig das wunderschöne Landeck, den alten Knotenpunkt von Kunst und Kultur. Ihnen ist auch nicht vergönnt, die ausgezeichnete Tiroler Grießnockerlsuppe oder ein Stück Apfelstrudel in Südtirol zu probieren. Ihnen wird lediglich eine Stunde pro Tag an der frischen Luft gewährt und allenfalls noch die Freude, einen Ball zu kicken.

Ich denke an die Tour, die uns erwartet, und daran, dass es schöner gewesen wäre, wenn wir sie zu Beginn des Sommers statt Anfang September hätten machen können. Mit dem Fahrrad im Juni über das glühend heiße Pflaster fahren, zwischen dahinkriechenden Vipern und weidenden Kühen, Stirn und Schläfen von Schweißperlen bedeckt, die Augen hingerissen vom Anblick der Berge – das ist schon etwas anderes!

Übrigens erinnern mich im Sommer die noch schneebedeckten Berge an den *panettone* meiner Kindheit, den ich mit heißer Hefe bedeckte, damit er wie der Gran Sasso aussah! Ach, der Juni! Ich erinnere mich noch gut an die Spaziergänge mit Onkel Franco auf dem Corno Piccolo und dem Pass der Majella in den Abruzzen.

Ich denke immer wieder an die günstige Gelegenheit, diese Tour jetzt zu unternehmen, und kann einige Ängste nicht verhehlen. Ängste, die ich Jutta allerdings immer verschwiegen habe. Ängste, die sich aus einer Reihe von ganz banalen, aber sehr vernünftigen Fragen ergeben. Was, wenn es regnet? Septemberregen ist schließlich etwas anderes. Was, wenn es zwei oder drei Tage am Stück regnet? Wir können die Tour nicht zu lange ausdehnen. Am 15.09. beginnen in München die Dreharbeiten zu einem gemeinsamen Film, und ich möchte vorher noch nach Rom zurückkehren und ein paar Tage mit meiner Tochter verbringen können. Was, wenn es kalt ist? Es reicht nämlich nicht, sich so gut wie möglich auszurüsten. Und überhaupt: Wie soll man verdammt noch mal fünf Kilo Sachen in zwei Taschen verstauen? Wenn ich ein zweites Paar Schuhe, zwei Unterhosen, zwei Paar Kniestrümpfe und zwei T-Shirts zum Wechseln sowie einen Pullover, eine Windjacke, ein Handtuch, das Handy, die Videokamera und gerade mal eine Rolle Toilettenpapier eingepackt habe.

Vorläufig steckt der Anfang der Reise noch ganz in diesen wenigen Notizen. Über den Lenker gebeugt, wird es schwierig werden, sich Notizen zu machen. Doch ich habe mir überlegt, eine Webcam an meinem Helm zu installieren; auf diese Weise werde ich jeden Tag am Ende der Etappe die Bilder und Gedanken in meine Videokamera übertragen und von dort ins Tagebuch. Ein Vorgehen, das ich auch meiner Lebensgefährtin empfohlen habe, die, wie ich hoffe, einverstanden sein wird, unsere Tour in der Lebendigkeit einer Direktaufzeichnung zu dokumentieren. Bis dahin werde ich erst einmal ein wenig trainieren, um meine Widerstandskraft und meine Gelenkigkeit zu verbessern. Im August täglich eine Stunde Spinning ... allein der Gedanke macht mich ganz groggy!

Es wird eine befreiende und totale Flucht sein: fort vom wahnsinnigen Menschengetümmel! Nur Wind und Pedale. Das Wohlbefinden misst sich nicht in Dezibel, sondern in Herzschlägen. Dann werden Juttas Herzschläge das Echo meiner Herzschläge sein, dann wird sie es sich – das weiß ich jetzt schon – nicht nehmen lassen, mir zuzubrüllen: »Tritt in die Pedale! Du bist vielleicht eine Schnecke!« Ihre laut schallende Stimme, unser Lachen und unsere kleinen Streitereien, das Rauschen unserer Räder, das Schlagen einer Glocke in der Ferne: So stelle ich mir die Stimmen und Geräusche der Via Claudia Augusta vor. Jene des Alltags sind bereits weit weg. Das Handy werde ich nur abends oder im Notfall einschalten, und mit Sicherheit werden wir uns nicht die Ohren mit dem iPod zudröhnen. Denn auf der Via Claudia Augusta würde sogar eine Fuge von Bach oder das Klavierspiel von Glenn Gould stören.

Die einzigen Gedanken werden der Hoffnung gelten, dass die Bremszüge nicht reißen und ich das »Müssen« bis zur nächsten Pause zurückhalten kann. Der wahre Sinn wird das grenzenlose, kindliche, ursprüngliche Vergnügen sein. Die Anstrengung wird uns übermenschlich vorkommen. Es wird eine richtige »Tour de force« werden, aber es wird phantastisch sein.

Bruno Maccallini
Rom im April 2008

Heiße Phase
Prolog

Ausgeruht von einem gemütlichen Kurzurlaub mit Freunden in deren Haus am Meer, wo wir viel über unsere bevorstehende Reise geredet und viel Spott und Ungläubigkeit geerntet haben, komme ich voll Saft und Kraft ins lauwarm-sommerliche München. Typisch, man kann sich nicht mal im August darauf verlassen, dass man schwitzt. Also, Speidel, du hast jetzt noch genau dreizehn Tage bis Anpfiff, keine Ausrede von wegen »einfach zuuu heiß«, höchstens »einfach zuuu nass«, aber nicht mal das kann man sagen, denn die letzten zwei Augustwochen des Jahres 2008 bescheren dem Münchner ein zartes Sommerlüftchen, mild und lau, sozusagen das reinste Radlwetter.

So fahre ich als Erstes in diesen wunderbaren Profiradlshop in der Maxvorstadt, wo unsere beiden auf uns abgestimmten Räder warten.

Da stehen sie. Eines in Lindmeergrün und das andere in Männlichschwarz. Klar, für welches ich mich entscheide! Als Erstes fällt mir auf, dass sie keinen Ständer haben. Ja, wie soll ich denn so das Rad abstellen? Das fällt ja um. Und wie soll ich dann die beiden Satteltaschen draufschnallen?

»Des geht scho, des müssn's halt üben«, erwidert der Profiverkäufer.

»Aha«, sage ich nur. »Und was ist mit dem Licht? Ich mein, es kann ja auch mal dunkel werden am Abend.«

»Ah so, wollen Sie auch nachts radeln?«

»Nein«, erwidere ich, »eigentlich nicht, aber man weiß ja nie, es könnte ja mal was Unvorhergesehenes passieren, und es wird dunkel, und ich steh eventuell im Wald.« Was ist, wenn ich 'ne Reifenpanne habe? Wo ist denn hier bitte das Werkzeug? Und wie mache ich das überhaupt?, jammere ich vor mich hin.

Ich hab wirklich absolut keine Ahnung, wie man so 'nen Platten repariert. Dunkel erinnere ich mich an grauenhafte Flickereien mit pappigem und nicht wirklich klebendem Fahrradkleber, an so runde Flecken, die man auf das Loch gepappt hat, was in meinem Fall nie geholfen hat. An stundenlanges Schieben am Rande der Straße. Nein, Hilfe, das will ich nicht. Ich bitte den reizenden Ladenbesitzer, mir doch einen effektiven Schnellkurs zu geben.

Dieser wiederum sagt in seinem gutturalen Münchnerisch: »Jetzt farrns doch erst amal a paar Tage damit rum, und dann seh ma weiter, was no ois brauchn. Und wenn da Bruno dann da is und sei Radl holt, mach ma an Kurztrip, und dann zeig i euch ois. Okay?«

Wo er recht hat, hat er recht. Also fackele ich nicht lange und schwing mich auf das schmalrädrige, aber affenschnelle Bike und sause geschwind in absoluter Hochstimmung in die Innenstadt. Überhole mit Verachtung die Langsameren auf der Strecke, rase, wenn die Ampel rot wird, noch drüber und schaue ungläubig auf den Tacho: 23, 24, 27 km/h. Wahnsinn, so schnell war ich noch nie!

Im selben Tempo vergehen die folgenden Tage, die in etwa so aussehen:

17. August: Haus – Badesee – Haus
Zeit: 36 Min., Höchstgeschwindigkeit: 28 km/h
18. August: Haus – Maximilianeum – Haus
Zeit: 1 Stunde, 15 Min., Strecke: 29 km
19. August: Haus – Mama in Gauting – Haus
Zeit: 5 Stunden, na ja, ich musste dort noch Kuchen essen, Strecke: 30 km
20. August: Haus – Schwabing – Innenstadt – Yoga – Haus
Zeit: 1 ganzer Nachmittag, und ich bin fix und foxi, Strecke: 60 km
21. August: Haus. Da bleib ich dann auch und radle nur mal schnell zum Bäcker
22. August: Haus – Briennerstraße – Sportscheck – Haus
Hab neue Handschuhe und bloß 56 Min. gebraucht
23. August: Haus – Badesee – Haus
Bin schneller als zuvor und sehr stolz auf mich
24. August: Bruno kommt, würde ihn gern vom Flughafen mit dem Rad abholen, aber das geht ja nicht, also nur Kurztrip mit meinem Hund Gino. *Mein Gott, trödelt der!*
25. August: Haus – Radlshop – Haus
Letzteres mit Bruno und seinem Fahrrad. *Oje, wo bleibt meine Rekordzeit?*
26. August: Haus – Badesee – Haus
Ich hab Bruno gejagt und wollte ihn beeindrucken, hat nicht geklappt, er fährt wie immer im Schneckentempo. Nein, ein bisschen schneller.
27. August: Haus – Mami – Haus
Donnerwetter, es macht ihm langsam Spaß, und er war ganz schön schnell.

28. August: Haus – Innenstadt – Haus
Es wird ernst, und das Wetter ist traumhaft.
Zeit: 1 Stunde, 40 Min., Strecke: 30 km
29. August: Haus – Radlladen – Haus
So schnell kann man Reifen wechseln? *Ich hab nichts kapiert!*
30. August: Letzter Tag und alles wird gepackt, ist geplant, wir radeln mit Gepäck, Bruno mit seinen beiden Kameras, durch den Park, alles fühlt sich irgendwie anders an, ich bin aufgeregt. Da stehen sie nun in ihrer Pracht, mit vollem Equipment auf der Terrasse, morgen um 10.00 Uhr ist Start, und dann geht's los ins Vergnügen.
31. August: Ja, und dann kommt alles ganz anders, als wir dachten.

Bevor es losgeht

Ich mache mit meiner Tochter Urlaub in Cattolica an der Adria. Heute verzichte ich darauf, am Strand umherzuschlendern, um mich mit den trendigen Einrichtungen vertraut zu machen, eine Urlaubsbeschäftigung, die mich jeden Sommer von den Beachvolleyballfeldern über die Tischfußball- und Pingpongwettkämpfe bis zu den Liegen für Shiatsu-Massagen unter den Sonnenschirmen führt.

Gestern wandte sich eine russische Touristin, die an Rückenschmerzen litt, an eine dieser chinesischen Masseurinnen, die zusammen mit den *vu cumprà,* den illegalen afrikanischen Strandverkäufern, an Italiens Küsten auf Kundenfang gehen, um Hilfe. Nur wenige Stunden nach der Massage landete sie im Krankenhaus. Schwer zu sagen, ob ihre Schmerzensschreie von der unsachgemäßen Behandlung herrührten oder von den Schlägen, die ihr Mann ihr wegen der Avancen des kühnen römischen Bademeisters versetzte (ein mittlerweile überholtes Symbol des italienischen Sexappeals, das hier aber immer noch lebendig ist), der nach der Behandlung so dreist war, die Russin zu ein paar erotischen Turnübungen in seine Kabine einzuladen.

An Übung fehlt es mir übrigens nicht, heute Abend werde ich ins Fitnessstudio gehen und mit den Spinning-Stunden beginnen. Ich muss zugeben, man braucht schon eine gewisse Klasse, um sich in einer Umgebung von Muskelpaketen, Tattoos, frischen Enthaarungen, Schweiß und Gerüchen aller Art zu bewegen.

Meine Garderobe ist völlig ungeeignet und überflüssig, und ich mache mich damit zum Gespött aller – am besten entsorge ich sie gleich auf der nächstbesten Mülldeponie. Hier zeigt sich, dass das wahre Bodybuilding nur sehr minimalistische Kleidung erfordert: Haut auf Muskeln. Religiöse Medaillen sind lediglich dann erlaubt, wenn sie sich auf das unbedingt Notwendige beschränken. Das Bandana dagegen ist okay. Allerdings muss man aufpassen, denn heutzutage laufen fast alle, die in Italien ein Bandana tragen, Gefahr, als Idioten zu gelten, weil sie damit an Berlusconi erinnern. Der lief nämlich im Sommer 2004 in Porto Rotondo nach seiner berühmt-berüchtigten Haarverpflanzung mit dieser ungewöhnlichen Kopfbedeckung herum.

Mein Personal Trainer ist ein raubeiniger Kerl, Typ Lou Ferrigno, will aber nicht als solcher gelten. Mit einem »normalen Lehrer« zu trainieren ist für ihn, wie am Trapez mit Netz zu arbeiten oder mit Topflappen zu kochen. »Wenn du nicht imstande bist, eine Backform ohne Fäustlinge aus dem Ofen zu nehmen«, sagt er, »lass dir lieber gleich was zu essen kommen.« Das gleiche Prinzip gilt in seinem Fitnessstudio: »Wenn du jemanden brauchst, der dir dabei hilft, die Gewichte anzuheben, dann schreib dich für einen Yogakurs ein.«

Ich erzähle ihm von unserer geplanten Fahrradtour und frage ihn, ob ich in den nächsten zwei Wochen ein wenig Spinning machen könne. Er empfängt mich in seinem Rennstall, warnt mich aber, dass er ein tougher Typ sei.

»Vergiss dein Outfit nach der neuesten Mode und bereite dich darauf vor, vorher und hinterher zu trainieren. Mit mir wird nicht auf Sparflamme gearbeitet, und der Herzfrequenzmesser ist obligatorisch, um stets das Maximum herauszuholen«, erklärt er mir.

Ich denke bei mir: Und das muss mir passieren, das werden zwei Wochen in der Hölle sein! Erster, zweiter, dritter, vierter, fünfter Tag.

»Treten, treten, treten, nur keine Müdigkeit vorschützen. Weißt du, wie viel Energie man mit einer Stunde Spinning am Tag produziert? Genug Gleichstrom für mindestens ein Paar photovoltaische Sonnensegel.«

Vielleicht wäre es besser gewesen, sich von diesem berühmten Fitnessgeräteherstellern sponsern und sich einen Hometrainer nach Hause schicken zu lassen. Doch Jutta war strikt dagegen, als das Thema aufkam. »Zu viele Sponsoren ruinieren unsere Reisephilosophie«, sagte sie.

Du wolltest das Fahrrad? Dann tritt jetzt auch in die Pedale! Dieses Motto begleitet von nun an meine Augusttage.

Alles hängt davon ab, auch an den Tagen nicht im Eifer nachzulassen, an denen die Lust, sich auf dem Sattel abzustrampeln, wahrhaftig nicht gerade groß ist. Doch die Begeisterung ist da, und sie nimmt mit jedem Tag zu. Ich hoffe, dass sie mich auch auf dem gewundenen Weg begleiten wird, der uns von München nach Meran führen wird.

Die körperliche Ertüchtigung beginnt allmählich Wirkung zu zeigen, und damit meine ich nicht nur die Muskeln. Meine Haut ist glatter geworden, und ich bin wacher im Kopf. Im Gegensatz zu früher esse ich mehr Proteine und weniger Kohlenhydrate, und auch sonst passe ich auf, selbst wenn ich sonntags gerne auf dem Sofa herumlümmele, und einen schönen Teller *strozzapreti al ragù* lasse ich mir von niemandem madig machen. Morgens mache ich auf Lous Rat hin sogar ein paar Atemübungen, die mir helfen, mich zwischen zwei Sitzungen zu konzentrieren und zu entspannen.

Bald habe ich meine vorletzte Sitzung. Heute zeigt Lou mir das Trainingsprotokoll und gratuliert mir zu meinen Fortschritten: Ich bin jetzt imstande, in aller Ruhe und ohne Pause neunzig Minuten Spinning zu absolvieren, und schaffe die klassischen drei mal zehn Wiederholungen auf der flachen Bank in einer Minute in furchterregender Geschwindigkeit.

Das Fitnessstudio beginnt mir zu gefallen, und zwischen all diesen Geräten, Spiegeln und Bänken, im Schweiß und zwischen den Handtüchern in den Umkleideräumen entdecke ich eine »kraftvolle« Menschheit. Auf dem Sattel zu sitzen und in die Pedale zu treten zwingt mich, auf die Zeit und den Raum zu achten. Ich kann dabei all die Leute beobachten und studieren, die durch die Eingangstür kommen, und mir Filme über ihr Leben ausdenken.

Was habe ich hier drin alles an kuriosen Typen gesehen: die »Narzisstin«, die ihren perfekten Körper vor dem Spiegel zur Schau stellt; den »Aufgeblasenen«, der sich an einem Tag epiliert und am nächsten nicht müde wird, mir gegenüber mehrfach zu erwähnen, wie sehr ihm meine üppig behaarten Waden missfallen; die »gestresste« Angestellte der Stadtverwaltung, die mit leidenschaftlicher Begeisterung hierherkommt, um sich hinter dem Rücken ihres Mannes mit ihrer lesbischen Freundin zu treffen; den »reuigen Sünder«, der unter seiner sitzenden Lebensweise leidet (er arbeitet in einem Bestattungsinstitut, allerdings in der Buchhaltung); die fünfzigjährige »Herzensbrecherin«, die meint, sie könne auf ihre jüngeren Opfer, möglichst zwischen sechzehn und zwanzig, Eindruck machen; und nicht zuletzt den »Rockerpriester« und sein schönes Tattoo mit dem Spruch »Fuck you all« auf dem kräftigen linken Oberarm. Religion ist was anderes, doch was für ein prachtvoller Menschenzoo!

In wenigen Tagen fliege ich nach München. Ich kann es

kaum erwarten, unsere neuen Räder der Marke Bianchi Camaleonte abzuholen und mich ein bisschen einzufahren. Zuallererst werden wir uns eine gute Fahrradpumpe und mindestens zwei Ersatzschläuche pro Person für eventuelle Reifenpannen geben lassen. Bestimmt werden sie uns auch einen guten Satz Werkzeug mit allem, was man braucht, geben. Am meisten schreckt mich nicht die Reifenpanne an sich, sondern das Entfernen des Rades. Recht häufig, so wurde mir gesagt, komme es außerdem vor, dass die Kette rausspringt. Was tut man bloß im Falle eines solchen Unglücks? Ganz zu schweigen von den bereits erwähnten Bremsen. Und wenn ein Kabel reißt? Vielleicht sollten wir uns auch ein Ersatzkabel geben lassen.

Mit diesen Gedanken verbringe ich die Zeit bis zu meiner Ankunft in München. Als wir die Räder bei Bianchi abholen, versichert man uns, dass unsere Fahrräder das Neueste vom Neuen seien.

»Schlimmstenfalls riskieren Sie eine Reifenpanne«, heißt es nur. »Aber damit wird jedes Kind fertig.«

Wichtig sei es nur, einen Hebel zur Entfernung des Reifenmantels dabeizuhaben, der uns dann auch tatsächlich zusammen mit einer winzigen Werkzeugtasche ausgehändigt wird.

Jutta und ich sind fassungslos.

»Das ist doch kein Werkzeug, das ist Spielzeug!«, rufe ich spontan.

Rühren meine Bedenken von der wehmütigen Erinnerung an die Bau- und Chemiekästen aus Kindertagen her?

Doch die Fahrräder sind wirklich wunderschön, der Rahmen ist aus Aluminium, die Shimano-Schaltung nagelneu, die Fahrradtaschen sind bequem und widerstandsfähig. Ich werde sogar mit einem prostatafreundlichen Gel-Sattel fahren, den mir mein Bruder geliehen hat, doch der Chef der Werkstatt rät mir nachdrücklich ab. Übrigens ist mein erster Eindruck nach einer Probefahrt nach Schwabing, dass mir der Hintern überhaupt nicht wehtut, dafür schmerzt der komplette übrige Körper. Mit anderen Worten: Das Becken ist kein Problem, der Radfahrer kann sich dafür auf andere, bereits vorhandene leichte Schmerzen konzentrieren, wie Kribbeln im Pimmel, geschwollene Eier und von der Reibung brennende Pobacken.

Hals- und Beinbruch, Bruno!

ERSTE ETAPPE

München/Obermenzing – Reichling

Technische Daten

Länge: 67 km
Tatsächliche Fahrzeit: 4,5 Stunden
Durchschnittsgeschwindigkeit: 15,5 km/h
Abfahrt: 10.45 Uhr
Rast: 14.45 Uhr
Ankunft: 19.45 Uhr
Verdrehte Kabel: 6
Geleerte Bierkrüge: 3
Pipipausen: 5

• • • • • • • • • • • • • • • • • •

Die Etappe von München/Obermenzing nach Reichling ist relativ leicht, abgesehen von einer mehrere Kilometer langen Steigung vor Andechs. Es lohnt sich also, gemütlich in den mittleren und hohen Gängen und mit gleichmäßigem Tretrhythmus zu fahren. Die Euphorie des Aufbruchs und das lange Warten in Herrsching auf die Fähre nach Dießen können zu Verzögerungen führen. Der Abschnitt von Dießen nach Rott ist wunderschön, allerdings auch besonders anstrengend. Mit einem Hybridrad sollte man den König-Ludwig-Weg trotz seiner Schönheit besser meiden und die weniger befahrene Rotter Straße wählen. Wenn man Rott erreicht hat, fährt man auf der Landsberger Straße in nordwestlicher Richtung. In Pessenhausen biegt man links in die Sankt-Wendelin-Straße ab, auf der man innerhalb kurzer Zeit nach Reichling gelangt.

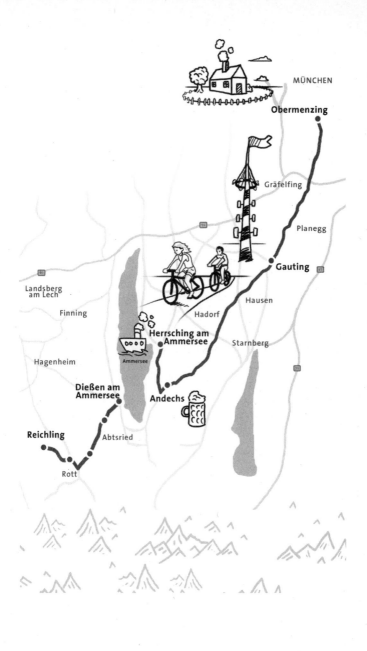

31. August 2008

1. TAG

Ich höre Bruno noch regelmäßig atmen neben mir. Meinen Wecker habe ich auf 8.00 Uhr gestellt, aber ich war aufgeregt diese Nacht, habe unruhig geschlafen, ständig meine beiden Satteltaschen ein- und ausgepackt. Ich bin mir sicher, irgendetwas Wichtiges vergessen zu haben. Andererseits fliege ich ja nicht auf eine einsame Südseeinsel, und heute ist Sonntag, und den werden wir, falls etwas fehlt, überstehen können.

Die Sonne hat mich dann endgültig wach gemacht, die Vögel veranstalten einen Höllenlärm draußen. Ich stehe leise auf, damit ich noch ein halbes Stündchen ganz für mich habe, um mit dem Hund durch den Park zu laufen und Croissants vom Bäcker Wutschek zu holen. Dann wecke ich ihn auf, diesen Langschläfer, diesen so gar nicht Kribbeligen.

Im Garten gehe ich an den beiden ebenfalls noch schlafenden Fahrrädern vorbei. »Buh«, mache ich, »aufwachen, gleich geht's los.«

Als ich mit dem duftenden Gebäck heimkomme, steht meine Tochter Antonia mit noch müdem Gesicht in der Küche, kocht Tee und hatte Angst, verschlafen zu haben und unsere Abfahrt zu verpassen. Die Süße, wie nah sie mir ist in ihrer Sorgfalt. Sie hat ein wenig Bammel vor dem Weg, der uns bevorsteht, traut es uns nicht wirklich zu und hat Sorge, dass wir uns auf halbem Weg so in die Wolle kriegen, dass wir die Reise abbrechen.

Tja, wer weiß, aber dann geht die Welt auch nicht unter. Vielleicht gelangt nur einer von uns ans Ziel, vielleicht gebe ich auf und Bruno zieht eisenhart die Reise durch, vielleicht kommen wir beide innigst vereint und guter Dinge in Meran an. Wer weiß?

Ich habe gestern noch die gesamte von mir erarbeitete Reiseroute mit allen wichtigen Stationen für Bruno kopiert. Ihm ein Heft angelegt, ihm alles Notwendige rosa markiert, die Übernachtungsdörfchen, wo wir vielleicht nicht mehr weiterkönnen, umkringelt, die Tageskilometer aufgeschrieben, Mittagspausenmöglichkeiten mit Ausrufezeichen beschriftet. Selbst wenn wir uns verlieren sollten, er kann den Weg finden, so er will, mich wiederfinden, so er will, er hat keine Ausrede!

Gute Laune hat er, das Frühstück steht bereit, wie immer, wenn er frisch rasiert und wohlgeduscht erscheint. Ich hab das noch vor mir, das Duschen, meine ich. Es ist herrliches Wetter.

»*Tesoro*«, sagt er, »*se vuoi, possiamo iniziare anche domani.*«

Ich glaub's nicht, das darf doch wohl nicht wahr sein! Wiesooooo?

Ich mein, jetzt ist doch alles bereit, mich juckt's in den Beinen, und er sagt so ganz nebenbei, dass wir eigentlich auch morgen losfahren könnten. Ich glaub, ich spinne. Nur nicht aufregen, einfach so tun, als ob er das nicht ernst meint.

Mit zarter Stimme wende ich ein, dass wir doch in jedem Fall heute, und zwar *subito* losfahren, wegen dem Sonnenschein, weil's morgen vielleicht regnet, weil wir uns sonst keinen Pausentag gönnen können, falls wir einen wollen, weil's so ausgemacht ist, verdammt und zugenäht.

Bruno grinst. »Ich wollte nur mal sehen, wie du reagierst.«

Ja, klassisch. Genau die Reaktion hat er von mir erwartet. Mann, bin ich blöd, immer wieder falle ich auf ihn rein. Na ja, weil auch immer ein Tröpfchen Wahrheit bei ihm dahintersteckt und weil ich so gar keinen Humor habe, wenn er meine Pläne durchkreuzt, die längst abgeschlossen waren. So ist er, und ich fange die Situation grad noch mal so auf, bevor er was Provokantes sagen kann.

»*Sicuro, amore, il tempo è bello.*«

Also, Kaffee austrinken, runterschlucken, Pipi machen und ab die Post.

Weit gefehlt!

Hab ich nicht zu Anfang erwähnt, dass mein Schatz auch Regisseur ist? Die Nummer mit der Kamera am Helm, der zweiten Kamera in der Tasche und dem Mikrofon an der Lenkstange war ernst gemeint. Viel Geld haben wir dafür ausgegeben. Nur mit Vehemenz habe ich mich dagegen wehren können, nicht auch noch so ein Ding am Kopf tragen zu müssen.

Bruno hat sogar allen Ernstes gesagt: »Ich als Regisseur erwarte von meiner Schauspielerin, dass sie tut, was ich sage.«

Ich bin fast geplatzt, konnte mich gerade noch beherrschen, ihm nicht die letzte Ausgabe von *EMMA* um die Ohren zu knallen, und nur das Argument, dass ich nicht durch ein Kabel mit ihm von Rad zu Rad verbunden sein möchte, hat ihn nachdenken und klein beigeben lassen. Tja, da hat der Herr Regisseur halt nicht bis zu Ende gedacht. Die Vorstellung, gemeinsam und untrennbar durch ein Kabel in die Schlucht zu rasen, war wohl selbst ihm unangenehm.

Bleiben wir noch einen Moment bei Bruno, der in voller Montur vor mir steht. Sportlich sieht er aus, mit seinen engen Radlerhosen, dem sexy Sweatshirt, den fingerlosen Handschuhen, Socken und Sportschuhen, einen Helm auf dem Kopf und bereit, sich ins Abenteuer zu stürzen. Wäre da nicht plötzlich ein Problem aufgetaucht, welches absolut nicht vorhersehbar war. Wenigstens oder vielmehr schon gar nicht seit gestern Abend. Denn er hat alles ausprobiert, und es hat funktioniert. Glücklich war er, dass er diese super Idee hatte, alles dokumentieren zu können.

Die kleine Kamera ist mit einem schmalen Klettband am Helm befestigt, den größeren Camcorder kann mein geschätzter Lebensgefährte jederzeit aus der Umhängetasche holen, die ich ihm geliehen habe und die er, weil hellblau, absolut scheußlich findet. Somit kann er alles, die Straße, die Gegend oder auch mich, gleichzeitig filmen. Klasse, toll, super, nur – warum funktioniert der Scheißton nicht?

»Gestern Abend ging er doch noch«, ruft Bruno ungläubig. »Er ist einwandfrei gelaufen, alles, was ich aufgenommen habe, konnte ich anschließend hören, warum also nicht auch jetzt?«

Ich zucke bloß die Achseln und beobachte, was nun passiert. Alle Kabel noch mal raus. Mann, sind das viele Meter, der stürzt noch über dieses Gewirr, da bin ich mir sicher, durchzuckt es mich. Kabel rein, neuer Versuch – wieder nichts.

»Warum nur? Ist das Kabel kaputt, oder was?«

Ich sehe beginnende Verzweiflung bei ihm aufsteigen. »Ruhe bewahren«, sag ich mir, »es ist ja grade mal kurz nach zehn.«

Bruno erwähnt erneut, dass man ja auch morgen starten könne. »Dann könnte ich morgen gleich ganz früh zu Saturn fahren und die Kabel umtauschen«, erklärt er auf meinen staunenden Blick hin.

By the way, das hat er in den vergangenen zwei Tagen dreimal gemacht. Ich trinke besser noch 'ne Tasse Tee und sag nichts.

Irgendwie kann ich verstehen, dass er nicht aufgeben will, denn natürlich wäre es schade, so 'ne halbscharige Sache für die Nachwelt zu produzieren. »Aber eine Kamera geht, und die hat außerdem Ton, also ein Stummfilm wird's schon nicht werden«, sage ich ganz leise und ernte einen Dolchblick. Ja, ich trinke besser noch 'nen Tee.

Inzwischen ist auch meine liebe Freundin und Nachbarin Eliane aufgetaucht, denn sie will unseren Start ebenfalls nicht verpassen. Das Schild *(START 31. 08. 2008)* liegt einsatzbereit auf dem Tisch, die Uhr zeigt 10.30 Uhr, Eliane, Antonia und ich stehen am Start. Also, was ist, Bruno?

»Okay, okay, vielleicht liegt's ja auch an der Batterie«, sagt er kleinlaut.

Wir stellen uns in all unserer Pracht und mit Schild vor die Räder. Klick, klick, ein Foto wird geschossen, Abschiedsküsschen werden gegeben, Hals- und Beinbruch wird gewünscht. Nein, danke. Bloß nicht! Und dann, man soll's nicht glauben, unter Winken und Servus fahren wir los!

Genau zweihundert Meter.

Bruno stellt fest, dass das so mit den Kabeln nicht geht. Also noch mal das Spiel Kabel rein, Kabel raus, Kabel rein. Nerven behalten, Speidel!

Antonia, Eliane und Gino kommen angerannt. »Ist was passiert?«, fragen sie.

»Nein, nein, nichts Besonderes. Und den Tachometer haben wir ja auch noch nicht eingestellt.«

Gesagt, getan, und nach knappen zehn Minuten Kabelsalat geht's dann weiter.

Genau weitere zweihundert Meter.

»Jetzt möchte ich das filmen«, sagt Bruno und bleibt stehen.

Schließlich hat er den Start und das alles nicht gefilmt, und so möchte er das auf der Stelle tun. »Sonst wäre es zu spät.«

Da hat er recht. Also Kabel rein, Kabel r… Nein, jetzt sei mal nicht so, da hat er nun wirklich recht.

Hausmeister, das weiß man landläufig, sind neugierig. Sie wissen eigentlich immer alles über jeden, oder glauben es zu wissen. In diesem Fall ist es der Hausmeister von nebenan, dem angesichts unserer Aufmachung der Mund offen stehen bleibt.

Damit ihm keine Fliege reinfliegt, rufe ich ihm fröhlich zu: »Guten Morgen, Herr Beliebig, gell, da schaun's, wir radeln nach Meran.«

Somit weiß es nun in der nächsten Stunde die gesamte Nachbarschaft, und deren Sonntag ist gerettet.

»*Tesoro, vai, vai!*«, ruft mir mein italienischer Kameramann unterdessen zu.

Ich starte mit fotogenem Gegrinse, Winken und dem ebenso blöden wie überflüssigen Satz: »Ja, jetzt radeln wir endlich los, Richtung Meran. Es ist elf Uhr am einunddreißigsten August zweitausendacht.«

Bruno hinter mir, bedenklich wackelnd, weder Fußgänger noch schnüffelnde Hunde bemerkend, die Kamera fest in der rechten Hand haltend.

Immerhin, auf diese Weise haben wir nach einigen Minuten den ihm wohlbekannten Park durchquert. Jetzt ein Stück Straße, nein, das wolle er nicht filmen.

»Juuutta, stooopp!«

Kamera rein, Kabel rein, wurschtel, wurschtel, nein, so geht's nicht, Kamera raus, Kabel raus, wurschtel, wurschtel. Kamera rein. Es ist 11.30 Uhr.

Nein, ich sag nichts, nein, wirklich nichts, wir haben heute ja bloß maximal fünfzig weitere Kilometer vor uns, und die Sonne beginnt, auf den Körpern zu brennen.

Wir radeln durch Pasing nach Lochham, wo meine Freundin Uschi mit ihrem Mann Christian wohnt.

»Wäre doch lustig, kurz zu klingeln«, schlage ich vor.

Bruno ist begeistert, weil er die große Chance sieht, noch einmal zu überprüfen, warum der Ton nicht geht.

Die beiden freuen sich in der Tat, schließlich wissen sie um unsere Reise. Im Bademantel und mit Fotokamera bewaffnet, hält Uschi uns für die Nachwelt fest, und Christian, typisch Arzt, der er ist, erteilt Ratschläge, wie viel Milligramm Magnesium wir täglich schlucken sollen, um keinen Muskelkater zu bekommen. Uschi füllt mir ein kleines Cremedöschen von ihrer Penatencreme ab, für den Popo, und versichert mit triumphierendem Gesicht, dass ich ihr noch dankbar sein werde auf der Reise.

Werde ich auch, weiß ich aber jetzt noch nicht. Doch davon später mehr.

Wieder mit Winken und zahlreichen Gute-Reise-Wünschen geht's weiter durch das Würmtal. Irgendwie habe ich das Gefühl, alle denken, sie sehen uns nie wieder, so mitreißend fallen die Verabschiedungen aus. Die Straße ist gerade und flach, meine Geschwindigkeit konstant, und so könnte ich das gleichmäßige Treten in die Pedale allmählich genießen, würde ich nicht bemerken, dass Brunos Abstand zu mir immer größer wird und ich an der nächsten Kreuzung warten muss. Mein Fluss ist unterbrochen, und während ich warte, denke ich an unsere Freunde Mela und Harry in Krailing, die sich bestimmt über einen Kurzbesuch freuen würden. Harry ist Musiker und kennt sich mit Ton gut aus, vielleicht hat er ja ein neues Kabel oder Batterien oder kann Bruno zumindest helfen, die Sache in den Griff zu kriegen.

Diese Ankündigung zaubert ein glückliches Lächeln auf Brunos Gesicht, und sofort tritt er ein wenig schneller in die Pedale.

»Wie weit ist es denn zu den beiden?«, fragt er.

»Na, da vorne um die Ecke, und wir sind da«, erwidere ich.

»Ja, das würde noch gehen«, meint er.

Oje, wir sind grad mal zehn Kilometer unterwegs, und der braucht schon 'ne Pause, das kann ja heiter werden, nagt es in mir.

Unsere Freunde sind da. Große Begeisterung. Auch hier wird sofort die Kamera gezückt, und von allen Seiten werden wir siegessicheren Blickes verewigt. Männerfachgespräche über Kabel und Hightech fressen kostbare Minuten auf, während ich mit Mela den Obst- und Gemüsebestand des Gartens betrachte. Endlich, nach geraumer Zeit, ertönt das Ergebnis der männlichen Krisensitzung.

»Der Harry hat zwar andere Batterien reingetan und mir ein neues Kabel geschenkt, aber geholfen hat das auch nichts.«

Klasse, super, toll! Und was jetzt?

So, und nun muss ich über einen Charakterzug meines italienischen Lebenspartners reden.

Wenn ein Problem unlösbar erscheint, legt sich eine Melancholie der Resignation auf die Seele meines Liebsten, umfängt ihn und hält ihn fest, verschließt seine Augen vor Schönem, und es braucht Stunden, um die Seele wieder freizulassen. Es ist so, und ich kann es nicht ändern, meint sie zu sagen. Genau wie die alte Stadt Rom, die immer mehr zerfällt und über die die Römer sagen, sie bestehe nun schon seit zweitausend Jahren, also werde sie auch weitere zweitausend Jahre bestehen, sie werde schon überleben.

Nein, das ist ganz anders als bei uns im korrekten Deutschland, wo gebuddelt, ausgebessert und instand gesetzt wird. Da hat man nicht so viel Zeit, wir sind ja auch jünger, also wollen wir es immer gleich wieder schön haben, wenn etwas zerfällt oder kaputtgeht. So bin auch ich. Wenn etwas nicht klappt, finde ich einen Ausweg und mache es halt anders. Ist dann vielleicht nicht so, wie ich es mir erhofft hatte, aber könnte ja auch einen anderen besonderen Reiz bekommen, der eventuell sogar besser ist. In jedem Fall lasse ich mir meine Laune nicht verderben.

Minimum fünfundvierzig Kilometer liegen noch vor uns, es ist inzwischen 12.00 Uhr vorbei, und ich will jetzt endlich mal richtig losfahren. Auf geht's, Bruno, satteln wir die Hühner. Ob er jetzt noch murrt oder mault – mir ist das wurscht, allmählich reicht's. Optimismus und Heiterkeit versprühend, auch wenn sie nur aufgesetzt sind, treten wir in die Pedale, und es geht einen kleinen Hügel hoch. Erstes Vorgefühl: kein Problem, ich bin fit wie ein Turnschuh.

Da sich mittlerweile ein leicht flaues Hungergefühl im Magen breitmacht, wir den angebotenen kleinen Snack aus Zeitgründen abgelehnt haben und weil es eh von mir geplant war, ist unser nächstes Nahziel das Kloster Andechs. Berühmt für exzellentes Bier, Brotzeit und die barocke Klosterkirche mit Kreuzgang. Ein bisserl Kultur möcht schon sein. Aber noch sind wir lange nicht da.

Sanft hügelig, auf asphaltierter Straße, die Sonne im Zenit, können zwanzig Kilometer ganz schön in die Wadln gehen. Ich genieße es, die Anstrengung zu spüren und voranzukommen. So hatte ich es mir vorgestellt. Den Fahrtwind kühlend im Gesicht und auf den Schultern. Was mir weniger gefällt, ist, dass Bruno so langsam fährt und ich mich ständig umdrehen muss, um zu sehen, ob er überhaupt noch in Reichweite ist. Jedes Mal, wenn eine Kurve kommt und ich ihn aus den Augen verliere, warte ich, bis er wieder auftaucht. Ich habe Sorge, dass er eventuell falsch abbiegt. Das Heft, das ich unter großem Zeitaufwand für ihn zusammengestellt habe, findet er nicht mehr, wahrscheinlich hat er es zu Hause vergessen, schließlich musste er ja an anderes denken. Aber er lächelt tapfer und fragt auch nicht, wie lange es noch dauert.

Ich komme ihm einfach zuvor. Erzähle, welch schöne Landschaft links und rechts neben der Straße sich aufzunehmen lohnt, erzähle von dem herrlichen Bier und dass wir uns die Brotzeit redlich verdient hätten, denn bald seien wir ja da. Insgeheim hoffe ich das auch, denn mir knurrt der Magen, und müde bin ich auch ein wenig.

Plötzlich liegt es da, oben auf dem Hügel, in geraumer Ferne, das Kloster. Fünf Kilometer noch, und wir haben es geschafft. Aber da geht's an einer Kreuzung sowohl rechts nach Andechs als auch links.

»Was soll denn das?«, fragt Bruno.

»Dann fahren wir eben rechts rum, wird schon passen«, erwidere ich und biege ab.

Nach ein paar hundert Metern kommt erneut eine Abzweigung, nur steht da nirgendwo mehr Andechs angeschrieben. Kein Mensch auf der Straße, plötzlich sind keine rasenden Radler mehr unterwegs. Ich zücke meine Landkarte, denn meine Lust auf Umwege ist gleich null. Das Kaff, in dem wir gerade sind, finde ich nicht. Das gibt's doch nicht, so nah am Ziel – nur sehe ich es gerade nicht mal mehr. Als ein Motorradfahrer um die Ecke biegt, stoppe ich ihn und frage nach dem Weg.

»Viele Wege führen nach Andechs«, meint er nur.

»Ja, aber welcher ist der kürzeste?«

»Das weiß ich leider auch nicht«, antwortet dieser und braust los.

Wie bescheuert muss man eigentlich sein, um sich jetzt noch zu verfahren? Ich ärgere mich über mich selbst, schließlich ist das meine Heimat, und in Andechs war ich schon zigmal.

Wir reißen uns zusammen, drehen um, treten in die Pedale und haben es kurz darauf endlich geschafft. Verschwitzt sind wir. Aufs Klo müssen wir. Die Zungen hängen vor Durst am Boden, denn die beiden Flaschen mit den energiespendenden Brausetabletten sind längst leer getrunken. Hat Christian nicht gesagt: »Viel Magnesium und viel Wasser trinken, sonst schlafft ihr zu schnell ab.« Ja klar, das leuchtet ein, aber soll ich jetzt etwa eine Magnesiumtablette in mein gutes Bier geben? In Bayern gehört der Gerstensaft zu den Grundnahrungsmitteln, also Gesundheit pur. Und genau die werden wir uns jetzt genehmigen.

Aber erst mal stellt sich uns die Frage, wo wir unsere vollgepackten Räder parken, um nicht anschließend eine böse Überraschung zu erleben.

Ohne allzu viel vorwegzunehmen und um gleich eine Grundsatzregel am Anfang einzuführen: Wir sind beschützt und werden nicht beklaut! Ganz sicher bin ich mir da, denn sonst werden wir jeden Tag vor dem gleichen Problem stehen. Froh darüber, dass Bruno ebenso denkt, schließen wir die Räder mit unserem einzigen Kettenschloss zusammen und gehen leicht breitbeinig den Hügel hinauf in die Schenke. An uns wird köstlich dunkles und helles Bier vorbeigetragen.

»Sollen wir einen Schweinsbraten mit Knödel essen oder lieber nur Radi mit Obatzda und Breze?«, überlege ich laut.

Bruno ist zu keiner Antwort fähig.

»Ein Stück Leberkäse wäre auch fein, oder magst lieber Schweinswürstel mit Kraut?«

Keine Reaktion.

»Ich hole jetzt erst einmal zwei Bier, Helles, von dem Dunkel wird man so schnell müde, und dann entscheiden wir uns.«

Kurz darauf stehen zwei Maß Bier vor uns auf dem Tisch.

Mein Gott, wie das zischt. Meine bayrische Seele juchzt. Ebenso die italienische an meiner Seite, denn Bier genießen hat mein Bruno gelernt in den Jahren unserer Zweisamkeit. Wir entschließen uns für eine kalte Brotzeit und lassen für eine Stunde Viere gerade sein.

Aber der Sinn einer jeden Tagestour liegt bekanntlich auch darin, ein Stückchen der jeweiligen sich darbietenden Kultur anzuschauen, und so erheben wir unsere müden Glieder und besichtigen, natürlich mit der Kamera ausgestattet, die wirklich wunderschöne Barockkirche des Klosters. Danach laufen wir noch ein wenig im Kreuzgang und dem Garten umher, sehen hinunter ins bayerische Hügelland, und ich bin stolz darüber, wie schön es ist und dass ich es Bruno zeigen kann.

Wie oft habe ich angesichts der römischen Antike gedacht: Kann ich Bruno jemals meine Heimat schmackhaft machen? Nicht dass ich ein Minderwertigkeitsgefühl entwickelt hätte, aber ich möchte nicht das einzige Argument für seine Reisen nach München sein. Es ist mir wichtig, dass er die Schönheit unseres Landes schätzen lernt und sich vielleicht manchmal sogar danach sehnt. Auch dies ist Sinn und Zweck unserer Reise. Wir werden in den folgenden Tagen durch Orte kommen, in denen selbst ich noch nie war. Es wird herrlich sein, durch Wälder oder an Seen entlangzuradeln, wo man mit dem Auto nicht hinkommt.

Von nun an geht's bergab, aber nur kurz bis zum Ammersee. Die Räder stehen ausgeruht und in tiefer Eintracht an der Stelle, wo wir sie abgestellt haben, offensichtlich hat sie keiner auch nur berührt. Gottvertrauen muss man halt haben, außerdem sind wir hier nicht in Italien. Pfui, so was sollte man nicht mal denken, ist aber so. Selbst Bruno ist derselben Meinung.

Friedlich liegt in Herrsching der See da, und weil das

Schiff, das uns nach Dießen bringen wird, erst in fünfzig Minuten abfährt, schmeiße ich mich in das herrliche Nass und schwimme weit raus, zwischen den Segelbooten hindurch. Das ist wirklich praktisch: Man nimmt sein Fahrrad mit auf die Fähre und radelt auf der anderen Seite des Sees einfach weiter. Wir sind bei Gott nicht die Einzigen, aber die anderen Leute auf der Fähre scheinen Tagesausflügler zu sein. Bruno und ich fühlen uns als was Besonderes, als diejenigen, die schwere Strapazen in Kauf nehmen, um ans Ziel zu kommen. Ein bisserl hochmütig blicken wir auf die Bloß-ein-paar-Stunden-Radler herab.

»Hätten wir mal nur nicht den Mund so voll genommen«, keuche ich wenig später vor mich hin, denn gleich hinter Dießen geht es gruselig steil hinauf, so dass selbst ich klein beigebe und schiebe. Unser Weg führt laut Karte mitten in den Wald, es ist der berühmte König-Ludwig-Weg. Ja, wo ist er denn?, fragen wir uns allerdings, da nirgendwo eine Abzweigung zu sehen ist. Wir drehen um, fahren ein Stück den Berg runter, stellen fest, dass es doch richtig sein muss, und schieben wieder bergauf. Ich befürchte, Spott oder Unmut bei Bruno auszulösen, doch er zeigt Langmut und weiß ja selbst nicht, wo es langgeht. In der Karte sieht alles so einfach und klar verständlich aus, aber ich finde diese dämliche Abzweigung nicht.

Erneut schieben wir unsere Räder ein Stück weiter den Berg hinauf, um dann schließlich doch wieder hinunterzuradeln und den ersten Weg gleich links nach der Kirche einzuschlagen. Ich bin mir zwar gar nicht sicher, ob es richtig ist, aber was sollen wir machen? Wen wir auch fragen, keiner weiß wirklich Bescheid.

Also fahren wir hinein ins Ungewisse, aber so falsch kann es nicht sein, denn das Dorf Rott, wo wir auf alle Fälle durchmüssen, ist auf der Hauptstraße angeschrieben. Nur leider will ich nicht auf der Haupstraße fahren, sondern Bruno den Wanderweg unseres lieben und so heiß verehrten Königs Ludwig zeigen. Ich stelle mir vor, wie er einst mit seinem feschen Landauer, gezogen von den prächtigsten Rössern, im Jagdgewand durch die Wälder fuhr, das Volk sich am Wegesrand tief verneigend. Schön, das kann Italien nicht aufweisen, da muss man schon bis Cesare zurückgehen, und ich bin ein wenig stolz, während ich Bruno davon erzähle.

Dem wäre es im Moment allerdings bedeutend lieber, wenn sich uns jemand verneigend am Waldesrand entgegenstellte, den wir nach dem Weg fragen könnten. Der König Ludwig ist ihm dagegen ziemlich wurscht. Und siehe da, plötzlich sitzen ein alter Mann und eine junge Frau auf einem kleinen Bänkchen neben einer Quelle am Wege. Klingt nach Märchen, ist aber wahr. Erstens habe ich Durst, und wir können unsere Wasserflaschen neu füllen, und dann, so ganz nebenbei, damit man sich keine Blöße gibt, freundlich fragen, ob das zufällig der König-Ludwig-Weg sei, auf dem man sich befindet.

»Ja, warum?«, lautet die Antwort.

Mir fällt ein Stein vom Herzen.

»Da fahren's den Weg noch a paar hundert Meter lang, und dann kommt a Wegerl von rechts, und des fahrn's nauf und dann allaweil durch'n Wald, bis nimmer weitergeht, und dann kommen's eh auf d' Hauptstrass nach Rott, wenn's da hinwolln.«

Und ob wir da hinwollen, und eventuell sogar noch ein Stückerl weiter bis zur nächsten Ortschaft, wo es hoffentlich ein gutes Wirtshaus mit einem Gastzimmer gibt. Des wüssten sie nun nicht so genau, heißt es, als ich nachfrage, aber des würden wir ja dann schon merken.

Wir nehmen noch einen großen Schluck von der Quelle

und schwingen uns erneut in die Sättel. Glück muss der Mensch haben und immer positiv denken, dann wird schon Hilfe kommen, denke ich mir und bete inständig, dass es bald ein Ende haben möge mit der heutigen Tour.

Aber noch habe ich Reserven und lass mir meine Müdigkeit nicht anmerken, weil ich nicht demotivierend wirken möchte. Vielleicht mache ich ja den Fehler, den Leithammel zu spielen, doch ich habe das Gefühl, es heute tun zu müssen, zumal ich nicht abschätzen kann, wie weit wir noch zu strampeln haben.

Es geht durch einen wunderbaren Wald mit Kiesweg, und wir sind absolut alleine. Schön einerseits, andererseits wird dieser Weg des Öfteren von anderen Wegen gekreuzt, und jedes Mal stehen wir vor der Entscheidung, wo es langgeht. Der Kies ist enorm schwierig mit unseren schmalen Reifen zu befahren, die Balance zu halten wird zum Kunststück, und bald steigt Unmut über die falsche Beratung und Radwahl in uns auf. Hatten wir nicht ursprünglich vor, unsere alten Mountainbikes zu nehmen? Mit denen wäre es ein Klacks, auf dem Schotter zu radeln. Aber davon später mehr! Jetzt geht's erst mal raus aus dem Wald und weiter auf einer wenig befahrenen Straße, wo wir in weiter Ferne einen Kirchturm sehen.

»Wo eine Kirche ist, da ist auch ein Wirtshaus, und wo ein Wirtshaus ist, da gibt's auch ein Bett«, jubele ich und trete so rasant in die Pedale wie ein Pferd mit Stalldrang.

Bruno japst hinter mir mit zunehmend größerem Abstand her, aber das ist mir egal, denn jetzt kann er nicht mehr falsch fahren. Im Dorf gibt es tatsächlich zwei Gaststätten. Eine ist zu, weil am Sonntag Ruhetag ist, und die andere verspricht einen Biergarten. Ja, in der Tat, ein Bier gibt es und auch ein Wiener Schnitzel und zwei ganze Tische mit Sonnenschirm und ein Holzbänkchen mit einem langen

Tisch, auf welches wir uns setzen. Das Ganze steht auf Asphalt, und ich würde es dezent als »scheußlichen Hinterhof« bezeichnen, aber an der Hauswand wächst ein Birnbaum, und das finde ich nett.

Die Wirtin ist freundlich, und irgendwie scheine ich ihr bekannt vorzukommen, aber sie ist diskret und macht uns erst mal ein wirklich leckeres Schnitzel. Noch während wir essen, fängt es an zu donnern und zu blitzen, und vorbei ist es mit der Idylle. Wir sausen unter einen der großen Sonnenschirme und sind einfach nur noch fertig. Warm ist es gottlob, und wenn wir jetzt noch eine Unterkunft hätten, wäre unser Glück perfekt.

Was soll's, ich frage die Wirtin ganz einfach, ob sie ein Bett für uns hat.

»Nein, leider nicht«, lautet die erschütternde Antwort. »Im ganzen Dorf gibt es keine Pension. Aber ihr seid's doch Radler«, stellt sie fest, »und da gäb's scho a Ausnahmemöglichkeit.« Ob wir denn auch privat wo schlafen würden?, fragt sie noch.

Mir oder vielmehr uns ist es mittlerweile wirklich völlig wurscht, wo wir schlafen, Hauptsache ein Bett und vielleicht eine Duschmöglichkeit. Also sagen wir spontan ja.

Also, wenn es uns recht wäre, würde uns die Tochter gleich zur Fahrschule Dietrich bringen, denn deren Oma wäre im Altersheim und die Wohnung würden die Dietrichs hin und wieder an müde Radler vermieten. Sie würde schnell mal nachfragen! Auf welchen Namen denn?

Ich sag halt, wie es ist, und antworte: »Speidel.«

Ein Aufschrei erschallt über den Hinterhof. »Ich hab's doch gleich g'sehn.«

Die Dietrichs haben Platz und nehmen uns auf, die Wirtin macht noch ein paar Fotos, und irgendwie ist alles sehr nett und lustig.

Es gibt eine große Garage, in der wir unsere Fahrräder parken können. Herrliche Motorräder stehen darin, und Helmut Dietrich erzählt, dass er und seine Frau Beppi Biker seien und auch immer aufs Geratewohl losfahren würden und deshalb so »armen Würsterln« wie uns gerne einen Schlafplatz gäben. Aber bevor wir uns jetzt zurückziehen würden, müsste er uns schon noch sein Hobby zeigen. Wir sind natürlich begeistert und laufen durch den regennassen Garten bis zu einem großen Teich, in dem riesige, bunte Koikarpfen schwimmen. Monster, so groß wie Hechte, mehr als einen halben Meter lang. So riesige Zierfische hab ich mein Lebtag noch nicht gesehen. Ein Wasserfall plätschert lautstark in den Teich, und Helmut zeigt uns stolz die sicher sündhaft teure Kläranlage. Alles höchst geheimnisvoll, mit Taschenlampe im Dunkeln, damit die Fische nicht denken, der Tag wäre angebrochen und sie bekämen was zu fressen. Fressen tun die sicher 'ne Menge, denke ich mir.

Die Wohnung, in die wir so schmutzig und verschwitzt einziehen, ist vom Feinsten. Eine Küche, ein Wohnzimmer mit Bar und Fernseher, ein Bad mit kuscheligen Handtüchern und ein großes, breites Bett. Beppi reicht uns noch ein Bier, und die beiden wünschen uns eine gute Nacht.

»Wann wollt's denn frühstücken? Und mögt's morgens a Ei?« Alles wäre überhaupt kein Problem, denn morgen würde der Sohn die Fahrprüfungen abnehmen, nur um zehn, da hätte sie einen Friseurtermin, den sie ungern sausen ließe.

Ich bin total gerührt, und Bruno, soweit er alles verstanden hat, ist es auch. Ich bin richtig stolz auf meine bayerischen Mitbürger und auf den ersten Tag, den ich meinem italienischen Liebsten offerieren konnte. So schnell macht mir das in Italien keiner nach, triumphiert es in mir. Aber insgeheim bin ich ganz kleinlaut und ehrlich gesagt auch ziemlich froh, dass alles so glimpflich abgegangen ist.

Nach der Dusche wird noch Tagebuch geschrieben, die Route auf der Karte eingezeichnet, die Kilometer gezählt – ganze fünfundsechzig waren es heute –, und ich überlege, ob ich Uschis Penatencreme benutzen soll. Aber noch geht es, und unter dem Plätschern des Wasserfalls falle ich in den wohlverdienten Schlaf. Beim Wegnicken stelle ich mir noch vor, morgen früh zwischen den Monsterkarpfen ein Bad zu nehmen, brrrr, wie es mir davor gruselt. Wenn die mich beim Schwimmen berühren! Das lass ich mal besser.

»Gute Nacht, mein Schatz, schlaf gut.«

Erste Etappe:
München/Obermenzing – Reichling

Nach einem ausgiebigen Frühstück mit Müsli, Croissants, Fruchtsaft, Blaubeermarmelade auf Nussbrot, Tee und Joghurt sind wir zur Abfahrt bereit. Noch sitzen wir in dem lichtdurchfluteten Haus in Obermenzing, und wie immer wird die Stimmung durch die Anwesenheit des treuen Gino aufgeheitert.

Die Regel lautet: losfahren ohne ein bestimmtes Ziel und unterwegs entscheiden, wo wir übernachten werden.

Das Wetter ist schön, und die Radtour beginnt, um uns nicht zu verweichlichen, auf einem Schotterweg im Wald inmitten alter Frauen, die mit ihren Hunden Gassi gehen. Nachdem wir unversehrt die stark befahrene Verdistraße überquert haben und ich heldenhaft den Mantel meines Reifens von einem Rest Hundekacke (soll ja Glück bringen!) gesäubert habe, fahren wir die asphaltierte Straße entlang.

Eine Nebenstraße führt uns zu unserer Freundin Uschi, die auf alles gefasst ist, nur nicht darauf, dass wir an einem Sonntagvormittag gekleidet wie zwei Tänzer des Bolschoitheaters hereinschneien. Sie und ihren Lebensgefährten, die wir aus dem Bett geklingelt haben, scheint unser Anblick dennoch sehr zu amüsieren. Christian, der Chirurg ist, spart nicht mit guten Ratschlägen und gibt uns eine Creme mit, um die Rötungen am Hintern und im Bereich der Geschlechtsteile zu lindern.

Wir danken den beiden herzlich und fahren weiter, doch ich bekomme schon nach wenigen Metern ein Problem mit der Webcam und dem Mikrofon, das ich am Lenker angebracht habe. Es gelingt mir nicht, den Ton aufzunehmen. Dabei hat gestern noch alles perfekt funktioniert! Wie immer in solchen Fällen gerate ich in Panik und beginne, nervös zu werden.

Jutta erwähnt mit leichter Ungeduld in der Stimme, dass es spät sei – »Aber wir sind doch gerade erst losgefahren!«, heißt das dann im Original – und dass wir uns noch von Harry und Mela verabschieden müssten. Da ich auf Harrys Fachkompetenz und seinen Vorrat an Ersatzkabeln spekuliere, willige ich begeistert ein. Die Stange meines Fahrrads ist völlig umwickelt mit Kabeln, die die Mikrokamera mit der Videokamera verbinden, die wiederum in einer rosa Umhängetasche steckt. Das Ding hat Jutta vielleicht mal gehört, als sie zwölf war, und sie hat es im letzten Moment aus dem alten Plunder in einem ihrer Schränke herausgefischt. Eine solche Umhängetasche hätten selbst Dolce & Gabbana, die Verkörperung des schlechten Geschmacks, in ihren schlimmsten Träumen nicht entworfen.

Mehr als eine halbe Stunde kämpfen Harry und ich mit den Kabeln im Garten, und am Ende haben sich all die Schnüre um unsere Beine gewickelt, die von der Anspannung ganz steif geworden sind. Hilfe, mein Gehirn verknotet sich auch gleich! Mela macht uns einen Tee, um die Wartezeit zu versüßen, während Jutta um einiges strenger als vorhin ruft: »*Voglio biciclare!*«

Ich lache schallend. Sie braucht bloß, statt des korrekten *andare in bicicletta,* dieses drollige Verb zu benutzen, und schon kehrt meine gute Laune zurück. Wir bedanken und verabschieden uns, nicht ohne noch ein paar Erinnerungsfotos mit unseren Freunden geschossen zu haben.

Die heutige Strecke ist abwechslungsreich und angenehm. Am Anfang geht es, bei leichtem Gegenwind, sanft bergauf und bergab, über Straßen mit immer weniger Häusern, hervorragende Wege, grün und samtig, von provenzalischer, was sage ich da!, bayerischer Schönheit. Ich bin glücklich, die Nase über dem Lenker und mein Schatten, am Vormittag extrem in die Länge gezogen, direkt hinter mir. Vor mir tritt mein Schatz, der sich immer wieder lächelnd zu mir umdreht, in die Pedale. Ich bemerke die Ameisen auf dem Asphalt, ein klassisches Zeichen für die Langsamkeit und die Anstrengung. Demnach fahre wohl auch ich gerade langsam? Was soll's.

Auf dieser phantastischen Gedankenmischmaschine, die das Zweirad in Bewegung darstellt, galoppieren in erster Linie die Emotionen. Es stimmt, auf einem Fahrrad, mit dem man nicht schneller als unbedingt nötig fährt, langweilt man sich nie. Das Rad ist ein Shaker, der Erinnerungen, Bilder und Düfte vermischt. Wir bewegen uns – die eine schneller, der andere langsamer – in Richtung Andechs, wo wir Rast machen und das berühmte Benediktinerkloster besichtigen wollen. Von Zeit zu Zeit schleppen wir uns im niedrigen Gang eine Steigung hinauf, und gar nicht so wenige Konkurrenten demütigen uns, indem sie uns mit einem höhnischen Grinsen im Gesicht auf ihren Vorkriegsrädern ohne Gangschaltung überholen.

Aber das ist mir egal. Mein persönlicher Rhythmus zwingt mich zur Langsamkeit, und ich fühle mich ungewöhnlich wohl, denn im Kontakt mit der Natur bin ich endlich ganz bei mir. Diese Erfahrung ist eine Herausforderung für mich, denn allein dadurch, dass ich mich auf meine körperliche Kraft verlassen muss, fühle ich mich stark, und schon die Tatsache, dass ich bei dem eher langsamen Tempo mit dem schwierigen Schotterboden fertigwerden muss, stählt meinen Geist.

Indessen brüllt mein Schatz aufmunternd: »Wo bleibst du denn? Jetzt komm schon, sei nicht so faul!«

»Die Faulheit ging auf den Markt und kaufte einen Kohlkopf. Mittag war vorbei, als sie nach Hause zurückkehrte. Sie setzte Wasser auf, machte Feuer und so weiter und so fort.«

Dieses Gedicht, von dem mir leider nur wenige Zeilen im Gedächtnis geblieben sind, rezitierte meine Mutter immer, als ich klein, um nicht zu sagen sehr klein war und noch nicht lesen und schreiben konnte. Natürlich diente es pädagogischen Zwecken (meine Mutter war Gymnasiallehrerin für Italienisch und Latein) und sollte mich für den Rest meines Lebens die Faulheit hassen und das Agieren lieben lehren. Mit anderen Worten: niemals untätig zu sein (wie heißt es noch so schön – das süße Nichtstun?), die angeblich notwendigen Dinge (welche?) zu Ende zu führen, kurz: dynamisch, entschlossen, unternehmungslustig und was weiß ich nicht noch alles zu sein. Schön. Dabei bin ich gar nicht faul, ich bin nur ein bisschen langsam. Ich will nun mal nicht von der Eile besessen und getrieben sein. Eile ist völlig sinnlos und zudem gefährlich.

Während ich diese Zeilen schreibe, wartet die ganze Welt auf den Ausgang der Präsidentschaftswahlen in den Vereinigten Staaten. »Amerika ist ohne Präsident«, titelt der *Corriere della Sera* über die ganze Seite. Das stimmt so aber nicht, denn Präsident Bush ist noch bis Mitte Januar im Amt. Zwei, drei oder zehn Tage Verspätung haben nicht die geringste Bedeutung, und trotzdem heißt es, die ganze Welt halte den Atem an. Sollen wir allen Ernstes völlig überflüssigerweise den Atem anhalten, nur weil wir es gewohnt sind, Dinge für dringlich zu halten, die es gar nicht sind?

Die fixe Idee der Eile bestimmt leider auch unser Privatleben. Man hat tatsächlich den Eindruck, die Menschheit habe keinen größeren Ehrgeiz als den vorzeitigen Samenerguss. Im Leben gibt es immer einen Moment, in dem man in die Pedale treten muss. Doch wenn man schnell ankommen will, ist es oft besser, in langsamem Tempo eine vernünftige Strecke zu fahren, als ohne Kompass blindlings loszuhasten. Letztlich kommen einem hundert langweilige Kilometer im Auto deutlich länger vor, als wenn man sie mit dem Fahrrad oder zu Fuß zurücklegt.

Übrigens sind Jutta und ich dann doch irgendwann in Andechs angekommen. Es ist inzwischen 14.45 Uhr, und mein Magen beschwert sich fürchterlich! Und ich bin sogar ein bisschen zappelig. Wir haben gerade unsere Räder an das Mäuerchen eines völlig überfüllten Biergartens gelehnt und halten nach einem freien Tisch Ausschau. Im Gehen bemerke ich das Grübchen, das sich immer dann auf Juttas linker Wange bildet, wenn sie lächelt – ein sehr anziehendes Detail, fast so wie ihre Beine. Vor allem aber ein kleines Detail, das ich in der Hektik des Alltags immer übersehen habe. Liebend gern würde ich dieses Grübchen jetzt zärtlich küssen, doch der überfüllte Biergarten scheint mir weder der richtige Ort noch der richtige Zeitpunkt.

Wir gehen hinein und holen uns im Selbstbedienungsrestaurant ein ausgezeichnetes Bier und eine Brotzeit, bestehend aus Klosterkäse und Obatzda (ein typisch bayerischer Käse ähnlich wie Camembert, aber viel, viel besser). Wirklich sehr lecker!

Andechs ist nicht nur ein religiöses Zentrum, es wird dort auch nach der alten Tradition des Ordens Bier gebraut. Von dem großen Parkplatz gehen wir nach dem Essen über eine Freitreppe zu einer eindrucksvollen Kirche hinauf, an deren Glockenturm mir die außergewöhnliche Sonnenuhr auffällt. Nachdem wir das prunkvolle Innere, ein echtes Meisterwerk des Rokoko, geprägt von einer Unmenge Stuck und Fresken, bewundert haben, in dem übrigens der Komponist Carl Orff begraben ist, kehren wir in die profanere Welt zurück. Diesmal spülen wir mit einem Krug Doppelbock Dunkel jeder einen traditionellen Zwetschgendatschi herunter, diesen köstlichen Pflaumenkuchen, der, im Gegensatz zu vielen anderen bayerischen Süßspeisen, ausnahmsweise mal nicht so schrecklich süß ist. Der Teig ist beinahe geschmacklos, mehr noch als unsere *torta margherita,* aber was für eine Köstlichkeit!

Nach dieser Stärkung setzen wir unsere »langsame« Fahrt fort und strampeln durch einen hohen Buchenwald erst zum Ufer des Ammersees hinauf und dann weiter zu dem kleinen Hafen von Herrsching, wo uns um 17.00 Uhr die Fähre nach Dießen erwartet.

Und was heckt in der Zwischenzeit mein ungeduldiger Schatz aus, der nicht eine Sekunde lang untätig sein kann? Die liebe Jutta beschließt, schwimmen zu gehen. Ich nutze den günstigen Augenblick, um mich in die Büsche zu schlagen und meine Blase an einem nicht allzu weit entfernten Baum zu leeren. Nur leider habe ich wohl die Distanz nicht richtig eingeschätzt, denn ich befinde mich nur wenige Baumstämme von einem jungen Paar entfernt. Benebelt von reichlich Bier und Zwetschgendatschi, bemerke ich ihre Anwesenheit nicht, die beiden dagegen haben mich längst entdeckt.

»Schau mal, das ist doch der Typ aus der Kaffeewerbung!«, ruft die Frau.

»Ischhh abbe gar keine Auto!«, imitiert der Mann.

Was für eine Blamage! Ich hebe einen Daumen, lächle den beiden zu und mache mich, deutlich über meinem Grundtempo, aus dem Staub, während ich eine Melodie vor mich hin pfeife, die es gar nicht gibt. Am liebsten möchte ich vor Scham im Ammersee versinken.

Nachdem Jutta den Fluten entstiegen ist, quetschen wir uns auf die überfüllte Fähre. Fern von all den Millionärsvillen des Starnberger Sees, ist der Ammersee der ideale Ort für all jene, die wie wir die Romantik lieben. Auch wenn ich – ich muss es zugeben – beinahe mittendrin gelandet wäre, nur weil ich zwei dämliche Möwen filmen wollte!

In Dießen wollen wir uns eigentlich gerne das herrliche Marienmünster anschauen, doch auf uns wartet noch der lange Weg nach Rott, und so entscheiden wir uns dagegen.

Wir biegen in den König-Ludwig-Weg ein, auf den unser Taschenführer hinweist. Er ist eine der bezauberndsten Straßen, zugleich aber mit allen Eigenschaften ausgestattet, die ihn zu einer perfekten Strecke für Mountainbikes machen. Er führt nämlich über Asphalt, Schotter und steinige Saumpfade hinauf und wieder hinab, und es gibt sogar einen amüsanten Single-Trek. Was für ein Anblick: Eine gefällte alte Eiche am Straßenrand und eine ehemalige Mühle lohnen allein schon die ganze Mühe!

In einem kleinen Dorf begegnen wir ein paar italienischen Wanderern, die nach Schondorf unterwegs sind und dem Münchener Jakobsweg folgen wollen. Ja, diese romantischen Wege, ebenso wie die gesamte wunderschöne Landschaft zwischen Ammersee und Lech, laden Radfahrer und Wanderer in eine echt beschauliche Idylle ein. Jutta und mir bleibt jedoch gerade mal Zeit für einen Kaffee, und schon heißt es wieder: »Los, wir schwingen uns auf die Räder.« Die Strecke wird allmählich beschwerlich für unsere »Hybridräder«, und wir lösen ein paar Tütchen Salz in unseren Feldflaschen auf. Angesichts der fortgeschrittenen Stunde entscheiden wir uns für eine schnelle und sichere Strecke und verlassen daher den König-Ludwig-Weg, um auf die

Hauptstraße einzubiegen, deren Belag entschieden besser ist.

Allmählich spüre ich die fünfundsechzig Kilometer, die wir bereits zurückgelegt haben, in den Beinen. Wir halten, um die Feldflaschen noch einmal zu füllen, und konsultieren die unverzichtbare Karte, um zu ergründen, in welche Richtung wir fahren müssen und, vor allem, wo wir am Abend bleiben werden, um zu essen und zu schlafen. Nachdem wir an einem Brunnen vorbeigefahren und einem Abschnitt ausgewichen sind, der von unzähligen großen Kuhfladen vermint ist, kommen wir zu einem dichten Kiefernwald. Ich bin inzwischen total erschöpft.

»Komm, lass uns bis nach Schongau weiterfahren«, schlägt Jutta vor.

»Ich glaube nicht, dass ich das schaffe«, gebe ich zerknirscht zurück.

Wir befinden uns in Reichling, einem verschlafenen, menschenleeren Provinzkaff, das zumindest den Anschein jener unruhigen Leichtigkeit mancher Filme von Alfred Hitchcock zu bewahren scheint. Einer dieser Orte, von denen man sagen würde: »Von hier geht keiner weg, keiner kommt her, und vielleicht stirbt auch keiner.« Tatsächlich sind wir an diesem Abend um diese Zeit mutterseelenallein in Reichling. Und kein offenes Gasthaus weit und breit!

»Nein, warte«, rufe ich. »Da hinten ist eins, an der Ecke des Platzes.«

»Sonntags Ruhetag«, liest Jutta vor.

»Heute ist Sonntag!«, stöhne ich entsetzt.

Doch es hilft nichts. Das nächste Dorf ist acht Kilometer entfernt, und es beginnt zu regnen.

»Wir können nichts anderes tun, als zu klingeln und den Wirt um eine warme Suppe und ein Bett zu bitten.« Jutta ist diejenige, die die Initiative ergreift.

»Aber das können wir nicht, es ist geschlossen«, erwidere ich resigniert.

Nur die Müdigkeit und die unglaubliche Frechheit meiner Lebensgefährtin können uns zwingen, an einem Sonntagabend im einzigen (geschlossenen!) Gasthaus einer kleinen Gemeinde mit sechzehnhundert Seelen eine warme Mahlzeit und ein Glas Bier zu erbetteln. Angesichts der Entschlossenheit von »Schwester Lotte« und ihrer hervorsprudelnden, aber ausführlichen Schilderung unseres langen, anstrengenden Tages empfangen uns die Besitzer des Gasthauses, Mutter und Tochter. Es gibt wohl kaum jemanden, der amüsanter ist als Jutta, wenn sie wie ein Wasserfall redet; nicht einmal ein DJ wäre imstande, eine druckreife Rede in nur zehn Sekunden zu halten und dabei auch noch so überzeugend zu sein!

Jedenfalls bitten uns die beiden angesichts der Überzeugungskraft von Juttas Wortschwall, ein wenig geehrt durch unsere Gegenwart und vielleicht auch ein bisschen mitfühlend, mit einem breiten Lächeln unter einen weißen Sonnenschirm, der uns vor dem Regen schützt. Und hier esse ich, neben einer dünnen Suppe mit Grießklößchen, in der einsam und traurig ein paar Ravioli schwimmen, zwischen denen sich winzige Frittatenstreifen vergeblich zu behaupten versuchen, das beste Wiener Schnitzel meines Lebens.

Jawohl, in Reichling!

Nach dem Austausch von Höflichkeiten teilen uns die freundlichen Damen allerdings mit, dass wir bei ihnen nicht wie gehofft übernachten können. In diesem Augenblick spüre ich, wie der Boden unter den Blasen an meinen Füßen wegzurutschen beginnt.

»Keine Sorge, wir haben gerade einen Nachbarn angerufen. Er und seine Frau freuen sich, Sie heute Nacht bei sich aufnehmen zu dürfen, Frau Speidel!«, sagt die Wirtin einen Moment später.

Jetzt stellen Sie sich bitte mitten in Reichling eine Villa mit Garten und einem kleinen künstlichen See voller Wasserpflanzen und etwa zwanzig kleinen japanischen Haien vor! Nachdem wir uns bekannt gemacht haben, gewährt uns der sympathische Herr Dietrich eine Führung durch seinen Garten, und während ich ein erstes Gähnen nicht unterdrücken kann, beginnt er, ein passionierter Züchter von Koi, einen langen, zermürbenden Vortrag über diese friedlichen und geselligen Fische, über die Wasserqualität, über die Degradation der chemisch-physischen Eigenschaften, über die Kläranlage und die für die Instandhaltung des Teichs notwendigen Arbeiten.

Jutta redet erneut wie ein Wasserfall und will tatsächlich alles über die Farben der japanischen Karpfen wissen! Ich frage mich, ob sie von diesen verdammten Kois wirklich so fasziniert ist oder ob sie nur so tut, als interessiere sie sich dafür, um mir, sadistisch, wie sie ist, einen Streich zu spielen, weil ich in Reichling und nicht in Schongau übernachten wollte.

Ich bin völlig fertig und möchte nur noch in irgendein Bett sinken, doch ich ahne schon, dass ich die ganze Nacht kein Auge zutun werde, wenn Herr Dietrich noch lange über seine Fische spricht.

Endlich kommt mir mein Schatz zu Hilfe. »Danke, Herr Dietrich, wir gehen dann jetzt schlafen. Wir müssen morgen in aller Frühe nach Füssen weiterfahren.«

Auch dafür liebe ich diese Frau! Ein Kuss auf ihr Grübchen und gute Nacht.

ZWEITE ETAPPE

Reichling – Füssen

Technische Daten

Länge: 64 km
Tatsächliche Fahrzeit: 4,25 Stunden
Durchschnittsgeschwindigkeit: 15,4 km/h
Abfahrt: 10.45 Uhr
Rast: 13.00 Uhr
Ankunft: 18.00 Uhr
Reifenpannen: 1
Muhen weidender Kühe: 24
Brummen von Jutta auf dem Fahrradsattel: 24

• • • • • • • • • • • • • • • • • •

Technisch gesehen bereitet diese Etappe keinerlei Probleme. Man fährt in Schongau auf die Via Claudia Augusta und folgt ihr ohne irgendwelche Orientierungsprobleme bis Altenstadt, Burggen und Lechbruck. Die aus dem hügeligen Gelände resultierenden Höhenunterschiede betragen nur wenige Dutzend Meter und sind in den mittleren Gängen problemlos zu bewältigen.

Auf dem letzten Abschnitt bis Füssen, auf dem die Straßendecke zu einem Großteil mit Splitt bestreut ist, kann einem allerdings das Hinterrad leicht wegrutschen oder man kann einen Platten bekommen, wodurch man wertvolle Zeit verliert. An manchen Stellen muss man außerdem auf Schlaglöcher achten. Den wenigen, bisweilen anstrengenden Abschnitten, in denen die Straße hinauf- und hinabführt, folgen stets erholsame Talfahrten.

Insgesamt ist die Strecke eben, weshalb man alles in allem ohne größere Anstrengung in die Pedale treten kann.

1. September 2008

2. TAG

Irgendwie haben mich diese riesigen Kois die ganze Nacht verfolgt. Es wäre weit übertrieben, zu behaupten, dass ich eine ruhige Nacht mit süßen Träumen hinter mir hätte. Ganz im Gegensatz zu Bruno, der einfach immer und überall schlafen kann. Zwar behauptet er, schlecht geschlafen zu haben, aber damit meint er, vielleicht *einmal* aufgewacht zu sein in der Nacht. Ich hingegen hab das Geplätscher des Wasserfalls im Koibecken als die Niagarafälle empfunden und im Halbschlaf ständig versucht, an die Wasseroberfläche zu kommen.

Oder hat es etwa geregnet in der Nacht? Oder regnet es etwa immer noch? Mir wird plötzlich ganz anders. Vorsichtig stehe ich auf, um den Prinzen an meiner Seite nicht zu wecken und gegebenenfalls gewappnet zu sein – hatte er doch ausdrücklich gesagt, dass er sich bei Regen weigert zu radeln. Aber vor dem Vorhang scheint, wenn auch zaghaft, die Sonne. Also doch die Niagarafälle.

Geduscht und mit frischem Radleroutfit gestylt, die Tragetaschen wohlsortiert und eingeräumt, mit Vitamintabletten und Getränkeflasche bewaffnet, begeben wir uns wenig später in das Esszimmer unserer reizenden Gastgeber, wo auch schon ein üppiges, typisch bayrisches Frühstück auf uns wartet. Ich freue mich über das gekochte Ei, die Semmeln mit Butter, Wurst und Marmelade, selbstgemacht versteht sich. Der Kaffee duftet aus der großen Kanne, und ein richtiger Milchtopf mit warmer Milch rundet das Ganze auf herrlichste Art ab.

»*Grazie, grazie,* danke, *ma io prendo solo un caffè*«, sagt mein Italiener.

Das darf doch nicht wahr sein! Wie will der denn mit bloß einem Kaffee im Bauch nach Füssen radeln? Vorsichtshalber schmiere ich uns zwei dick mit Wurst belegte Semmeln. Ein aufmunterndes Lachen unseres Fahrschulbesitzers ermutigt Bruno dazu, wenigstens die Marmelade zu probieren. Als wenig später die Gattin vom morgendlichen Friseurtermin zurückkehrt, entkommt Bruno der zweiten Tasse Kaffee und dem extra doch für ihn gekochten Frühstücksei nicht mehr. Ich sage nichts, grinse nur still vor mich hin. Gilt es doch auch, auf dieser Reise über den eigenen Schatten springen zu lernen. Das Ei ist eher eine leichte Übung, selbst für einen Süditaliener.

Wir zahlen vierzig Euro Übernachtungsgebühr, denn diese würde jedem hier gestrandeten Radler als Obolus abverlangt, das sei so Sitte in diesem gastlichen Haus, erklärt man uns, dann satteln wir die Hühner und fahren los.

Exakt genau dreihundert Meter, denn dann klingelt Brunos Handy. Vollbremsung! Wurschtel, wurschtel, Kabel, Kabel! Wenn der Italiener telefoniert, dann telefoniert er! Zwischen *no* und *vero, sicuro* und *ma certo* kann ich zumindest heraushören, dass es sich um etwas Erfreuliches handeln muss. Er redet und redet, egal, wie teuer so ein Gespräch ist. Egal scheinbar auch, dass es inzwischen anfängt zu regnen und wir ja bloß knapp sechzig Kilometer vor uns haben – und dass es inzwischen weit nach 11.00 Uhr ist.

Ich deute nach oben, mache Handzeichen, er möge doch endlich aufhören und sich in das Regenkondom zwängen, aber er sieht und hört mich nicht. Ich mache mich wasserdicht und harre, was da kommt.

Plötzlich ist es still, dann folgt eine begeisterte Tirade über den soeben beendeten tollen Anruf, der beinhaltet, dass Bruno das Casting für einen großen internationalen Film gewonnen hat.

»Glückwunsch, Glückwunsch, große Klasse«, rufe ich, »zieh dir mal was drüber.«

»*Perché*?«, fragt er, dann Pause. »Was ist das hier für ein Scheißwetter? Es regnet ja, was machen wir denn da?«

Blöde Frage, denk ich mir. Na, endlich weiterradeln, wäre doch 'ne Alternative, schließlich haben wir heute noch was vor.

Gottlob ist seine Laune grade so gut, dass er anstandslos meinen Rat befolgt und wir, in gelbe, weit flatternde Regencapes gehüllt, unseren Weg durchs Dorf Reichlingen, weiter den Berg runter nach Epfach und an einem der schönsten Pferdegestüte Süddeutschlands vorbei, rüber über den Lech fortsetzen und endlich auf die Via Claudia Augusta stoßen. Dass es dieser zweitausend Jahre alte Römerweg noch in sich haben wird, können wir zu diesem Zeitpunkt nur erahnen. Erst mal zeigt er sich von seiner nassen und von Baustellen verwundeten Seite, und es kommt, wie es kommen muss: Wir verfahren uns.

Na ja, so 'ne richtige Hilfe ist Bruno auch nicht. Er meint zwar, dass sein Bauch sagen würde, dass wir nach links müssen, aber meiner meint genau das Gegenteil. Als ein gemütlicher Bauer auf seinem Rad daherkommt, ergreife ich die Initiative und spreche ihn an.

»Jaa, da farscht daa nauf und dann imma graad uss, bischt dann nimma weidakimscht und lings muscht.«

Aha, irgendwie kommt mir das doch bekannt vor, hatten wir das gestern nicht auch schon, bloß weniger allgäuerisch?

Ich bedanke mich für die aussagekräftige Wegbeschreibung, der wir hoffnungsfroh folgen. Klar muss ich nicht erwähnen, dass es so einfach nun doch nicht ist, aber immerhin entdecken wir nach ein paar Kilometern ein kleines Schild, auf dem der erlösende Hinweis »Via« steht, welches uns in den nächsten Tagen noch oft retten wird.

In der Zwischenzeit hat die Sonne sich des Öfteren mit dem Regen abgewechselt, so dass es uns auch nicht langweilig wird. Es ist nämlich gar nicht lustig, unter dem gaggerlgelben Regencape zu schwitzen, wenn die Sonne draufbrennt. Allmählich komme ich mir vor wie bei 'ner Modenschau: Cape runter, Überhose aus, zehn Minuten später das gleiche Spiel, nur umgekehrt, dann wieder aus, wieder an, so und nun hat es sich wohl doch eingeregnet. Und das ausgerechnet jetzt, wo wir endlich auf dem richtigen Weg sind und loszischen könnten.

Wir fahren auf einem alten Kreuzweg entlang, wo sich entzückende Marterl, also Marienstatuen, und eine kleine, leider abgesperrte Kapelle befinden. Wenigstens ein Stoßgebet zum Himmel sende ich davor, Petrus möge gnädig mit uns sein und siehe da, er ist es, just in dem Moment, als Bruno ebenso grummelig wie deutlich zum Ausdruck bringt, dass er keinen Meter mehr weiterfährt, ich mich wiederum frage, welchen Sinn es haben soll, hier im Regen mitten in den Pampas trotzig stehen zu bleiben, da hört es auf zu regnen, und die Wiesen fangen an zu dampfen.

Gottlob, die erste Krise ist hoffentlich überstanden. Ich packe die Wurstsemmeln aus und füttere die Bestie. Dazu noch den Energietrunk aus der Flasche, und schon ist die Welt wieder in Ordnung.

Vor uns, sanft durch den noch regenverhangenen Horizont, lugen die ersten Berge hervor, und eine phantastische sattgrüne Hügellandschaft erstreckt sich vor unserem Auge.

Ich möchte jauchzen, so glücklich macht mich dieser Anblick. Ist es doch genau das, was ich Bruno zeigen möchte. Stolz offeriere ich ihm, die nächsten Tage gemeinsam mit mir durch diesen schönen Landstrich radeln zu dürfen. Ganz gläubig könnte ich dabei werden. Irgendwie scheint die Zeit stehen geblieben zu sein, und man könnte meinen, hier sei die Welt noch absolut in Ordnung.

So genießen wir die wärmende Sonne und die Pracht der Landschaft. Genießen, oder auch nicht, den Muskelkater von gestern, der besonders schön zum Ausdruck kommt, wenn's den Hügel raufgeht. Brav stehen auch immer wieder Schilder mit dem Hinweis »Via« am Wegesrand, selige Zufriedenheit macht sich in mir breit, egal, dass ich auch heute an jedem zweiten Kirschbaum auf Bruno warten muss, es gibt ja so viel zu genießen.

In Altenstadt hat uns die Zivilisation wieder, und wir beschließen, die romanische Basilika St. Michael zu besichtigen. Diese ist wirklich sehenswert in ihrer Schlichtheit. Sehr modern und trotzdem nicht kühl renoviert. Endlich hat Bruno wieder was zu filmen und zu fotografieren. Ich habe gar nicht erwähnt, dass sich das Gekabel heute absolut in Grenzen hält, Regen verschreckt wohl selbst den hartgesottensten Dokumentarfilmer, und so genießt er es umso mehr, jetzt als Kulturfilmer tätig sein zu können. Ich stelle mich hier in Pose, da in Pose, laufe die große Treppe rauf und wieder runter, grinse, rede beflissen Kulturelles für die Nachwelt und habe dann das große Vergnügen, dasselbe noch mal mit meinem Schatz filmen zu dürfen. Ich, die ich mit 'ner Kamera überhaupt nicht umgehen kann.

»Na, das kann ja heiter werden«, denke ich laut, aber mit Engelsgeduld erklärt Bruno mir, wie ich's machen soll.

Nach ein paar wackeligen Schwenks weiß ich, dass meine Begabung wohl mehr im Agieren *vor* der Kamera liegt.

Kaum sitzen wir wieder auf den Rädern, fängt der Magen erneut an zu knurren, dabei haben wir noch so viele Kilometer bis Füssen vor uns. Da heißt es ranhalten und zünftig strampeln, über Feldwege, entlang an frisch geodelten Wiesen. Nase zu und durch. Und siehe da, in Lechbruck steht ein herrliches Wirtshaus im Sonnenlicht, und die Terrasse ruft laut: »Jutta, Bruno, hierher!«

Ja, da kann man doch nicht nein sagen. Gasthaus Hirsch heißt das gute Stück, und wir essen zusammen ein halbes Hendl und einen Salat und trinken ein wohlverdientes kaltes Bier dazu. »Bier ist einfach etwas Herrliches«, findet auch mein italienischer Gefährte und fühlt sich gleich ein wenig bayerischer.

Kennen Sie Menschen, die wiederum andere Menschen anziehen wie der klebrige Fliegenfänger die Schmeißfliegen?

Ich bin so ein Fliegenfänger!

Gerade waren wir so glücklich über die sonnige, stille Terrasse, und Minuten später bevölkert eine Gruppe von lauten, fröhlichen Radlknackärschen den Tisch neben uns. Durchtrainierte, braungebrannte Muskeln werden dem Sonnenlicht ausgesetzt. Tempo, Höhenmeter, Stunden verglichen und Landkarten gewälzt. Natürlich trinken diese Profis kein Bier, müssen sie doch heute noch einen Pass bezwingen. Rast wird auch nur notgedrungen gemacht. Irgendwie ist das eine andere Welt, denke ich und merke, wie auch mein Bruno leicht befremdet zu ihnen rüberschaut.

Wie schön, dass wir Zeit für unsere Reise haben, so gar nicht fit sind und trotzdem dieses Abenteuer wagen.

Gottlob trudeln dann auch noch zwei Otto Normalradler ein, und zwar in Gestalt eines nettes Pärchens aus der Schweiz. Er sichtlich Radler aus Leidenschaft, sie eher eine

Radlerin, die sich Leiden schafft. Amüsiert blicke ich zu der leicht breitbeinig und schwerfällig humpelnden Dame rüber und kann sie ja so gut verstehen. In einem kurzen Gespräch erfahren wir, dass die beiden eine ähnliche Reise machen wie wir, nur geht diese bis Venedig. Donnerwetter, denke ich mir, das nächste Mal machen wir das auch.

Weiter geht es entlang des Lechtals, vorbei an der Lechstufe mit Stausee. Noch gut zwanzig Kilometer Weg bis Füssen liegen vor uns. Sonne und Wolken wechseln sich ab, aber kein Regen kann die gute Laune meines gemütlich in die Pedale tretenden Schatzes trüben. Ich beschließe, in Zukunft das mittägliche Bier auszulassen, denn es macht die Beine bleischwer und die Radlmoral sinkt auf der Skala bis ganz nach unten. Bruno findet das natürlich großartig, kann er doch endlich in seinem Tempo fahren, ohne meckernde und treibende Leitkuh.

Über zart sich am Lech entlangschlängelnde Flussuferwege geht es hinauf auf kleine Hügel, wo wir die Alpen blitzen sehen, wieder hinunter durch kleine Dörfchen. Grad schön ist es, wir sind bester Dinge, auch wenn uns auf einem Schotterweg ein Odelwagen vom Wege abdrängt, um an uns vorbeizukommen.

So, und dann passiert das Befürchtete. Klar auch, dass es Bruno trifft und nicht mich!

Oh Graus, hab ich nicht genau davor Angst gehabt, und war die Vorbereitung für diesen Ernstfall nicht zu kurz und oberflächlich? So, jetzt wird es sich zeigen! Wer ist der Radlprofi von uns beiden? Wer hat die längeren und besseren Nerven? Ich fange innerlich zu zittern an. »Mist, verdammter«, sage ich laut und bremse.

Ich hatte ihn rufen hören!

»Juuuutta, *no, no*. Stooooop, Juuutta!«

Schlagartig wusste ich, dass es jetzt schwierig würde. Sowohl praktisch wie auch menschlich. Bei uns beiden ist es grundsätzlich besser, wenn mir blöde Dinge passieren und nicht ihm. Erstens bin ich daran gewöhnt, meine Probleme selbst zu lösen, und zweitens kann er mich dann ein bisschen bedauern und mir mit seiner männlichen Sichtweise zur Seite stehen. Wenn ihm dagegen etwas passiert, was übrigens häufig der Fall ist, gleicht alles sofort einer großen italienischen Katastrophe, die so viel Pathos und Drama in sich trägt, dass es mir schon wieder vergeht, ihm zu helfen.

Hab ich eigentlich schon erwähnt, dass eine meiner großartigsten Fähigkeiten meine absolute Ungeduld ist? Sie sehen, wir beide harmonieren ganz wunderbar.

Also, wie gesagt, ich bremse, drehe mich um, sehe ihn halb im Graben liegen, muss kurz lachen – leise natürlich – und mache mich gaaanz langsam auf den Weg zu ihm. Schließlich muss ich Kraft schöpfen für das, was nun vor mir liegt.

»*Che cosa, amore?*«, frage ich zuckersüß.

Aber die Bescherung muss von seiner Seite nicht weiter beschrieben werden. Der hintere Reifen ist geplatzt! Ich frage mich, *wie?* Bruno, nachdem er sich von seinem ersten Schock erholt hat, legt das Rad ins Gras. Sein Gesicht verrät Zorn, dass ihm das Malheur passiert ist, Zorn, dass es überhaupt passiert ist, und Zorn, dass er so ein blödes Fahrrad gestellt bekommen hat. Später wird sich sein Zorn darüber, dass er scheinbar nicht aufgepasst hat, als uns im Schnellverfahren gezeigt wurde, wie man einen Reifen wechselt, in einen Orkan verwandeln.

»Wo ist denn unser Werkzeug?«, fragt er mich.

Ich schaue ihn verdutzt an, denn er hat dieses doch selbst eingesteckt. »Keine Ahnung«, sage ich.

Also fängt er an, hektisch die beiden Taschen zu durchwühlen. Ich darf nicht vergessen zu erwähnen, wie lustig das mit den ganzen Kabeln, den Kameras und all dem Kram ist.

Klar findet er es nicht. Es bleibt nichts anderes übrig, ich leere die Taschen aus, um dieses ach so bescheidene, um nicht zu sagen bescheuerte kleine Werkzeug zu suchen.

Bei näherer Betrachtung besteht es aus einem Minischraubenzieher, und das war es dann auch schon. Jetzt bin ich ebenfalls zornig. Wie kann man uns mit so einem lächerlichen Werkzeug auf Tour schicken? Außerdem hab ich auch nicht gescheit aufgepasst beim Reifenwechsel im Laden. Ja, zum Donner, bin ich jetzt der Mann oder Bruno? Das Thema Reifenwechseln hatte ich klar auf der Männerseite platziert. Ich bin für Route und Verpflegung zuständig und solche Sachen halt, aber ganz klar nicht für Hinter- oder Vorderräder.

Erst mal stellen wir das Fahrrad umgedreht mit Lenker und Sattel auf den asphaltierten Weg. Die Räder sind nun in der Luft, und uns ist klar, der hintere Reifen muss jetzt von der Felge runter. Zu diesem Zwecke hat uns unser souveräner Radlmann zwei Plastikgriffe mitgegeben, die man rechts und links einklemmt, um dann mit Verve den Schlauch von Felge und Reifen zu trennen. Dies mit einer Bewegung rundherum. Ja, daran kann ich mich erinnern.

Bruno agiert anfänglich noch unsicher, aber dann geht es ganz gut, nur leider stehen wir jetzt vor einem anderen Problem. Speiche und Felge gehen nicht von der Achse, weil das Kettenlager im Weg ist, womit wir die Gänge schalten. Uns hatte man in München den Vorderradwechsel gezeigt, klar, das ging ja auch schneller, und jetzt müssen wir all unsere Intelligenz nehmen und dieses logistische Problem praktisch lösen. Ich glaube, noch nie haben sich zwei Menschen sooo dämlich angestellt wie wir. Richtig doof und völlig fassungslos stehen wir vor diesem Radl, probieren es erst so und dann andersherum, und nichts, aber auch gar nichts erweist sich als die richtige Lösung. Die Radmutter in der Mitte, wo die Felge aufgehängt ist, lässt sich nicht lösen, und ein Hebel, den man offensichtlich umlegen muss, ist störrisch wie ein Esel. Bruno legt sein volles Gewicht darauf, und ich sehe ihn schon abbrechen.

»Mir reicht's! Ich rufe jetzt in München in dem Laden an, der Typ soll uns das erklären«, sage ich zu meinem verschwitzten Freund.

Bruno ist das peinlich, mir dagegen ist nichts mehr peinlich, Hauptsache, wir kommen hier irgendwann mal wieder weg. Es ist schon 17.30 Uhr, und mindestens fünfzehn Kilometer sind es noch bis Füssen, und niemand, noch nicht mal ein Bauer oder wenigstens ein kleiner Bauer, kommt hier vorbei. Ich tippe die Nummer in mein Handy.

»Ja, Schmitz hier, Radlcenter München, womit kann ich dienen«?

Dienen?, durchzuckt es mich, ja, das wäre schön, aber wer tut das heutzutage noch gerne? Ich schildere unsere prekäre Lage.

So werden uns auf gutturalem Bayerisch, welches ich wiederum in schlechtes Italienisch oder Englisch für Bruno übersetze, die nötigen, ach so einfachen Handgriffe erklärt. Klingt alles ganz logisch, ist aber nicht so. Wir kriegen es nicht hin. Ich rufe wieder an und bemerke eine winzig kleine Ungeduld am anderen Ende. Wir versuchen es noch einmal, aber es klappt nicht. Erneuter Anruf bei dem mittlerweile leicht verzweifelten Schmitz, der uns – unausgesprochen – für Volltrottel hält, recht hat er, aber das kann ich ihm nicht sagen. Nach dem dritten Versuch, an dem wir wieder scheitern, setzt sich Bruno auf sein Fahrrad, wo sich der Gummireifen schlabbernd von der Felge gelöst hat, und versucht so, das Rad herauszudrehen.

Ich schreie auf. »*NNNNNNNNOOOOOOOOOO, tu distruggi!*«

So, jetzt sind wir kurz vor 'nem Nervenzusammenbruch.

»Ich weiß verdammt genau, was ich zu tun habe!«, schreit Bruno zurück.

»Ganz offensichtlich nicht!«, brülle ich.

Und dann kommt er, der Engel. Kräftig und sonnengebräunt, joggend, mit sympathischem Gesicht.

Ich laufe ihm entgegen. »Hilfe, Hilfe, kennen Sie sich mit Reifenpannen aus?«

Er kennt sich aus, ist Mountainbiker, Jogger, Sportsmann, klar doch.

Wie soll ich es sagen? Er braucht keine fünf Minuten für den Wechsel. Obendrein pumpt er auch noch den neuen Schlauch auf mit unserer lächerlich kleinen Pumpe, die man uns gegeben hat. Auch er ist über unser Werkzeug einigermaßen amüsiert, wünscht gute Weiterfahrt und läuft weiter, als wäre nichts geschehen. Ich schwanke zwischen Heulen vor Dankbarkeit und lautem Lachen über uns beide.

»Klappe halten, Speidel«, sag ich mir, »und so tun, als ob gar nichts Besonderes gewesen wäre. Zeig ihm die Landschaft, rede mit ihm übers Essen, welchen Wein er gerne heute Abend trinken will, wenn wir ankommen, aber erwähne bloß nicht, dass du es schon von ihm erwartet hättest, dass er die Situation männlich in den Griff bekommt. Halt einfach mal die Klappe, Speidel!«

Ich weiß ja, dass er leidet! Und der liebe Radlheilige möge uns vor einer weiteren Reifenpanne beschützen, denn so ganz kapiert hab ich das Verfahren immer noch nicht, und ich befürchte, Bruno auch nicht. Aber zu fragen trau ich mich nicht. Also treten wir der mittlerweile untergehenden Sonne entgegen.

Ab und an plumpst so ein Satz wie: »Man sollte die Augen aufhalten, ob es nicht einen Radlservice im nächsten Dorf gibt, wo man das Ganze überprüfen lassen und sich noch ein paar Ersatzschläuche aneignen kann«, aus seinem Mund.

Müßig, zu erwähnen, dass es weit nach 18.00 Uhr ist und wir keine italienischen Öffnungszeiten haben. Außerdem will ich noch beim Musical-Theater am Forggensee vorbeiradeln und nachsehen, ob wir uns heute Abend nicht noch einen ordentlichen König-Ludwig-Kitsch reinziehen können. Ausverkauft wird es ja bestimmt nicht sein! Wenn schon Kitsch, dann volle Kanne. Bruno soll 'ne richtige Touri-Abreibung bekommen, denn insgeheim finde ich dieses ganze Ludwig-Getue ja auch schön. Nicht dass ich eine Königsgetreue wäre, aber stolz auf unsere Schlösser, bei aller Phantasterei, bin ich schon.

Nicht umsonst gibt es weltweit Kopien vom Schloss Neuschwanstein in Erlebnisparks, etwa in Japan, Kalifornien und China.

Auf dem malerischen Voralpensee stampft ein kleiner Dampfer mit seinen Radschaufeln übers Wasser, doch leider sind wir zu spät, um mitfahren zu können. Das wäre es jetzt, ein bisserl Weg abkürzen und alle viere von sich strecken. Stattdessen zieht sich der Weg am See entlang wie Kaugummi. Zwar ist er ganz hübsch, aber man muss so vielen älteren, gemütlich in Dreier- und Viererreihen einherwatschelnden Touristen ausweichen, und das nervt. Als wir endlich an dem Prachttheater ankommen, drum herumradeln und den Eingang suchen, finden wir ein nettes kleines Schild vor, auf dem lapidar »Theaterferien« steht.

Radlerpech! Es ärgert mich, und ein wenig traurig bin ich auch. Es wäre doch die Krönung des heutigen Tages gewesen, nach unserem Malheur.

»Auf geht's«, sage ich zu Bruno, »packen wir die letzten Kilometer an und suchen uns 'ne nette, kleine, billige Pension. Es wird schon etwas Kuscheliges frei sein.«

Er nickt bloß stumm.

Ich wusste gar nicht, dass am ersten September so viele Amerikaner und Japaner – oder Koreaner, ich kann die nicht auseinanderhalten – auf Ludwigs Spurensuche sind. Hübsch und dekorativ ist dieses Füssen. Wir fahren an typisch lüftlgemalten Hotels und Pensionen vorüber, und ich überlasse es Brunos Instinkt, die richtige Herberge für uns zu finden. Und da liegt sie auch schon, in einer Seitengasse versteckt und daher auch nicht laut. Das Hotel Zum Hirschen. Der Hirsch hat es uns heute angetan, denke ich. Neunzig Euro, na ja, eigentlich wollten wir die 50-Euro-Grenze nie überschreiten, aber noch mal weiterradeln und nach was Billigerem suchen will weder mein Po noch ich. Auch Bruno macht keine Anstalten, seine Meinung zu ändern, und als er das Zimmer und die abschließbare Fahrradgarage sieht, will er nur noch dableiben.

Plumps, wir fallen völlig erschöpft auf das Bett, streifen nach und nach die verschwitzten Klamotten vom Leib und sind für Minuten erst mal tot. Die Dusche ist stark, man muss nicht von Strahl zu Strahl tanzen, ich lasse das Wasser auf mich herabprasseln und taste vorsichtig mit den Fingern die schmerzenden Stellen am Popo ab.

Oh Schreck, da sind ja kleine Bläschen drauf. Wie kann ich mir das bloß ohne Spiegel anschauen? Gebe ich mir jetzt die Blöße, weihe Bruno in meine Pein ein und lasse ihn das Dilemma betrachten? Oder bin ich eine tapfere Squaw und leide still vor mich hin?

»Uschi, ich glaube, deine Penatencreme kommt heut zum Einsatz«, simse ich meiner Freundin wenig später. Überhaupt rasseln heute Abend eine Menge SMS von unseren Freunden herein. Goldig, wie ein jeder Anteil nimmt und besorgt ist, ob wir die Reise heil überstehen, ob wir uns in der Wolle haben oder ob eitel Sonneschein herrscht.

Bruno ist wenig beeindruckt von meinem Aua. Meint, das wäre doch gar nichts. Er könne auch gar nichts sehen oder spüren.

Miststück, denke ich mir, du willst bloß, dass ich dich bemitleide, aber den Gefallen tue ich dir nicht!

Während ich in mein Tagebuch schreibe, macht Bruno aus unserem kleinen Zimmer mit Balkon Klein Neapel: Tropfende Socken und ebenso nasse Unterhosen, auf die ein rotes und ein gelbes T-Shirt in Triefzustand folgen, bevölkern die kalte Heizung und alles, was Stange heißt.

Mein Einwand, dass das doch nie bis morgen früh trocknen wird, wischt er mit der Bemerkung, dass er ein reinlicher Mann sei und es hasse, in verstunkenen Klamotten zu radeln, vom Tisch.

Ich wiederum habe so viele verschiedene Outfits gekauft, dass wir auf unserer Reise maximal einmal waschen müssten, und das ganz sicher nicht am zweiten Tag. Es scheint auch gar keine Sonne mehr, in die man die Sachen hängen könnte. Isch krieg die Krise!

Also stehe ich von meinem gemütlichen Bettchen auf und wickele alles einzeln in Handtücher, um es auf diese Weise auszuwringen. Dann hänge ich die Sachen auf Kleiderbügel, öffne die Balkontüre weit und klemme sie in den Durchgang, damit der Wind eine Chance hat, sie trockenzuwedeln. Hausfrauliche Arbeit nach durchradeltem Tage, so hab ich mir das aber nicht vorgestellt!

»So, mein Lieber«, sage ich zu Bruno, »du zahlst heute das Abendessen, Hunger hab ich, lass uns gehen.«

Dieses Städtchen hat eine ganz süße Altstadt mit kleinen, gemütlichen Kneipen und Lokalen. Wir bummeln gemächlich übers Kopfsteinpflaster, an alten Brunnen und entzückenden Häusern vorbei, und entdecken ein Gasthaus mit Terrasse auf einen Platz hinaus. Ich träume von Kässpatzen mit Salat, vorher vielleicht eine Leberknödelsuppe. Auf alle Fälle erst ein kühles allgäuerisches Bier aus der Gegend. Bruno ist sich noch etwas unschlüssig, warten wir erst mal die Karte ab, was sie uns offeriert. Der Tisch ist auch bestens, also, was wollen wir mehr?

Die Speisekarte kommt – und was soll ich sagen? Es ist ein Italiener, bei dem wir gelandet sind. Nein, also das wollte ich nun wirklich nicht. Spaghetti in Füssen. Welch ein Schock. Aber ich bin zu sehr erledigt, um jetzt noch mal aufzustehen und mir ein einheimisches Lokal zu suchen.

Im Hotel Zum Hirschen angekommen, habe ich noch ein wichtiges und informatives Gespräch mit der Besitzerin bezüglich der morgen geplanten Besichtigung eines der beiden Schlösser. Zeit sollen wir uns nehmen, es wäre nämlich schon noch ganz schön viel los.

Also stellen wir den Wecker auf 8.30 Uhr, man muss ja auch nicht übertreiben, und mit dem Versuch, wenigstens einen kleinen, mitfühlenden Satz von Bruno über meinen *povero culettino* zu erhaschen, schlafe ich erschöpft, aber glücklich ein.

Der Wind pfeift durch die Socken, es hat sich eingeregnet, und mir ist grad alles schnurzegal.

Zweite Etappe:
Reichling – Füssen

zZZZZzzzzz ... In seiner ausführlichen fischkundlichen Abhandlung hat Herr Dietrich uns gerade erklärt, dass die Kois Stechmückenlarven fressen und daher ausgezeichnet gegen Stechmücken schützen. Wir können also ruhig schlafen.

Ich habe mich schon häufig gefragt, was die Stechmücken auf diesem Planeten eigentlich zu suchen haben. Allerdings ist die Tatsache, dass sie das Wasser »reinigen«, indem sie organische Materie und Bakterien eliminieren, bereits ein gutes Motiv, um die Rechte dieser armen Insekten zu schützen, besonders in einer Spätsommernacht. Die Zeiten sind fern, in denen ich mit einer kleinen Plastikschaufel in der Luft herumgefuchtelt und versucht habe, sie zu treffen, wobei die Biester ihr fast immer entkommen und kurz darauf zurückgekehrt sind, um mich mit ihrem zZZZzzzz zu ärgern.

Jutta hat beschlossen, dass wir auch heute Nacht – wie übrigens in allen Nächten, seit ich sie kenne – bei offenem Fenster schlafen. Todmüde lösche ich die Lampe auf dem Nachttisch und schmiege mich in ihre Arme. Ein bläulicher Widerschein aus dem Garten erhellt unser gemütliches Schlafzimmer. Ich bin gerade im Begriff, die Augen zu schließen, und habe nicht mal die Armbanduhr abgenommen, deren Leuchtzeiger auf 21.45 Uhr stehen.

Es folgt eine Minute Aneinandergeschmiegtsein, dann dreht Jutta sich auf die andere Seite. Mein Dreitagebart scheint ihre zarte Haut zu kratzen, doch das ist bloß die übliche Entschuldigung, um mich nicht schnarchen hören zu müssen. Um 21.46 Uhr schnarcht dann aber sie. Und wie! Der Sekundenzeiger eilt unterdessen mit großen Schritten auf die siebenundvierzigste Minute zu. Ich starre auf die Zahl und denke an die *Smorfia Napoletana*, ein Traumdeutungsbuch, das alle möglichen Traumsymbole und die ihnen entsprechenden Zahlen enthält, die aufgrund der Traumdeutung im italienischen Lotto gespielt werden, und in dem die Siebenundvierzig dem »lachenden Toten« entspricht.

Ich hebe den Blick von dem frischen Laken, das uns einhüllt, und sehe eine unheilvolle Stechmücke, die kreisend auf uns zufliegt.

Gleich wird dieses blutsaugende wirbellose Ungeheuer, das offensichtlich den Klauen der Kois entronnen ist, gegen das einzige Opfer seines Durstes prallen!, denke ich. Die Stechmücke summt nicht und gibt auch sonst keine besonderen Geräusche von sich. Sie ist listig. Unbemerkt nähert sie sich und meint wohl, sie könne mich dort stechen, wo ich es am wenigsten erwarte. Sie glaubt, mir mit ihrem extrem dünnen Stachel Angst einjagen zu können, aber sie weiß noch nicht, was sie erwartet. Gefräßig und gnadenlos scheint die kleine Mücke zu lächeln, bei der Vorstellung, dass sie gleich in meine Gewebe beißen wird. Allerdings kennt die Arme die *Smorfia Napoletana* nicht.

»Krieg der Stechmücke!« Ich stehe langsam auf, knipse die Nachttischlampe wieder an, um sie als Fackel zu benutzen, greife mir einen Schuh und blicke zum Fenster. Ich schaue nach oben, schaue nach unten und bemerke, dass das unheilvolle Insekt sich unter dem Heizkörper versteckt hat. Ich gehe auf die Knie und berühre mit dem Gesicht fast den Fußboden. Gerade als ich sie in einer wenig bequemen Position zwischen Holzschuh und Heizkörper zerquetschen will, erhebt sie sich und fliegt davon. Daraufhin beschließe ich, einen Frontalangriff mit beiden Händen zu starten. Ich drehe mich um, stecke mir die Nachttischlampe zwischen die Beine, greife nach dem anderen Schuh, und *zack* – sie ist weg.

»Zum Teufel, wo bist du, unheilvoller Eindringling in die Häuser anderer?« Ich schaue nach oben, schaue nach unten. Verschwunden. »Das kann nicht wahr sein«, schimpfe ich, »elende Scheißmücke, wo bist du? Wo hast du dich versteckt?«

Ah, da ist sie ja. Der Stachel ist auf das Ufer des Bettes zurückgekehrt. Ich stelle die Lampe auf den Nachttisch zurück und schlüpfe mucksmäuschenstill mit einem Schuh wieder unter die Decke, und zwar in der Position wie zuvor. Jutta schnarcht weiter, reglos und glücklich. Ich lege mich also neben sie und starre unbeweglich die Wand an, auf die der Feind sich gesetzt hat. Dann hebe ich rasch den Schuh und zerquetsche die verwünschte Stechmücke mit aller Kraft. Jutta zuckt zusammen, doch Gott sei Dank nur einen Augenblick. Ihr Mund lächelt, die Muskeln entspannen sich, und sie kann erneut in ihren Traum versinken, der von Engeln und Kobolden bevölkert ist. Der Feind dagegen, der zerquetscht an der Wand klebt, beginnt unkontrolliert zu torkeln und setzt mühsam zu seinem letzten Flug an. Dann weicht die Kraft aus ihm, und er zerschellt auf dem weißen Laken. Ich habe gewonnen und kann endlich einschlafen.

Der nächste Tag beginnt mit meinem klassischen Satz: »Heute Nacht hat eine Stechmücke mich buchstäblich massakriert!« Was für ein Lügner ich doch bin. Ich habe sie massakriert, und heute bereue ich es bitter. Zwar juckt der Stich einer Stechmücke weniger, wenn man es geschafft hat, die Mücke zu töten. Aber muss man sie deswegen gleich an einer Wand zerquetschen? Ich habe trotzdem eine Beule am Hals, die noch dazu wahnsinnig juckt! Ergo: Stechmücken sind wie Probleme. Selbst wenn du sie längst beseitigt hast, hinterlassen sie, zumindest für eine Weile, eine Spur. Da kann man sie genauso gut auch am Leben lassen, die Armen. Kurz und gut, um die Wahrheit zu sagen, heute Nacht habe ich lediglich einen neuen Sündenbock gefunden, an dem ich mich abreagieren konnte. zZZZZzzzzz.

Bewölkter Himmel. Die Kois plantschen glücklich im Teich, und das Ehepaar Dietrich beglückt uns mit einem reichhaltigen Frühstück. Sogar im Esszimmer hängt ein Prachtkoi in Temperafarben. Inzwischen habe ich mich informiert. Es wird erzählt, dass der Koi der mutigste japanische Fisch gewesen sei, der die Wasserfälle hinaufgeschwommen sei und sich in einen Drachen (das Symbol für Weisheit und Macht) verwandelt habe. Heute fühle ich mich gesund und stark wie ein Koi, und die Strecke, die uns erwartet, macht mir keine Angst.

Nachdem wir uns ausgiebig bedankt und verabschiedet haben, radeln wir auf einem Weg, der immer wieder mal leicht bergauf und bergab führt, unter leichtem Nieselregen nach Schongau. Ich habe das Gefühl, dass mir das Radfahren heute schon leichterfällt als gestern, auch wenn ich einen unbestimmten Schmerz am Ende des Beckenknochens spüre, was mich jedoch ebenso wenig beunruhigt wie das Kribbeln im Hintern, an das ich mich langsam gewöhne. Allerdings ist es unvermeidlich, dass sich das auf die Blase überträgt und mich zu häufigen und langen Pinkelpausen zwingt. Die Via Claudia Augusta erweist sich als eine veritable Einführung in die wunderschöne Voralpenlandschaft.

Nach etwa vierzig Kilometern legen wir in Lechbruck am See eine Essenspause ein, und dort habe ich weniger eine Vorahnung als eine Vorwarnung, da ich in der Nähe der Stelle, wo wir uns stärken, ein Fahrrad entdecke, das mit einem Platten an einem Gatter lehnt. Wir könnten das Flößermuseum besuchen, das der Geschichte dieses heiteren Ortes am Ufer des Lechs gewidmet ist, doch der Anblick des Sees und das Thema der Flößerei würden letztlich sicher erneut eine harntreibende Wirkung haben. Also wieder in den Sattel in Richtung Füssen!

Unsere Fahrräder funktionieren prächtig, und wir fahren, jeder in seinem Rhythmus, in aller Ruhe durch die Landschaft von Roßhaupten. Schade, dass der Himmel sich im Vergleich zu heute Morgen eingetrübt hat. Aber wenigstens regnet es nicht, die Fahrt ist unterhaltsam, wir lachen uns halb tot und sind glücklich.

Vielleicht hat das zynische Schicksal deswegen beschlossen, sich auf dem Höhepunkt unseres Vergnügens gegen uns zu verschwören? Vielleicht müssen wir deswegen mitten in unserem Fahrradorgasmus wegen eines verdammten Platten an meinem Hinterreifen anhalten?

Ich kann gerade zweimal die Pedale treten, um mich zu vergewissern, dass es sich tatsächlich um einen geplatzten Reifen handelt, als Kamikaze-Jutta mich auch schon aus vollem Halse anschreit:

»Hör auf! Beweg dich nicht! Bist du verrückt geworden? Du ruinierst ja den Reifen!«

Tatsächlich drängt der Schlauch bereits aus dem Mantel und ist im Begriff, sich unentwirrbar in die Radachse zu verwickeln. In solchen Fällen lasse ich mich nicht von Panik übermannen *(ich!)*, gerade weil die Angst mich daran hindern würde, aktiv und produktiv zu werden und – wie in diesem Fall – eine Lösung zu finden. Jedenfalls hat der

Unterzeichnete, während Jutta weiterhin wie ein Rohrspatz schimpft, mit scheinbar bodenständiger Gelassenheit das Fahrrad umgedreht und das Miniwerkzeug herausgeholt. Juttas »Verzweiflung« ist ebenso eine Plage wie das Muhen der Kühe auf der Weide. Um mich herum wütet in diesem Augenblick ein hysterischer Hagel gebrüllter Fragen:

»Werden wir jetzt imstande sein, den Schlauch zu wechseln?«

»Mmmmhhhh.«

»Mit diesem lächerlichen Werkzeug?«

»Mmmmmhhh.«

Wie ich mein Bianchi hasse! Warum zerstört es einen so schönen Augenblick? Ich beschließe, mich von Jutta und den Kühen abzukapseln, um mich mit einem anderen als mir zu verbinden, der mich auf den Boden zurückholt und mir die nötigen Erklärungen gibt. Ich beschließe, einen – wenn auch surrealen – Dialog mit meinem Fahrrad zu führen.

»Okay, die Reifen sind nicht sehr dick, aber nicht ich habe dich hergestellt!«

»Du bist sperrig und schwer, mit dieser Scheißkamera, die du mit dir schleppst!«

»Nein, deine Stangen sind voller Blei statt aus Aluminium!«

»Du schaffst es ja nicht mal, mich aufzubocken, und umklammerst mich, als müsstest du einen Sack Kartoffeln hochstemmen!«

»Konntest du nicht warten, musstest du ausgerechnet jetzt eine Reifenpanne bekommen?«

»Warum bist du auch wie ein Verrückter die letzte Bergabstrecke hinuntergerast? Anstatt die Bremsen zu ziehen und die Geschwindigkeit so weit wie möglich zu drosseln, bist du durch jedes gottverdammte Schlagloch auf der Strecke gerast und hast sogar an zwei Stellen meinen Rahmen verkratzt!«

»Na und? Wenn ich bergab fahre, genieße ich den Rausch der Geschwindigkeit. Ich liebe es, den Fahrtwind im Gesicht und den Geruch des Splitts in der Nase zu spüren.«

»Ich bin kein Mountainbike und nicht dafür geschaffen, von dir so strapaziert zu werden! Klar? Ein kleiner Satz, okay, aber du trittst in die Pedale wie ein Besessener!«

Ich hätte nicht gedacht, dass das Wechseln eines Reifens schwieriger ist, als ein Ikea-Regal zusammenzubauen – und das will was heißen. Keiner hatte uns erklärt, dass man, um eine Speiche entfernen zu können, erst den Reifenmantel und den Schlauch abnehmen muss und dass man, um den Mantel zu entfernen, zuerst das Rad herausnehmen, das geschlossene Ventil entfernen, zwischen Felge und Reifenmantel einen vernünftigen Hebel (und nicht diese Plastikgriffe!) einführen, ihn an eine Speiche hängen, einen neuen Reifenmantel anbringen, das Ventil durch das dafür vorgesehene Loch stecken und darauf achten muss, den Schlauch dabei nicht zu verletzen!

Der Typ in der Werkstatt in München hat gut reden, als wir ihn mit dem Handy anrufen in der Hoffnung auf eine einfache und sofortige Lösung. Für ihn ist es ein Kinderspiel, aber um eine Speiche abzumontieren, braucht man einen Engländer und nicht dieses alberne Werkzeug, das besser in einen LEGO-Kasten passt!

Bei Ikea erhält man wenigstens ein anständiges Montageset mit schwedischen Fleischklößchen, und die Anweisungen sind sogar auf Italienisch!

Gerade als die Situation ausweglos erscheint, kommt uns ein betagter Jogger zu Hilfe, der den Reifen im Handumdrehen wechselt. Allein mit der Kraft seiner Hände löst er die Mutter des Rades und schraubt sie wieder fest, ohne dabei außer Atem zu kommen. Er lächelt, grüßt freundlich und setzt seinen Weg fort.

Es gibt Augenblicke, in denen ich vor Feigheit oder Unfähigkeit am liebsten im Boden versinken möchte. Dies ist einer davon.

In diesem Zustand der Apathie, Müdigkeit und Frustration fahre ich die letzten fünfundzwanzig Kilometer, die uns noch von Füssen trennen. Nach einem überaus frugalen Mahl in unserem Hotel schauen wir uns noch einen unserer alten Filme im MDR an, bevor uns der Schlaf übermannt.

Ein schöner Kuppler war jenes Set an der Amalfiküste!

Unsere Beziehung hatte noch nicht begonnen, und schon bekam ich eine erste Kostprobe der Ungeduld von Signora Speidel! Eine wunderbare Schauspielerin, eine phantastische Kollegin, eine faszinierende Frau, aber Widder von Kopf bis Fuß! Ich werde Ihnen jetzt mal etwas erzählen. Auf dem Abschnitt, der noch heute einer der schönsten Küstenstreifen der Welt ist, kann es durchaus passieren, dass man im Stau steckt, wenn man nach einem langen Drehtag ins Hotel zurückfährt.

Genauer gesagt, wir saßen in einem Bus, der uns von Vietri nach Amalfi zurückbrachte. Nun, für einen Italiener wie mich ist es durchaus etwas Alltägliches, eine Stunde im Verkehr stecken zu bleiben. Für die *signora tedesca* dagegen offensichtlich nicht.

»*Avanti spaghetti*«, brüllte sie alle zwei, drei Minuten in Richtung des Fahrers, wie ein aufreizendes Leitmotiv.

Sie meinen jetzt, das sei ein Zeichen für die Unverträglichkeit von Sternzeichen oder gar die Unvereinbarkeit der Charaktere eines Italieners und einer Deutschen? Okay, während für einen bayerischen Widder ein Kleinlaster an der Ampel bereits »Verkehr« bedeuten mag, sind für ein italienisches Fischlein ein umgekippter Fernlaster auf einer Kreuzung, sieben Streifenwagen, zwei Löschzüge der Feuerwehr und fünfzehn in einen Auffahrunfall mit sechs Schwerverletzten verwickelte Fahrzeuge bekanntlich eine leere Straße. Aber muss man deswegen diesen armen Kerl so anschreien?

Wir sind eben verschieden, werden Sie jetzt vielleicht sagen. So hat ein Deutscher in der Regel eine sehr individuelle und pragmatische Vorstellung von Entfernungen. Denn wenn er Ihnen mit besorgtem Gesicht sagt: »Verdammt, wir müssen auf die andere Seite von München!«, dann wird er Sie in höchstens zwanzig Minuten ans Ziel bringen. Stöhnend und gestresst. Wenn Ihnen dagegen ein Römer sagt: »Wir müssen auf die andere Seite von Rom!«, und es ist 11.00 Uhr vormittags, dann braucht er etwa eineinviertel Stunden, um Sie hinzubringen. Um 7.00 Uhr braucht er zwei Stunden. Und wenn es 18.00 Uhr ist, dann sollten Sie vorsorglich ein Zimmer in irgendeinem Agip-Motel an der Umgehungsstraße reservieren. Aber so ist der Italiener eben, er nimmt die Dinge, wie sie kommen. Und beweist dabei vor allem eines: Geduld. Viel Geduld!

Ein weiblicher bayerischer Widder dagegen hat sehr wenig Geduld. Sie ist immer kurz vorm Explodieren, hasst es, sich unterzuordnen, hasst es, auf der Post in der Schlange zu stehen, wird hysterisch, wenn ein Mann mehr als fünfzehn Minuten im Badezimmer braucht, aber noch hysterischer, wenn sie es aus irgendwelchen Gründen nicht schafft, eines aufzusuchen. Sie bringt es sogar fertig, mit dem Wassertopf zu streiten, weil das Wasser nicht schnell genug kocht, oder mit dem Computer, weil er zu langsam speichert.

Soll ich aufhören? Ja, immerhin haben wir gerade mal die zweite Etappe hinter uns.

Allerdings zeichnet sich das Sternzeichen des Widders,

und das gilt auch für fast alle Deutschen, die ich kennengelernt habe, durch eine positive Eigenschaft aus: Sie sind nicht misstrauisch, ja sie sind sogar stets bereit, dir zu vertrauen. Allerdings ist es eine unleugbare Tatsache, dass sie zur Furie werden, sobald sie sich verraten fühlen.

Während die letzten Szenen des Films über den Bildschirm laufen, fällt der Widder, der neben mir liegt, in Tiefschlaf. Sie schnarcht. Das Fenster ist selbstverständlich auch heute Nacht geöffnet, und ich schließe ebenfalls die Augen ... zZZZZzzzzz.

DRITTE ETAPPE

Füssen – Lermoos

Technische Daten

Länge: 40 km
Tatsächliche Fahrzeit: 4 Stunden
Durchschnittsgeschwindigkeit: 10,0 km/h
Abfahrt: 13.30 Uhr
Rast: 15.45 Uhr
Ankunft: 18.10 Uhr
Schlaglöcher: 88
Aufprallen des Gesäßes auf den Fahrradsattel: 52
Gegensteuerungen und Stürze: 1

• • • • • • • • • • • • • • • • • •

Eine kurze Etappe von mittlerem Schwierigkeitsgrad. Die Abfahrt von Schloss Neuschwanstein kann wegen des starken Verkehrs unangenehm sein, doch sobald man wieder auf der Via Claudia Augusta ist, führt die Strecke durch eine wunderschöne Landschaft. Die Straßendecke ist besonders körnig, und man muss auf die Schlaglöcher achten. In vielen Abschnitten ist das Gelände ziemlich hügelig, und man muss mehrere Bergetappen in den mittleren und niedrigen Gängen bewältigen. Auch die zahlreichen Höhenunterschiede sind auf die Dauer ziemlich anstrengend. Die wenigen Talfahrten sind mit Vorsicht zu genießen, da es zwar statt losen Schotters feste Steine gibt, diese aber hervortreten können und daher gefährlich sind. Orientierungsprobleme gibt es keine, trotzdem sollte man genau auf die Beschilderung achten. Der Übergang nach Tirol ist eindrucksvoll und reich an pittoresken Ausblicken.

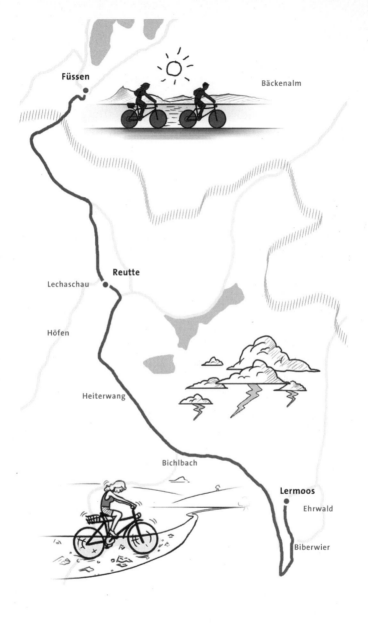

2. September 2008

3. TAG

Irgendwann nachts stehe ich auf. Ich weiß noch, ein beständiges Tack, Tack hat mich aufgeweckt. Nicht so richtig, aber im Halbschlaf kann ich mir keinen Reim darauf machen, was das für ein Geräusch ist. Also beschließe ich, erst mal Pipi zu machen und nachzudenken. Wenn ich nachts aufwache und die Toilette aufsuchen will, läuft seit Jahrzehnten immer das Gleiche vor meinem geistigen Auge ab: In Hunderten Hotels habe ich mir in den letzten dreißig Jahren nachts immer die gleichen Fragen gestellt:

1. WO BIN ICH?
2. WIE SPÄT IST ES?
3. IST DAS DIE KLOTÜRE, ODER GEHT'S DA RAUS AUF DEN GANG?

Klar kennt jeder den Albtraum, halb nackt im Dunkeln zu stehen, die Türe hat der Wind hinter einem zugeworfen, und vor einem ist ein langer, einsamer Hotelflur – und das war's. Keine Kloschüssel. Eine Variante, die aber bei weitem weniger furchteinflößend ist als der Tritt in einen Kleiderschrank. In diesem Fall schreie ich nur kurz auf, weil ich mich beim Berühren der Kleider fühle, als wäre ich in der Geisterbahn. So liege ich auch heute Nacht erst einmal minutenlang steif im Bett und versuche mich zu orientieren. Dieser Berg da neben mir, der so schnauft und schnorchelt, ist kein Bär, sondern Bruno, unter dem Federbett vergraben und in einen warmen Schlafanzug gewickelt, weil es ja in Bayern jederzeit plötzlich schneien könnte und weil ich Verrückte ja unbedingt immer mit offenem Fenster schlafen muss.

»Das wäre ein absoluter Scheidungsgrund für mich, wenn wir verheiratet wären«, hat er schon mehr als einmal gesagt.

»Meinetwegen«, hab ich geantwortet, »deswegen heirate ich dich ja auch nicht«, und hab das Fenster weit offen gelassen.

Ja, genau! Das Tack, Tack kommt vom Balkon. Nur warum?

Vorsichtig öffne ich ein Auge, weil ich weiß, dass ich, wenn ich beide Augen öffne, zu sehr wach werde und dann schlecht wieder einschlafen kann. Mit einem Auge dagegen sehe ich ja ein bisschen, und mit dem anderen schlafe ich einfach weiter. Auch meine beiden Gehirnhälften hab ich so trainiert, dass die eine Hälfte einfach weiterpennt. Klingt komisch, ist aber so!

Wieso hängen da draußen Unterhosen in der Luft? Tack, Tack machen die Kleiderbügel mit den T-Shirts und schlagen ans Balkongitter. Schräg peitscht der Wind den Regen über den Hof, und alles, was halb trocken war, ist jetzt wiederum pitschnass.

Ich spritze pfeilartig und mit zwei weit geöffneten Augen und ebensolchen Gehirnhälften auf den Balkon und rette, was noch zu retten ist, in Klein Neapel. Oh Mann, ist das komisch, mitten in der Nacht hausfrauliche Tätigkeiten auszuüben. Ich könnte ihn erwürgen, diesen schnarchenden Berg, der von nichts auch nur das Geringste mitbekommt. Ich glaube, ich könnte einen Kanonenböller neben ihm abschießen, und er würde nur genüsslich grunzen. Aber sicher wird er mir beim Frühstück sagen, er hätte sooo schlecht geschlafen, und sooo kalt sei ihm gewesen, *die ganze Nacht*.

Irgendwann schlafe ich dann auch wieder ein, meine eiskalten Füße tief in den kochenden Berg gedrückt. Andocken nenne ich diese Schlafposition, die so viel Tröstliches in sich birgt. *Come un ghiro*, wie ein Murmeltier, kann ich dann schlafen.

Die Morgensonne weckt uns. Gottlob, der nächtliche Sturm hat sich verzogen. Die feuchte Wäsche kommt zurück auf den Balkon, und wir gehen erst mal zum Frühstücken. Heute, am dritten Tag, bricht Bruno beim Anblick des überreichen Frühstücksbuffets geradezu in Jubelschreie aus. Zwar isst er nur das obligate Croissant mit Joghurt und trinkt, man glaubt es kaum, einen Milchkaffee, aber ich merke, er hat Hunger. Als ich wie üblich zwei leckere Wurstsemmeln für unterwegs schmiere, ist er geradezu begeistert.

»Die sind mit Liebe gemacht«, bemerkt er anerkennend.

Wie erwähnt, die Bestie liebt es, gefüttert zu werden.

Zeit zur Abfahrt ist es, die Wirtin vom Hotel Zum Hirschen nebst Gemahl gibt reizend Auskunft über die kürzeste Strecke zum Schloss Neuschwanstein. Dann erkundigen sie sich nach unserem nächsten Ziel, und als ich dann frohgemut erwähne, dass wir eigentlich vorhaben, heute noch mit den Rädern über den Fernpass zu kommen oder zumindest bis an den solchen, schaut der Herr des Hirschen stirnrunzelnd unsere bepackten Räder an und sagt: »Mit dem Gepäck? Na, servus!«

»Was hat er gesagt?«, fragt mich Bruno.

»Na, auf Wiedersehen«, sag ich schlicht.

Es macht ja keinen Sinn, meinen Helden schon frühmorgens zu beunruhigen, zumal er sich in seinem feuchten T-Shirt und den ebensolchen Socken dann doch nicht ganz so wohl fühlt. Die anderen feuchten Klamotten schimmeln wahrscheinlich bis heute Abend in den Satteltaschen friedlich vor sich hin. *Funghi e porcini*, pfui Deibel!, aber er will es ja nicht anders. Ich hatte ihm vorgeschlagen, aus seinen Kamerakabeln doch rechts und links Wäscheleinen vom Lenker bis zur Rückleuchte zu spannen und daran seine Socken aufzuhängen. Der Fahrtwind wird das Problem schnell lösen.

Also manchmal haben Italiener einfach keinen Humor!

Wie im Märchenbuch liegt das Schloss da. Eingebettet in bewaldete Hügel, ragen hohe Berge dahinter hervor, und still und sanft ruht der Forggensee zu seinen Füßen. Ja, unser »Kini« hat schon gewusst, an welchem Platzerl er sein Prunkschloss bauen muss. Für eine Bayerin wie mich ist der Besuch in Neuschwanstein eine Pflichtübung, die alle paar Jahre wieder auf einen zukommt, wenn es den befreundeten Touri in die Gegend verschlägt. Unzählige Male, schon als Kind, habe ich meine Mutter begleitet, wenn sie amerikanischen oder japanischen Geschäftsfreunden meines Vaters die diversen Königsschlösser gezeigt hat. »Das erhöht das positive Betriebsklima«, hat mein Papi immer gesagt und anschließend bessere Abschlüsse gemacht.

Mein Lieblingsschloss ist eigentlich Linderhof, sicherlich wegen der Grotte und des darin schwimmenden Schwanboots. Da ich die geborene Romantikerin bin und auch eine große theatralische Komponente in mir trage, habe ich immer, wenn ich die Augen zugemacht habe, den Ludwig in seinem Schwan zurückgelehnt, Wagner hörend, das Champagnerglas an den Lippen, den schwulen Lakai mit Paddel das Boot sanft stoßend, vor mir gesehen und mir gewünscht, doch in dieser Zeit geboren zu sein. Heute würde ich eher sagen, welch ein Privileg, heutzutage leben zu dürfen, mit all den Annehmlichkeiten. Da lässt sich das Unangenehme gleich viel besser ertragen.

Die Menschenmassen vor den Kassen halten sich in Grenzen. Schlau, wie ich bin, hab ich mich in die Schlange für die Führungen auf Italienisch eingereiht. Nicht nur, dass da weniger Menschen stehen, Bruno ist durchaus nicht der einzige italienische, kulturbeflissene Tourist, sondern die Wartezeit zu dieser Führung ist auf eineinhalb Stunden bemessen, was weit unter jeder anderen liegt. Somit wären wir theoretisch gegen 13.00 Uhr wieder abfahrbereit und perfekt in unserem Zeitplan.

Das Wetter ist wahrhaft königlich, Bruno holt begeistert Videokamera und Fotoapparat hervor und filmt den ganzen Kitsch rundherum bis ins letzte Detail. Das Kitschgasthaus Zum Hirschen, schon wieder dieses Vieh, die beshorteten Amis, die kamerabewaffneten Koreaner, mich im Radleroutfit, ich ihn ebenso, die Kutschen mit den prächtigen Rössern, die Imbissstände und selbst den Gamsbart tragenden Paradebayern mit Paradedackel. Alles heil, diese Welt Ludwigs II., wenigstens für ein paar Stunden. Kein Wölkchen trübt momentan die Sicht.

Wir steigen auf zum Schloss, nachdem wir mit fatalistischem Gottvertrauen unsere vollgepackten Räder samt allem Drum und Dran mit unserem geradezu läppischen Zahlenschloss (selbst da hat der Radlhändler gespart) miteinander verbunden und abgeschlossen haben. Auf den Busbahnhof haben wir sie gestellt, in der Hoffnung, dass ein Busreisender wenig mit bepackten Drahteseln anfangen kann. Ich lasse noch ein Stoßgebet zum heiligen Antonius los, dass er aufpassen soll.

Dass so ein Aufstieg vor ihm liegt, hat sich Bruno nicht vorgestellt. Neidvoll schaut er in die vollbesetzten Kutschen, die uns überholen.

»So eine Tierquälerei«, sag ich, »diese faulen Säcke könnten doch auch laufen! Also ich würde mich da nie reinsetzen.«

Bruno pflichtet mir mit schlechtem Gewissen bei, denn liebend gerne würde er jetzt genau das tun.

Ich mach das manchmal gerne, ihn so ein bisserl zu provozieren. Hat er doch, bevor er mich kannte, für jeden noch so kurzen Weg die Vespa, das Auto oder ein Taxi genommen. Man musste ja seine teuren italienischen Schuhe schonen. Ich hingegen liebe es, zu laufen. Wie viele Städte habe ich mir schon erlaufen und dadurch die schönsten und verstecktesten Dinge gesehen.

Auf dem letzten Drittel des Anstiegs zieht es meinen Schatz magisch zu einer Würstchenbude hin, wo es auch Postkarten und allerlei Souvenirs gibt, vom Kini-T-Shirt übers Schneuztuch mit Konterfei bis hin zu seiner angeblichen Lieblingsschokolade. Alles, was das Herz begehrt. Brunos Herz begehrt ein großes Mineralwasser und eine Postkarte, auf der das Schloss drauf ist. Mit Briefmarke versehen – der Briefkasten steht auch gleich daneben, wie praktisch –, wird an das Töchterlein eine liebe Notiz verschickt. Sie soll sich auch an seiner Reise erfreuen können.

Ja, und dann sind wir am Ziel angelangt. Beeindruckend ist es ja schon, selbst nach der x-ten Besichtigung. Ich beschließe insgeheim, dass ich Bruno demnächst auch die anderen Schlösser zeigen werde. So was gibt es halt nicht in Italien. Immer hab ich dieses Minderwertigkeitsgefühl in mir, wenn ich die Schätze des italienischen Barock oder der Renaissance betrachte. In Rom habe ich mich daran gewöhnt, ständig über Ruinen zu stolpern und sie als normale Tatsache zu betrachten, aber wenn wir einen Ausflug ins *bel paese* machen, bleibt mir jedes Mal der Mund offen stehen beim Anblick der Schönheit und des Reichtums dieses wunderbaren Landes.

Ich hab mir schon oft gedacht, dass der liebe Gott, als er die Länder verteilt hat, sein Füllhorn über Italien ganz besonders ausgeschüttet hat. Deshalb bin ich auch so sauer, wie die Politiker und auch die Bewohner dieses Kleinod verkommen lassen. Dreckig ist es, besonders in Süditalien, man schert sich nicht um aufgebrochene Straßen, und die Häuser werden lieblos geflickt, so sie nicht einer höhergestellten Familie gehören. Wie es in den Wohnungen einfacher Leute aussieht, mag ich gar nicht beschreiben. Das so hochgelobte italienische Design wird vornehmlich von Deutschen gekauft, die sich einbilden, dass es in den Villen der Italiener genauso aussieht.

Ich habe viel unendlich schlechten Geschmack in Italien gesehen und war fassungslos über den billigen Kitsch, den ich in so mancher Wohnung vorgefunden habe. Aber sie lieben den Tand und sind stolz darauf, genauso wie die Signora mit dem zu kurzen Röckchen und den zu hohen Schuhen, die über die Piazza Navona stöckelt. Ich tät mir das Bein brechen, sie aber zieht alle Blicke auf sich und genießt das anerkennende Pfeifen ihrer männlichen Landsleute. Viel ist Schein geworden in Italien, und die Menschen haben sich daran gewöhnt, dass morgen alles ganz anders ist und man sich auf nichts verlassen kann.

Hier dagegen scheint alles so durchorganisiert zu sein, geregelt. Papierkörbe überall und Schilder, wo es zum 00 geht. Ich bin daran gewöhnt, so wie Bruno an sein Land gewöhnt ist. Letztlich lieben wir beides, das Chaos wie die Ordnung – nur könnte man nicht manchmal den Deutschen ein bisserl italienischer werden lassen und den Italiener teutonischer?

Hurra, wir sind dran!, heißt es endlich, und wir drängen uns mit dreißig anderen ins Gemäuer. Die Signora, die uns durch die Gemächer führt, ist eine Serbin mit einem unglaublichen Akzent, der die italienische Sprache simuliert, und so verzichtet Bruno auf ihr Kauderwelsch und nimmt sich einen *cicerone*, eine Art Walkman mit Köpfhörern, den man sich um den Hals hängt. So bin ich frei und muss nicht irgendwelchen Quatsch erklären, an den ich sowieso nicht glaube. Niemals hat der gute Ludwig in dem Bettchen geschlafen, das einem da präsentiert wird. Und auch das Botschamperl, das danebensteht, stammt zweifelsohne aus irgendeinem Fundus. Sie wissen nicht, was ein Botschamperl ist? Na, das ist auf gut Bayrisch der Nachttopf.

Nach einer halben Stunde haben wir auch schon alles gesehen und werden mit der Masse wieder ins Freie gestülpt.

Warm ist es, um nicht zu sagen, ganz schön heiß, und Zeit zum Losradeln allemal. Wir machen uns an den Abstieg und finden tatsächlich unsere beiden Räder brav und unversehrt an Ort und Stelle vor. Bruno ist baff, völlig unmöglich, das Gleiche in Rom zu tun. Na ja, in deutschen Großstädten würde ich dieses Risiko auch nicht eingehen.

Ich zücke meine Karte, packe die beiden Pausenbrote aus, hole die Getränkeflaschen mit dem energiespendenden Drink aus der Halterung, und dann sitzen wir reichlich unromantisch auf dem Bordstein am Busbahnhof und schauen mampfenderweise die Tagesroute an.

Um von unserem kleinen Ausflug wieder auf die Via zu kommen, gibt es zwei Möglichkeiten. Mir erscheint die Variante rechts am malerischen Alpsee entlang als die ruhigere und gleichzeitig romantischere. Kann ich da doch Bruno verklickern, dass der Kini den Weg auch oft gegangen ist, nach dem Motto: Hier stolperte Ludwig II.

»Geht es da bergauf?«, fragt mein offenbar bereits müder Begleiter.

Tja, die Frage ist: Soll ich ihn jetzt anschwindeln oder

ihm den Mumm für die nächsten Stunden nehmen? Ich fange das Ganze mal vorsichtig an und erkläre ihm, dass wir jetzt richtig im Alpenvorland sind und sich in den nächsten Tagen die Aufs und Abs logischerweise abwechseln würden.

»Dafür werden wir aber auch in eine traumhaft schöne Landschaft eintauchen, die uns für all die Mühen entschädigen wird«, sage ich. »Außerdem hast du das vorher gewusst, ich hab dir mehrmals deutlich vor Augen gehalten, dass die Tour kein Spaziergang ist, Kruzitürken.«

Bruno steigt schweigend aufs Rad, und wir fahren los.

In der Tat wird es bald so *sakrisch* steil, dass wir absteigen und die Räder schieben müssen. Immer wenn die Wege mit Schotter bestreut sind, haben wir mit unseren viel zu schmalen Reifen und dem Gepäck keine Chance, richtig bergauf zu fahren. Bergab hingegen besteht die Kunst dann eher darin, nicht auszurutschen. Ehrlich gesagt bin ich *reichlich* sauer, dass man uns so falsch beraten hat. Viele Mountainbiker, die uns begegnen, haben Satteltaschen und schnurren nur so an uns vorbei, da nehme ich doch gerne ein paar hundert Gramm Radleigengewicht mehr in Kauf.

Aber noch ist alles harmlos, und wir sind von diesem zauberhaften Weg begeistert. Nach einer Weile wird der Wald lichter, und wir kommen auf einem kleinen Plateau an. Ein Mann steht vor einem großen Grenzstein und bürstet ihn vom Moos frei. Ich schau ihm eine Weile zu, denn ich muss eh mal wieder auf Bruno warten, und frage neugierig: »Was ist das denn für ein Stein?«

»Also links am Stein ist Bayern und rechts am Stein Österreich. Jetzt putz ich erst mal Bayern sauber, und dann schaun mir amal, ob der österreichische Kollege Zeit hat zum Selberputzen«, sagt er.

Der will mich wohl veräppeln, schießt es mir durch den Kopf. Mein Bruno ist inzwischen angekommen und packt seine Kamera aus, um den fleißigen Mann bei der Arbeit zu filmen. Dieser stellt sich in Positur und kratzt wie ein Weltmeister ganz aus Versehen auch Österreich sauber.

Willkommen in Österreich, mein tapferer Schatz. Jetzt bekommst du einen dicken Kuss!

Gesagt, getan, und wir radeln in ein neues Land. Phantastisch ist das Panorama, lau die Luft und würzig das Aroma von den Wiesen und Wäldern, durch welche wir fahren. Bergab geht es auch erst einmal, und wir können uns erholen.

»Aaaaaaaaaaaaaaalllllllllllltttttttttttt«, schreit es hinter mir.

Ich haue die Bremse rein, nur um festzustellen, dass Bruno Probleme mit der Kamera am Helm hat. Sie läuft nicht, und der Ton geht eh nicht, und es wackelt so mit der Handkamera.

»Ich muss doch die Landschaft filmen, sonst kann ich auch gleich alles sein lassen«, jammert er. Dann kommt der Knüller: Ich solle ihm endlich mal Zeit für seine Dinge lassen und nicht immer so drängeln, und *überhaupt*, so mache das alles keinen Spaß.

Oh Mann, ich glaub, ich spinn, denke ich kurz. *Pazienza*, Jutta, und tief durchatmen. Ich suche mir ein schönes Sonnenplätzchen und antworte mild: »Lass dir ruhig alle Zeit der Welt.«

Was soll's? Es hilft ja nichts, es ist sein Ärger, den er mit dem Kamerageraffel hat, ich halte mich da raus, weil ich eh nicht helfen kann. Die Sonne scheint mir aufs Gemüt, und der Blick ins Tal stimmt mich froh.

Nach einer halben Stunde scheint er das Problem im Griff zu haben, und wir fahren weiter, allerdings nur wenige Meter, um erneut mit lautem Fluchen, natürlich auf Italienisch, anzuhalten. Das Ganze wiederholt sich noch zweimal, und dann gibt er stinksauer auf. Seine Laune ist auf dem Nullpunkt angelangt. Ich wiederum bin auf ihn stinkig, weil er uns diesen schönen Tag mit seiner miesen Laune verdirbt, andererseits kann ich ihn ja verstehen, nur zu beruhigen vermag ich ihn nicht. Weder Scherze noch süßes Gegurre besänftigt meinen dickköpfigen Abruzzeser. Wenn der Bruno sauer ist, dann ist er sauer. *Basta!*

Also fahre ich vor ihm her und drehe mich erst mal nicht mehr um.

Nach einer Weile kommen wir ins schöne Reutte, wo der Via-Claudia-Augusta-Brunnen steht, den ich unbedingt sehen möchte, gehört er doch zum kulturellen Teil unserer Reise. Plötzlich, ich fasse es nicht, überholt mich Bruno und sagt irgendwas von »Suche nach Fotogeschäft«. Der Blick auf die Uhr verrät mir, dass er da Pech haben wird, denn es ist halb drei, und um die Uhrzeit ist garantiert alles zu.

»Ein nettes Café beim Brunnen wäre doch 'ne tolle Sache, und danach sind die Läden bestimmt auch wieder auf«, versuche ich ihn zu locken.

Aber er hört gar nicht, was ich erwidere, sondern düst einfach weiter. Ich lasse ihn sausen, da er sowieso über kurz oder lang nicht weiterwissen wird. Denn die Karte habe ich, er hat seine ja zu Hause vergessen. So sehe ich ihn mit Affentempo in dem Ort verschwinden. Weg ist er, ich bleib an einer Kreuzung stehen und schaue in alle Richtungen. Er bleibt verschwunden! Nun gut, er wird schon wieder auftauchen, ich suche jetzt meinen Brunnen und ein nettes Café und warte, bis er kommt. Falls nicht, werde ich ihn sicher vor dem Fernpass wiederfinden, und bis dahin ist sein Zorn hoffentlich verraucht.

Gerade als ich mich vor den eher unspektakulären Brunnen hinstelle und auch schon ein sonniges Plätzchen in einem Café erspechtet habe, wo ich mich gleich niederzulassen gedenke, steht er neben mir, als wäre nichts geschehen. Kein Wort von wegen sorry oder so was.

»Ich habe jetzt Lust auf einen Espresso«, sagt er nur. »Die Läden sind noch zu. Ah, da drüben ist ein schönes Café, warum gehen wir da nicht hin?«

Ich sag einfach nichts.

Reutte ist zwar ein netter Ort, aber sie sind dort nicht auf Hightech-Kameras spezialisiert, und der nette Herr in dem Laden, in dem man von der Zeitung über Lottoscheine bis zum Kodakfilm alles kaufen kann, dreht Bruno erst mal neue Batterien an. Die legt er nun ein, und oh Wunder, die Kamera läuft. Es wäre jetzt falsch und absolut ungerecht von mir, meinen Schatz als Trottel hinzustellen. Klar hat er das Batterieproblem erkannt, aber vielleicht nicht ernst genug genommen. Tatsache ist, dass er schon zweimal die Batterien ausgewechselt hat, aber diese Kamera ist offenbar extrem hungrig. Die Frage lautet nur: Warum? Egal, momentan ist das Problem nicht zu lösen, und so sind wir froh, dass dieses Ding wenigstens kurzfristig seinen Dienst tut und Bruno ein bisschen von dem Panorama einfangen kann.

Auch nach Reutte bleibt unsere Tagestour enorm anspruchsvoll. Die Landkarte zeigt gemütliches Grün, und man ist versucht zu glauben, damit seien sanfte Hügel gemeint, aber wir befinden uns jenseits der bayrischen Zugspitze und damit an der karstigen österreichischen Seite. Steil ragt dieser imponierende Berg vor uns auf. Vor zwei Jahren habe ich Bruno da oben die ersten Schwünge im frisch gefallenen Tiefschnee beigebracht. Jetzt hier vorbeizuradeln erfüllt mich mit Erfurcht. Dieses ganze Gebiet nennt man »Zwischentoren«. Irgendwie bezeichnend, denn kaum ist man an einem Berg vorbei, schiebt sich auch schon der nächste davor, und ein anderer erscheint gleich dahinter, so als ob immer ein Tor nach dem anderen aufginge.

»Wie heißen diese Berge denn alle?«, fragt Bruno.

Da ich eine ziemlich große Banausin bin, treibe ich ein

Spiel mit ihm, wie es mein Vater früher immer mit mir gemacht hat, wenn ich ihm ein Loch in den Bauch gefragt habe. »Ja, also«, sage ich, »das da links ist der Zwölferkogel und daneben der Elferkogel, dann da drüben der Zehnerkogel neben dem Neunerkogel, und da hinten ist der berühmte Achterkogel.«

Jetzt hat's auch Bruno geschnallt, und ich sehe zu, dass ich schnell in die Pedale trete und abdüse, bevor ich im Graben lande.

Mal fahren wir auf Asphalt und kommen gut vorwärts, dann wieder wartet dieser verdammte Schotter auf uns, und wir sind am Rande unserer Kräfte. Irgendwann, als die Moral auf einem verschlungenen, steil aufwärtsgehenden Kiesweg gänzlich zusammenzubrechen droht und Bruno weit hinter mir ist, beschließe ich, die Nummer eines Unternehmens in Lermoos anzurufen, das einen Shuttleservice zur Spitze des Fernpasses zu organisieren verspricht. Ich habe sie mir sicherheitshalber in München notiert, denn man weiß ja nie, was auf einen zukommt.

Am anderen Ende meldet sich eine freundliche Frauenstimme, der ich mein Ansinnen vortrage.

»Da haben Sie aber verdammtes Glück, denn in unserem Sechsmannbus sind noch genau zwei Plätze frei. Es haben sich zwar schon zwei Kandidaten dafür beworben, die wollen es sich aber noch bis heute Abend überlegen.«

»Ich bitte Sie, überlassen Sie uns diese Plätze. Wir kommen zu hundert Prozent und nehmen sie garantiert in Anspruch, denn wir haben so viel Gepäck dabei. Außerdem sind wir restlos fertig.« Zu guter Letzt frage ich sie auch noch, ob sie nicht rein zufällig ein Zimmer für uns zum Übernachten habe, und falls auch noch ein Gasthaus in der Nähe sei, sei unser Glück perfekt.

Ich muss wohl sehr überzeugend gewesen sein, denn ihre

Antwort ist ein klares Ja. »Wir haben zwar kein freies Zimmer, aber unsere Nachbarin ist noch nicht ausgebucht. Dafür haben wir ein Wirtshaus. Jetzt radeln Sie einfach mal nach Lermoos rein, und fragen Sie nach dem Reisebüro Zoller, das kennt jeder. Ansonsten machen Sie sich keine Sorgen, es ist alles geregelt.«

Beschwingt lege ich auf. Sag ich das jetzt meinem anrollenden Bruno, oder gebe ich ihm dieses Zuckerl erst, wenn er gar nicht mehr weiterkann?, überlege ich und beschließe, es vorläufig für mich zu behalten, sozusagen als Trumpf in der Hinterhand und grad weil er mich heute so geärgert hat.

Die Via Claudia Augusta ist gerade hier eine sehr geschichtsträchtige Straße. Zig Tafeln begleiten den Weg, und es macht große Freude, sich vorzustellen, unter welchen Mühen schon zweitausend Jahre vor uns Menschen diese Strapazen auf sich genommen haben. Nur waren die nicht mit Citybikes unterwegs, sondern mit Eseln, Ochsen und enorm vielen Waren, die sie von Süd nach Nord und umgekehrt befördert haben. So gibt es unter anderem den Prügelweg zwischen Biberwier und Lermoos. Dort befand sich seinerzeit ein Moor, weshalb die Menschen unter unsäglichen Mühen Baumstämme schwimmend aneinandergelegt und diese dann mit Schotter verbunden haben. Da der Weg immer wieder absackte, musste die Prozedur viele Male wiederholt werden. Archäologen haben Ausgrabungen von bis zu einem Meter achtzig Tiefe gemacht, in denen sich diese vielen Schichten befanden. Immerhin sind auf dem Weg hier schon römische Wagen gefahren. Ich bin schwer beeindruckt.

Auch Bruno fühlt sich auf diesem Weg geprügelt, und als wir gerade ein paar Minuten Rast machen, kommt ein Superprofioberradler des Weges. Kurz die Hosen, stramm die Wadln, ausgemergelt und gegerbt das Gesicht.

»Entschuldigen Sie bitte, aber wissen Sie zufällig, wie viel Kilometer es noch bis Lermoos sind?«, frage ich ihn.

»Äääh, ja also, das kann ich jetzt nicht so genau sagen, aber weit ist es nicht mehr. Gleich da hinten«, verspricht er. »Ich bin übrigens schon den ganzen Tag unterwegs.«

»Von wo kommen Sie denn?«, frage ich ihn neugierig.

»Ach, nicht von so weit, heut Morgen bin ich in Verona losgefahren.«

»WAAAAS?«, schreie ich, »nicht so weit? Da bräuchten wir ja noch 'ne Woche, um anzukommen. Gott sei Dank enden wir aber schon in Meran.«

»Aha«, meint er nur, »aber da seid's ja schon morgen!«

Ich sage bloß noch: »Ja, ja, sicher doch«, bedanke mich für die nette Auskunft und bin desillusioniert.

In der Tat sind es nur noch wenige Kilometer bis Lermoos, aber die ziehen sich wie Kaugummi, und da ich eine liebe Kameradin bin und ihm auch eine Freude machen will, erzähle ich Bruno von dem Telefonat und der herrlichen Aussicht auf ein gutes Abendessen und ein gemütliches Bettchen.

Er kann es kaum glauben, und die Vorfreude lässt ihn gleich deutlich schneller in die Pedale treten. Er fährt nun an der Spitze. Stalldrang lässt ihn so in Fahrt kommen, und ich habe Mühe, ihm zu folgen, denn bleischwer sind meine Beine, und der Allerwerteste brennt gewaltig.

Drohend brauen sich Gewitterwolken am Himmel auf, als wir unser Ziel erreichen. Schnell bestellen wir einen Tisch im gemütlichen Gasthaus, wo es verlockend duftet. Der Sohn der Wirtin begleitet uns gegenüber in unser Quartier, wo wir die Räder in die Garage stellen. Wir gehen gerade mit unseren Taschen ins Haus, und in der nächsten Sekunde bricht ein Gewitter mit Platzregen und Sturm los, dass es einen schaudert. Was für ein unendliches Glück wir doch haben. Nicht auszudenken, wenn wir jetzt noch unterwegs wären! Die Welt scheint gerade unterzugehen, und das Haus, das am Hang liegt, wird von Sturzbächen umspült. Jetzt zum Essen zu gehen ist unmöglich, also bleiben wir erst mal in dem hübschen Zimmerchen mit Dusche und verfolgen das Spektakel durch das Fenster. Wirklich beeindruckend, so ein Getöse in den Bergen.

Während ich schnell unter die Dusche hüpfe, verwandelt Bruno unser Zimmer wieder in Klein Neapel, weil es halt immer noch feuchtelt. Gleichzeitig breitet er alles, was mit der Kamera zu tun hat, auf Bett und Boden aus. Er müsse jetzt den Fehler finden, weil er sonst verrückt werde. Er tut mir wirklich leid.

Da ich mir die Haare gewaschen und keinen Föhn dabeihabe, gehe ich runter in die gute Stube, wo sich die Hausherrin aufhält. Eine köstliche Idylle empfängt mich. Heute ist Fußpflegetag, und da kommt die Fußpflegerin ins Haus, um die Wirtin nebst ihrer Schwester mit einer Pediküre zu verwöhnen. Vier nackte Füße plantschen in einer Plastikwanne mit Kräuterduft, als ich eintrete. Neid steigt in mir auf, ich entschuldige mich für die Störung und sage, dass ich später wiederkomme.

»Nein, nein, bleiben's da. Was brauchen's denn?«, rufen sie mich fröhlich zurück.

»Einen Föhn«, erwidere ich.

Schwups, schon sind zwei Füße aus dem Wasser. »Wollen's nicht auch die Füße massiert kriegen, die wären doch sicher froh darüber?«, fragt die Hausherrin mich noch.

Ich könnte ihr um den Hals fallen, sie muss Gedanken lesen können – oder habe ich etwa vorhin so begehrlich geschaut? »Ja, wenn das ginge, das wäre großartig«, entgegne ich.

»Ja klar, kommen's in einer halben Stunde wieder. Es kost aber zehn Euro, gell?«

Ich kann mein Glück gar nicht fassen und stürze hoch in unser Zimmer, um die frohe Botschaft zu übermitteln.

Dort gurgelt Bruno gerade in der Dusche, und alle Kabel stecken in Steckdosen, um die Batterien aufzuladen. Unser Zimmer sieht wirklich lustig aus.

Da Italiener traditionell eine lange Badehauskultur haben, wovon ich mich schon oft in diversen Ausgrabungsstätten (unter anderem der Villa Casale, die mit ihren phantastischen Mosaiken der Bikinimädchen sehr zu empfehlen ist) überzeugen konnte, braucht mein Bruno immer doppelt so viel Zeit im Bad wie ich. Er verwandelt auch gerne das Badezimmer in ein Feuchtbiotop. Man muss höllisch aufpassen, auf dem pitschnassen Boden nicht auszurutschen, weil sehen kann man sowieso nichts bei dem Londoner Nebel, der dort vorübergehend herrscht. Föhnen ist also sehr risikoreich, und ich suche verzweifelt eine noch unbesetzte Steckdose im Zimmer.

Weit gefehlt, aber da ich so großen Respekt vor dem ganzen Gekabel habe, verzichte ich darauf und gehe wieder hinunter in die Stube, wo es schön warm ist. Die drei Damen fühlen sich auch gar nicht gestört und fragen mich munter aus, wo wir herkämen und wo wir hinwollten. Ich erzähle fröhlich vor mich hin, als plötzlich eine von den dreien sagt: »Ja, sag amal, du bist doch die Jutta Speidel, oder schaugst dera bloß so gleich?«

Ja, was soll man da machen, ich kann ja schlecht nein sagen, aber peinlich ist es mir schon ein bisschen. Doch die drei Damen sind so herzerfrischend natürlich und unkompliziert, dass es mir gar nichts ausmacht, ungeschminkt, wie aus dem Wasser gezogen, mit Schlabber-T-Shirt bekleidet, vor ihnen zu sitzen. Meine Fußmassage fällt dann auch ganz großartig aus. Die Zehen werden durchgeknetet sowie auch die Sohle und die Ballen, und meine Füße fühlen sich danach total erholt an. Mein Gott, so was bräuchte ich jeden Tag, und dazu hin und wieder eine Rückenmassage, dann könnte ich sogar bis Rom radeln!

Der Rest des Abends vergeht nicht weniger genussvoll. Wir essen vorzüglich in dem Gasthaus des Reisebüros, wohl eine einzigartige Kombination in der Gegend. Der Wein schmeckt gut, wir werden wohlig schläfrig und verschwenden nicht einen Gedanken daran, ob einer von uns sich danach noch Lermoos anschauen will. Beim Durchradeln haben wir eh schon einiges gesehen. Das Gruselwetter hat sich inzwischen gelegt, und so stolpern wir einfach nur noch in unser Bett. 21.15 Uhr, das ist zwar geradezu peinlich, aber ich hab nicht mal mehr die Kraft, ein paar Minuten noch zu lesen. Mir ist es auch egal, dass Bruno noch an seinen Kameras rumwurstelt.

Sekunden später falle ich in Tiefschlaf.

Dritte Etappe:
Füssen – Lermoos

Ludwig ist der allererste Film von Luchino Visconti, den ich mit vierzehn Jahren gesehen habe, lange bevor ich Füssen und Schloss Neuschwanstein besucht habe. Das Leben des berühmtesten und umstrittensten bayerischen Königs, seine Existenz voller Schatten und Geheimnisse sind das Thema dieses Meisterwerks. Eine »Kathedrale« des internationalen Kinos, ein Monument der Kultur und Ästhetik. *Ludwig* ist ein prächtiger Film, sorgfältig gestaltet bis ins kleinste Detail, gedreht an den Orten, an denen der König, der übrigens ein großer Ästhet war, einst gelebt hat.

Visconti hat der dekadenten deutschen Kultur ein Denkmal gesetzt, und er hat es auf unübertreffliche Art getan. Ich denke, dass ein solcher Film heute gar nicht mehr gedreht werden könnte, denn er würde unglaubliche Summen verschlingen, und mutige und kulturliebende Produzenten laufen nicht gerade viele herum ... und ein zweiter Visconti schon gar nicht! Mit einem außerordentlichen Helmut Berger in der Hauptrolle, der dem echten Ludwig unglaublich ähnlich sieht, zeugt dieser Film von der Liebe des Regisseurs für Deutschland und kauft uns Italiener von der Mittelmäßigkeit gewisser aktueller Politiker und ihren außerplanmäßigen »Nummern« frei.

Wie etwa jene, die sich im letzten Jahr in Triest während

des italienisch-deutschen Gipfels ereignet hat. Unser Ministerpräsident, der mit dem Bandana (immer er!), hat sich beim Empfang von Angela Merkel auf der Piazza dell'Unità d'Italia hinter die Fahnenstange gestellt, und als die Kanzlerin erschien, ist er dahinter hervorgekommen und hat gerufen: »Ich bin hier!«

Frau Merkel hat daraufhin die Arme ausgebreitet und wohl mit einem lakonischen und leicht verlegenen »Silvio!« geantwortet.

Während der Fahrt hinauf zum Märchenschloss erzähle ich Jutta die Anekdote vom »Kuckuck des Cavaliere«, die eigentlich gar keine Anekdote ist, da sie sich vor den Augen Dutzender Journalisten abgespielt hat und von Fernsehkameras in die ganze Welt übertragen worden ist. Gehen Sie mal auf YouTube, dort können Sie sich davon überzeugen.

»Was für Kindsköpfe ihr Italiener doch seid!«, sagt sie nur.

Ich tue so, als würde ich ihre übliche Bemerkung über meine Landsmänner überhören, und komme, während ich auf die eklektizistische neugotische Architektur auf dem hohen Felsen deute, auf die Handlung des Films von Visconti zu sprechen. Ich tue es in der Hoffnung, mich aufzumuntern und den italienischen Stolz wiederzufinden, den ich wegen meines gelegentlich Verstecken spielenden Premierministers verloren habe.

Wir haben die Fahrräder auf dem Parkplatz von Hohenschwangau abgestellt und gehen gut dreißig Minuten zu Fuß hinauf. Es gäbe auch die Möglichkeit, uns mit einer Pferdekutsche bis auf dreihundert Meter an das Schloss heranbringen zu lassen, aber der Aufstieg zu Fuß ist schon etwas anderes. Unsere Etappe ab Füssen kann gar nicht besser beginnen.

Der Thronsaal, ein Saal im byzantinischen Stil, in dem der goldene Thron stehen sollte, der nie realisiert worden ist, da nach dem Tod des Königs alle geplanten und noch nicht ausgeführten Arbeiten nicht beendet wurden, ist mit pittoresken Szenen ausgemalt, die von der Szene des Heiligen Grals inspiriert sind. Phantastisch!

Doch der Weg zur Unsterblichkeit dauert nicht lange, und der deutlich irdischere in Richtung Reutte hat begonnen. Lange Abschnitte bergauf, die mit dem Fahrrad nicht zu bewältigen sind, zwingen uns, die Räder über drei, vier Kilometer zu schieben. Es gibt etwas, worum ich meine Gefährtin beneide, nämlich dass sie imstande ist, sogar in den Serpentinen auf den Pedalen zu stehen. Vielleicht fährt sie deswegen immer vor mir? Ich dagegen bleibe sitzen, und wenn ich, was nur selten vorkommt, doch mal aufstehe, verspüre ich sofort Stiche im hinteren Schenkelbizeps des rechten Beins, die mich vollkommen blockieren.

Ich bin dann gezwungen, mit nur einem Bein zu radeln oder abzusteigen. Vielleicht, weil mir die Anstiege heute endlos vorkommen! Sosehr ich auch in die Pedale trete, sie nehmen einfach kein Ende. Jutta dagegen fährt wie ein Zug, während ich meine Waden verfluche. Wir kämpfen uns eine weite Kurve hinauf, die zwar ziemlich anstrengend, aber noch zu bewältigen ist. Hier beginnt die Fahrt bergauf, und auch wenn die Steigungen nicht übertrieben steil sind, so ist die Schotterdecke dennoch äußerst unangenehm. Ich hasse es, nach der gestrigen Erfahrung, über Splitt zu fahren.

Nach einer Weile habe ich das Gefühl, gegen Windmühlen anzukämpfen. Doch wo ist Jutta? Ich sehe sie nicht mehr. Ich wechsle den Gang, fahre im Zickzack, stelle mich auf die Pedale – und kann mich nicht mehr halten. Das Vorderrad bricht aus, das Fahrrad fällt zur Seite, und ich finde mich auf dem Boden wieder. »*Meglio il culo sui ceci che sui vetri*« – besser mit dem Hintern in Kichererbsen als in Glasscherben gelandet«, besagt ein altes Sprichwort, aber dieser Splitt, der bis in die Unterhose dringt, ist nicht gerade angenehm. Der Abschnitt, auf dem ich mich befinde, scheint mir ein alter militärischer Saumpfad zu sein, mit einer kleinen Festung, die zerfällt und vermutlich aus den Anfängen des zwanzigsten Jahrhunderts stammt. Vor mir befindet sich eine Weggabelung ohne Beschilderung, und ich weiß nicht, wo ich langfahren soll.

»Juttaaaaa! *Amoreeee*!«, rufe ich, aber sie antwortet nicht, sie muss ein ganz schönes Stück vor mir sein. Ich beschließe, einfach stehen zu bleiben, früher oder später wird sie schon zurückkommen, wenn sie mich nicht mehr sieht. Also stelle ich mich neben mein Rad, und während ein frischer Wind aufkommt, der nichts Gutes verspricht, kehre ich in Gedanken zu diesem kleinen Hafen auf der griechischen Insel Tinos zurück, wo wir vor ein paar Jahren eines Sommermorgens angelegt haben.

Wir gehen mit den Koffern die Gangway der Fähre hinunter. Ein starker Wind bläst, und der Strohhut, der mir zu diesem Anlass geschenkt worden war, fliegt davon und treibt wie eine Möwe auf den Wellen. Diese Kopfbedeckung war ein Liebespfand. Wertvoll war sie nicht wegen ihrer Machart, sondern wegen des Gefühls, mit dem Jutta sie mir geschenkt hat. Für mich hieß das »für immer«. Ich renne an allen Passagieren vorbei und will mich ins Meer stürzen, um den Hut herauszuholen, aber das ist gefährlich. Der Wind ist zu stark, das Wasser peitscht von allen Seiten und bildet einen gewaltigen weißen Schaum. Der Hut treibt noch immer auf den Wellen, und ich verspüre ein Gefühl der Ohnmacht im Magen. Ohne auch nur einen Augenblick zu zögern, stürzt Jutta sich in ihrem weißen Leinenkleid ins Wasser und hat im Nu den Hut erreicht. Mit zerzaustem Haar, das klitschnasse Kleid am Körper klebend und ohne Slip (!), kehrt sie mit dem Strohhut in der Hand auf den Kai zurück, unter dem Beifall aller, die wir verblüfft die Szene verfolgt haben. Das ist wahre Liebe!

»Brunoooo! Schatziiii!« Da kommt sie zurück.

Juttas unverwechselbarer Jodler reißt mich aus der süßen Erinnerung. Doch in diesem Moment der Einsamkeit habe ich einen wunderschönen Augenblick noch einmal erlebt und die äußerst intensiven Empfindungen und Gefühle erneut gespürt. Ein Windhauch hat genügt, damit die Erinnerung an einen anderen gemeinsam verbrachten Tag zurückkehrt. Im Übrigen, wie Cesare Pavese sagte: Was für einen Sinn haben die Tage, wenn man sich nicht an sie erinnert?

Gemeinsam fahren wir den richtigen Weg entlang, die Strecke beginnt erneut anzusteigen, und auch die Schenkelmuskeln machen sich wieder bemerkbar. Vor uns liegt eine weitere, mächtig an den Kräften zehrende Serpentine, aber nach ein paar Metern sind wir in Tirol. Wir befinden uns genau in der Region von Reutte, der Wiege der Via Claudia Augusta. Auf dem Abschnitt von Reutte nach Heiterwang berührt die Strecke die Klause Ehrenberg, ursprünglich eine Zollstelle: ein weiteres hochinteressantes Zeugnis militärischer Architektur. Kurz darauf wird sich auch in diesen Höhen eine kochend heiße Nudelsuppe als die beste Vorbeugung gegen eine Erkältung erweisen.

Um 16.30 Uhr beginnen wir unsere ebene Flucht in Richtung Lermoos. Von oben sehen wir einen Fluss, der sich in eine extrem schmale Schlucht schmiegt, ein atemberaubender Anblick, und von der kleinen Brücke aus, über die wir fahren, ist er geradezu unbeschreiblich. Die Zugspitze im Hintergrund ist bezaubernd. Umgeben von grünen Bergen und bebauten Ebenen, erkennen wir die Silvretta-Hochalpenstraße, auf der wir erst vor zwei Monaten unsere Rallye gefahren sind.

Die »Silvretta Classic Rallye Montafon« ist ein bekanntes

Motorsportereignis, an dem ausschließlich Oldtimer teilnehmen dürfen. Ziel dieser Rallye ist es, das bezaubernde Gebiet zwischen dem Montafon und dem Schweizer Kanton Graubünden aufzuwerten, indem man auf die Leidenschaft für Oldtimer setzt. Wir gehörten zu den Glücklichen, die in einem leuchtend blauen Jaguar E-Typ 1962 des Rennstalls Chronoswiss teilnehmen durften. Da es meine erste Rallye war, habe ich mich fast zu gut als Fahrer geschlagen. Und es war die beste Gelegenheit, um mit Jutta die ersten Wortgeplänkel unterwegs auszufechten:

Katastrophaler Start unter Schluchzern, Modell »Hausfrau im Supermarkt«, wenn die anderen Wagen an einem vorbeiziehen.

Der Starter senkt die Flagge. Ich trete das Gaspedal voll durch, der Wagen bleibt stehen. Also schalte ich den Motor wieder ein, trete erneut Kupplung und Bremse, wobei die Kupplung knirscht wie eine rostige Tür. Endlich lege ich den ersten Gang ein und fahre los. Die Hinterräder hüpfen im Stakkato, offensichtlich habe ich die Bremse zu sehr angezogen. Der Wagen bleibt erneut stehen, diesmal jedoch unmittelbar vor einer Kurve. Hilfe! Meine Augen sind blutunterlaufen, und ich wäre am liebsten nicht geboren. Jetzt packt meine *Beifahrerin* (der ewige Widder, wie üblich in panischer Angst), in der Hoffnung, sich besser und in aller Eile verständlich machen zu können, ihr bestes, wenngleich fast unverständliches italienisch-deutsch-englisches Kauderwelsch aus:

»*Devi fare* die doppelte Kupplung, *apri e chiudi il gas*, während die Kupplung, *but not so fast.*«

Ich verstehe kein Wort, habe aber ein ruhiges Gewissen. Schließlich sitze ich zum ersten Mal in einem Oldtimer, und in Rom laviere ich mich ganz gut durch den Verkehr. Ist das vielleicht nichts?

Nur ruhig Blut, ich atme tief durch und schalte den Motor wieder ein. Diesmal kann ich den ersten Gang mit extremer Leichtigkeit einlegen und fahre los, ohne dass es knirscht. Ich fahre gut, mache keinen Fehler und hole zwanzig Sekunden und zwei Positionen auf, auch wenn der Rest des Feldes inzwischen weit vor mir ist. Aus dieser Erfahrung habe ich eines gelernt: Wer behauptet, er fühle sich am Steuer ruhiger und entspannter mit einem guten *Beifahrer*, muss sich zwangsläufig auf diesen Satelliten beziehen!

Endlich erreichen wir Lermoos, wo wir ein Zimmer in einer sehr hübschen, gemütlichen Pension nehmen. Ich zappe ein bisschen durchs Fernsehprogramm und höre auf Rai Uno die todlangweilige Einlassung eines italienischen Journalisten über den alten Ausspruch: »Die Deutschen lieben die Italiener, ohne sie zu achten, die Italiener achten die Deutschen, ohne sie zu lieben.«

»Seit den Zeiten Dürers und Goethes verbindet die Deutschen mit Italien bekanntlich eine Leidenschaft, die sie keinem anderen Land gegenüber empfinden. Jenseits einer gewissen Unzuverlässigkeit und einer gewissen Neigung zur Korruption ist unser Land die große Liebe der Deutschen, auch wenn sie uns gelegentlich als die *Enfants terribles* Europas betrachten, denen sie alles, oder fast alles, verzeihen. Wir dagegen sind den Deutschen gegenüber stets sehr misstrauisch gewesen.«

Was redet der da bloß? Ich ertrage diesen Scheiß einfach nicht mehr! Wenn man den Kerl hört, hat man das Gefühl, dass manche Vorurteile auch angesichts einer Realität überleben, die ihnen schon seit langem regelmäßig widerspricht. Ich glaube, dass der Journalismus – zumindest diese Art von Journalismus – eine entscheidende Rolle in der Herausbildung dieser Stereotypen spielt, insbesondere im

Fernsehen, das die Nachfrage nach einer bestimmten Art von Nachrichten zu Ungunsten anderer befriedigt. So wie die Auswahl einseitiger Berichte über Deutschland in den italienischen Massenmedien (bevorzugt finanzwirtschaftliche Nachrichten oder aber alarmierende, etwa über Neonazis) und umgekehrt jene über Italien (bevorzugt über das politische Chaos, die Mafia oder Streiks) in den deutschen zwangsläufig dazu beitragen, derartige vorgefasste Meinungen über beide Länder zu bestärken.

Während solche Vorurteile noch immer in manchen Köpfen lebendig sind, enthalten die auf den Boden geworfenen Taschen den Beweis des Gegenteils. In meinem Gepäck befinden sich die Videokamera, die Wäsche von zwei Tagen, die noch gewaschen werden muss, meine Art, Italiener zu sein, meine Sprache, meine Kultur. In Juttas stecken Kniestrümpfe, eine Nagelfeile, eine Sonnencreme mit hohem Lichtschutzfaktor, Pflaster für die Blasen und ihre Identität. Aber beide tragen wir darin die gleiche Art mit uns herum, Beziehungen, das Leben, den Tod, Schmerz und Gefühle zu verstehen. In diesen Fahrradtaschen steckt die Entdeckung unserer Unterschiede und die Möglichkeit, sie zu akzeptieren. Sich seiner selbst und des anderen bewusst zu sein ist das Wichtigste in einer Begegnung. Die Begegnung mit einem anderen Menschen konfrontiert uns auf stets neue Weise mit uns selbst. Sei es, weil sein Blick unsere Unterschiede idealisiert, sei es, weil das, was wir sind, in der Beziehung zum anderen ein Mehr an Bedeutung und Wert gewinnt.

Diesem Journalisten möchte ich erwidern, dass wir uns lieben und schätzen, weil wir gleich und dennoch anders sind und weil wir jede Art von Vorurteil ablehnen.

Die Fernsehdiskussion ist zu Ende. Werbung. Ich schalte den Fernseher aus. Morgen ist auch noch ein Tag.

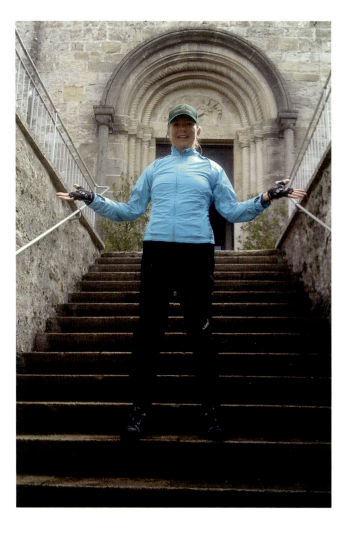

VIERTE ETAPPE

Lermoos – Fiss
(Fernpass – Prutz)

Technische Daten

Länge: 84 km (56 km)
Tatsächliche Fahrzeit: 5 Stunden
Durchschnittsgeschwindigkeit: 11,2 km/h
Abfahrt: 9.20 Uhr
Rast: 13.30 Uhr
Ankunft: 18.00 Uhr
Gickser von Jutta beim Singen unter der Dusche: 4
Träume: 2
Alpträume: 1

• • • • • • • • • • • • • • • • • •

Dieser Abschnitt führt vom tausend Meter hoch gelegenen Lermoos zum zwölfhundert Meter hohen Fernpass. Man muss körperlich und geistig gut vorbereitet sein, wenn man die Strecke bewältigen will, vor allem wenn man mit Gepäck unterwegs ist. Da es sich jedoch um eine Strecke handelt, die auch für weniger Sportliche (wie wir) geeignet ist, wurde ein Shuttleservice eingerichtet, dank dem man die am meisten anstrengenden Bergetappen vermeiden kann. Vorsicht allerdings, wenn Sie sich entscheiden, doch zu radeln, denn auf dem Fernpass gibt es einen kurzen Abschnitt, der mit dem Fahrrad nicht befahrbar ist. Daher beträgt der Anteil von Fahrradwegen neunzig Prozent, von denen gut zwanzig Prozent über Schotter führen. Der Abschnitt vom Fernpass bis Landeck ist ebenfalls sehr zeitraubend. Ziehen Sie daher die Möglichkeit der kurzen Alternative im Tal von Imst nach Landeck in Betracht, die reich an wunderschönen Landschaften, Geschichte und Kunst ist. Schließlich ist der Aufstieg nach Fiss – Serfaus – Ladis auch für den abgebrühtesten Radler eine echte Herausforderung. Doch auch in diesem Fall ist es möglich, in ein Taxi zu steigen, um ein Alpengebiet zu erreichen, in dem man sich auf einzigartige Weise einfach rundum wohl fühlt.

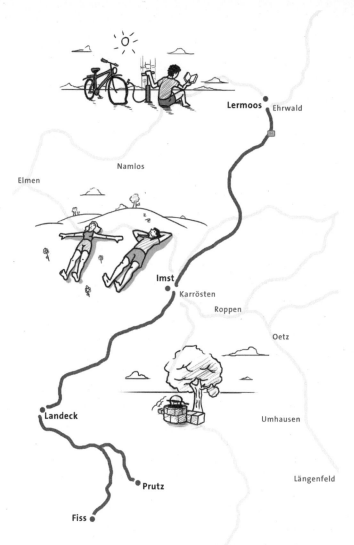

3. September 2008

4. TAG

Sicherheitshalber habe ich die beiden Damen gestern gebeten, uns um 8.00 Uhr zu wecken, falls der Wecker verschlafen sollte. So wache ich von leisem Geklopfe an unserer Zimmertür auf, bedanke mich und rolle mich auf die Seite, auf der Bruno schläft.

»Mmmmmmhh«, brummt er, »warum soll ich jetzt schon aufstehen? Ich bin todmüde und habe die Nacht ganz schlecht geschlafen. Ich mag nicht und bleibe noch im Bett.«

»Okay«, sage ich, »kein Problem, dann fahr ich allein mit dem Bus hoch auf den Pass, die Radstrecke ist unten im Dorf gekennzeichnet. Aber nimm dir genug zu trinken mit, denn es ist eine reine Mountainbikestrecke, sehr steil und mit gefährlichen Felsen und Abgründen.«

Er hat verstanden!

In der Stube biegt sich der Frühstückstisch unter all seinen Gaben. Ganz für uns alleine hat die gute Seele aufgetischt, vom selbstgebackenen Kuchen übers Frühstücksei bis zu den duftenden frischen Semmeln und der hauseigenen Marmelade. Ich bin total gerührt, weiß ich doch, dass sie uns eine Freude machen will. Der Enkel Daniel, gerade mal zehn Jahre alt, kommt mit Kaffee und Milch aus der Küche und bleibt ein bisserl verschämt neben uns stehen.

»Setz dich doch zu uns«, fordere ich ihn auf. »Hast heute schulfrei?«

»Nein«, sagt Daniel, »eigentlich nicht. Ich muss jetzt gleich mit der Oma zum Zahnarzt, weil ich eine Zahnspange kriegen soll, und da müssen vorher zwei Zähne gezogen werden.«

Ich zerfließe vor Mitleid, rede ihm gut zu, mutig zu sein und schon mal ordentlich Eiswürfel im Kühlschrank vorzubereiten. Ja, und dann kommen wir ins Schwätzen, über die blöde Schule, über die blöden Hausaufgaben und über so andere blöde Dinge, und dann gesteht er, dass er uns vom »Pfernsehen« her kennt und ob wir »eam net pfia d'Mama a Autogramm hättn«. Vorsorglich habe ich tatsächlich einige Karten eingesteckt, sozusagen als Erpressung, falls wir mal in Not kommen sollten und Hilfe bräuchten. Somit profitiert der Daniel mit der Oma und der Mama. Es ist richtig nett bei den beiden, aber wir müssen uns beeilen, denn der Bus geht um 9.30 Uhr, und den gilt es unbedingt zu erwischen.

Daniel hilft uns noch mit unserem Gepäck und den Rädern, passt den Bus auf der Straße ab, und schwups, sitzen Bruno und ich neben der Frau Zoller vorne im Bus. Ich brauche nicht zu erwähnen, dass Bruno, der Dokumentarfilmer, alles festgehalten hat und dem Daniel somit ein Denkmal gesetzt hat.

Im Bus sitzen vier weitere Personen, ein Pärchen mittleren Alters mit Berliner Dialekt und zwei etwas dickliche Männer. Alle haben schöne Mountainbikes, und trotzdem haben sie es vorgezogen, den Shuttle zu nehmen. Ich bin neugierig und frage, weshalb. Uns wird eine Strecke über den Fernpass geschildert, die es in sich habe und für so untrainierte Menschen, wie sie es seien, eine Hausnummer zu anstrengend sei.

Es nagt ein wenig in mir, denn eigentlich hätte ich die

Herausforderung gerne angenommen und habe mich nur nicht getraut wegen des Gepäcks und weil wir gestern so fix und foxi waren. Der Weg war auch nirgends gut beschrieben, und ich konnte nicht einschätzen, ob wir auf ihm ins Verderben radeln würden. Aber rein von der Moral her schäme ich mich, jetzt hier gemütlich im Bus zu sitzen. Somit kann ich niemandem sagen, dass ich über den Fernpass geradelt bin. Bruno ist das wurscht. Er filmt mit vollen Batterien die Gegend und unser Gequatsche und lässt der Bequemlichkeit den Vortritt.

Frau Zoller als Reiseleiterin sagt dann zu meinem Glück den entscheidenden Satz, dass es nämlich gar nicht erlaubt sei, mit Citybikes über den Pass zu fahren. Die Straße sei für Radler gesperrt, und für die Tour hätten wir die falschen Reifen. Hurra, meine Ehre ist gerettet! Ich übersetze Bruno alles, damit ich mir auch ja nicht später sein Gefeixe anhören muss, von wegen schlapp und große Gosche und so weiter.

Am Fernsteinsee werden wir alle ausgeladen. Herrlich ist das Wetter und phantastisch die Sicht auf der Höhe. Ich gehe ins Gasthaus am See, um meinen morgendlichen Kaffee loszuwerden, und Bruno packt die Luftpumpe aus, um seine Reifen aufzupumpen, denn er meint, dies wäre absolut nötig. Das Berliner Pärchen sitzt schon auf der Terrasse und bestellt Frühstück. Aha, so kann man den Tag natürlich auch angehen lassen, denke ich mir.

Als ich zurückkomme, steht Bruno pumpenderweise mit schlappen Reifen da. Er pumpt und pumpt, aber der Pneu füllt sich nicht mit Luft. Ich sehe ihm eine Weile zu und bemerke, dass alle Luft seitlich an dem Ventil vorbeigeht, und sage es ihm.

»Nein, nein, das stimmt nicht, das würde ich doch spüren. Es dauert halt nur so lange«, erwidert Bruno.

»Lass mich mal probieren«, bitte ich ihn.

Beim Wechsel entweicht das bisschen Luft, was noch drin war. Es ist mir überhaupt ein Rätsel, weshalb er die ganze Luft hat entweichen lassen. Man muss doch nur ansetzen und reinpumpen. Dann bemerke ich den Fehler: Er hat den oberen Teil vom Ventil zu weit aufgedreht.

»Wo ist die Mutter, die das Ventil außen festhält?«, frage ich.

»Da war keine Mutter dran. Und was soll das überhaupt sein, *una mamma* am Rad?«

Oh nein, diese Sprachschwierigkeiten. Himmel noch mal, was weiß ich denn, wie das auf Italienisch heißt? »*Una mamma quale tiene fermo il ventilo, capisci, amore?*«

»Hääää?«, kommentiert mein *amore* zurück.

Ich pumpe nun, so gut es geht, aber mir geht die Kraft aus.

»Lass es gut sein, ich mache das schon. Ich weiß, was ich zu tun habe«, sagt er und lässt meine mühsam in den Reifen gepumpte Luft ins Freie.

Kenn ich den Satz nicht von irgendwoher? Ich könnte heulen.

Also halte ich das Fahrrad nur fest, aber seiner Meinung nach mache ich es nicht gut genug. Ich schlage ihm vor, das Rad halt umzudrehen, dann hätte man eine bessere Angriffsmöglichkeit, aber dazu müsse man erst mal die Satteltaschen runtermachen. Leicht gereizt zerrt Bruno an denselben und reißt dabei eine der Halterungen ab. Mir wird abwechselnd heiß und kalt.

»Speidel, es ist mal wieder Diplomatie angesagt – und Gosche halten«, bete ich leise vor mich hin.

Auch in das umgedrehte Rad lässt sich mit dieser Minipupspumpe nicht wirklich was reinpressen, und das blöde Ventil verschwindet ständig im schlappen Pneu.

Der Berliner hat uns wohl beobachtet, denn als ich einen verzweifelten Blick in seine Richtung schicke, erhebt er sich vom Tisch und fragt, ob er was helfen könne. Mann, ist das peinlich zu sagen: »Sorry, aber wir sind zu blöd, um den Reifen aufzupumpen.« Was soll's, ich tu's trotzdem. Bruno ist sauer, dass ich den Mann gefragt habe, ob er wisse, wie das geht. Mit einer wunderbaren, großen und nicht zuletzt stabilen Luftpumpe in der Hand kommt unser Retter auf uns zu. Er betrachtet das Malheur und fragt, genau wie ich, wo denn die Mutter sei, ohne die gehe das eigentlich gar nicht! Bei näherer Betrachtung stellen wir fest, dass wir an keinem unserer vier Reifen eine Festhaltemutter haben. Die hat sich unser toller Herr Schmitz vom Radlsuperoberhaus wohl auch gespart.

Bruno steht kurz vor einer Explosion.

Nach ein paar Minuten ist wenigstens so viel Luft im Reifen, dass man fahren kann, aber die Angst vor einer erneuten Panne sitzt uns im Nacken. Nur, was tun? Hier gibt's keinen Radlservice, und wir haben eine ganze Stunde mit diesem Problem vergeudet. Wir wollen heute noch nach Fiss, und das liegt am Reschenpass.

Die Berliner fahren zeitgleich mit uns los, und ich erhoffe mir, dass wir ihnen heute noch öfter begegnen. Als unser Sicherheitspaket sozusagen.

Es geht steil einen gekiesten Waldweg hinab. Auch das noch! Mit zittrigen Knien und langsam wie zwei Schnecken stürzen wir mit unseren vom Gewicht schwankenden Drahteseln ins Vergnügen. Die Berliner sind in Rufweite, und ich fühle mich dadurch ein wenig beschützt.

Schon nach kurzer Zeit jedoch ist alle Furcht vorüber, und es tut sich einer der schönsten Wege unserer Reise auf. Wir radeln durch einen duftenden Wald, auf weichem Boden. Farne, Moose und Waldpilze, Sträucher mit Blau-,

Brom- und Himbeeren säumen den Weg. Endlich genieße ich es, dass Bruno filmt und oft lange stehen bleibt, um alles einzufangen. Ich schlage mir derweil den Bauch mit den herrlich süßen Früchten voll.

Immer wenn er dann vorbeiradelt, rufe ich: »Mund auf«, und schiebe ihm ein Potpourri Waldfrüchte hinein.

»Mmmmh«, macht mein Genießer dann und ist glücklich.

Zu unserer Rechten erhebt sich ein Alpenpanorama vom Feinsten. Ein Dreitausender mit ein bisschen Restschnee vom Winter, unterhalb Kuhherden mit Sennerhütten, alles sonnenbestrahlt, und ich möchte dort im Gras liegen, Almkäse essen und Kuhmilch schlürfen.

Da wir so langsam radeln, haben wir Gelegenheit zu ratschen. Ich erzähle Bruno von meiner Kindheit. Wie ich oft mit meiner Oma den Sommer über, in der damals so genannten Sommerfrische, über Wochen in den Bergen gelebt habe. Wir waren entweder in Kirchbichl bei Bad Tölz oder in Südtirol in Oberbozen. Ich ging damals noch nicht zur Schule, und somit hatten meine Eltern sturmfrei von mir und konnten tun und lassen, was sie wollten. Aber auch viele Waldspaziergänge mit meinem Vater habe ich in Erinnerung, bei denen wir Pilze gesammelt haben und er mir alles über sie beigebracht hat. Mein Vater sammelte auch Exemplare, um sie dann später daheim anhand eines Fachbuches zu bestimmen. Ich habe sie dann mit ihm verglichen und auseinandergenommen, um das Futter oder die Lamellen besser von anderen unterscheiden zu lernen. Es hat mich interessiert, und im Wald haben wir auf Zuruf mit unseren gepflückten Köstlichkeiten geprahlt.

Wir machten einen Sport daraus, wer den volleren Korb nach Hause brachte, und oftmals hat mein Papi ganz zufällig ein besonders schönes Exemplar in meinen Korb fallen lassen. So hab ich von meiner Mama oder der Oma auch noch ein Lob gekriegt. Viele Kinder mögen ja keine Pilze essen, aber ich habe sie immer geliebt und tue dies auch heute noch. Wenn wir ein besonders pilzreiches Jahr hatten, schnitten wir sie auf und legten sie zum Trocknen in die Sonne. Im Herbst zur Jagdsaison und auch den ganzen Winter über hatten wir so immer herrliche Beigaben zum Fleisch. Besonders aber mochte ich Semmelknödel mit Pilzrahmsauce – mmmh, gibt es was Besseres?

»Wahrscheinlich ist es allein deiner kräftigen Natur zu verdanken, dass du diese Experimente deines Vaters überlebt hast«, meint Bruno.

»Hast du denn nie mit deinem Vater Pilze gesucht?«, frage ich erstaunt.

»*No, mai!*«

Ich kann es nicht glauben. »Ja, warum denn nicht? Ist Italien nicht geradezu berühmt für seine *porcini*?«

Wie liebe ich im Herbst die italienischen Märkte, die förmlich überquellen mit den fettesten Steinpilzen. Später dann findet man in allen besseren Feinkostläden die getrockneten Säckchen mit Pilzen aller Art.

»Nein, all so was habe ich nie gemacht. Mein Vater ist nicht mit mir in die Berge gegangen, deshalb kenne ich auch weder Skifahren noch Wandern, geschweige denn Fahrradfahren in den Bergen.«

Nun muss man wissen, dass Bruno in den Abruzzen geboren und aufgewachsen ist. Der Gran Sasso, mit über dreitausend Metern immerhin der höchste Berg Süditaliens, lag geradezu vor seiner Kindernase, und keiner hat ihn da hinaufgejagt.

»*Calcetto*, also Rasenfußball für kleine Mannschaften, haben wir immer gespielt«, erklärt er mir.

»Na, das tut ja wohl jeder Junge auf der Welt«, erwidere ich enttäuscht.

Wie schon so oft wird mir in dem Moment bewusst, wie sehr sich Brunos Welt verändert hat, seit wir uns kennen. Für mich ist alles so selbstverständlich, und ich bin dadurch auch völlig angstfrei. Für ihn dagegen sind all diese Dinge mit Skepsis und Befremdlichkeit behaftet. Ich habe so vieles in meiner Jugend durch meine Eltern gelernt. Oft habe ich meinen Vater verflucht, weil wieder mal ein Wochenende mit irgendwelchen handwerklichen Arbeiten draufging, aber ich habe dadurch kein Problem, zu malern, zu tapezieren, Fliesen zu verlegen oder Holz zu hacken. Eigentlich kann ich mir immer selbst helfen.

Habe ich nicht bei meinem Auszug von zu Hause mit einundzwanzig Jahren zwei wertvolle Bücher von ihm bekommen: *Die Axt im Haus erspart den Zimmermann* hieß das eine und *Auf Du und Du mit deinem Käfer* das andere. In der Tat war ich über das Zweite jahrelang sehr froh, weil mein Käfer Baujahr 64 ganz schöne Muckis hatte und ich kein Geld. Selbst ist die Frau, hat mein Vater gemeint, und das war noch vor der großen Emanzipationswelle.

Aber zurück zu den Pilzen. Gerade fahre ich an einem riesigen Parasolpilz vorbei und muss eine Vollbremsung machen.

»*Guarda, guarda, amore*. Wenn ich den und vielleicht noch ein paar andere in meinem Rucksack mitnehme, könnten wir sie uns doch heute Abend in Fiss lecker zubereiten lassen«, jubele ich.

»Nur über meine Leiche«, schreit Bruno.

Na, so wörtlich braucht er es aber wirklich nicht zu nehmen.

»*Ma io conosco*«, flöte ich zurück, ich kenn den Pilz wirklich und bin nicht lebensmüde.

Aber er wird ganz ernstlich stinkig sauer, als ich nicht lockerlasse und dabei bin, das Prachtexemplar zu rupfen.

»Wenn du das jetzt machst, ist die Reise für mich zu Ende«, droht er. »Dann drehe ich auf der Stelle um und fahre zurück.«

»Öhöhöh, nein, ich mach es ja nicht, beruhige dich, alles halb so wild, war ja bloß 'ne Idee«, versuche ich ihn zu besänftigen.

Die Berliner, die wir vorhin überholt haben, als sie Rast gemacht haben, kommen dahergeradelt, sehen uns und den Parasol und sagen: »Na, det is aba 'n jutes Stück, also wenn ihr den nich nehmt, packen wir den ein und braten ihn heut Abend.«

Ich habe selten einen Pilz so schnell in einem fremden Rucksack verschwinden sehen wie diesen. Ich atme kurz durch und schaue doof aus der Wäsche. Zu meiner Genugtuung bemerke ich, dass auch Bruno leicht belämmert wirkt.

»Die werden wir morgen nicht mehr treffen«, meint er dann lapidar.

Da muss ich grinsen und gebe meinem Angsthasen einen dicken Schmatz.

Weiter geht es, raus aus dem Wald nach Nassereit, wo wir allerdings schnell durchradeln, weil wir uns heute noch was ganz besonders Schönes anschauen wollen.

Ich habe in meinem schlauen Buch gelesen, dass die Via an der Rosengartenschlucht in Imst vorbeiführt. Die will ich unbedingt sehen, und vielleicht kann man dort ja auch kurz ins Wasser hüpfen. Mir wäre jedenfalls danach.

Es ist schon komisch, so einem Radtourenbuch zu folgen. Sobald man nämlich auf normalen Straßen ist, heißt es alle paar Meter: »Weiterhin bergab, vorbei am Lamagehege, an der Gabelung rechts über eine Holzbrücke, direkt auf die Berge zu, unter den Hochspannungsleitungen durch, auf dem Asphalt am siebten Kirschbaum rechts, über den Misthaufen drüber, am Marterl vorbei, beim Haus Nummer 14 lassen Sie links die Pension Waldesruh liegen, um dann direkt an der Vorfahrtsstraße bei der Kapelle auf den Weg zur Kneippanlage zu gelangen.«

Hääää, wie war das noch gleich? Und wo, verdammt noch mal, war dieses Lamagehege? Haben wir das übersehen, oder kommt das noch?

Bruno zu fragen ist reichlich sinnlos. Hauptsache, es geht nicht bergauf.

Die Mittagszeit sei angebrochen, sagt sein Magen, und auch der meinige ist der Ansicht, dass Waldfrüchte kein nachhaltiges Sättigungsgefühl erzeugen.

»Aber ich möchte doch so gerne noch bis Imst radeln, die paar Kilometer schaffen wir sicher noch«, überrede ich Bruno.

Beinahe wären wir dann in Imst an dem kleinen Schild vorbeigesaust, wo es rechts zur Schlucht abgeht. Eine schöne alte, leider verschlossene Kirche steht am Beginn des schmalen Weges zur Schlucht. Wir sehen, dass es sinnlos ist, die Räder mitzunehmen, und parken sie versteckt am hinteren Teil der Kirche, direkt neben vier anderen vollgepackten Mountainbikes. So sind sie nicht allein, und wenn einer eines klauen will, wird er ja wohl so klug sein und kein Citybike mopsen, mit dem es ihm dann so gehen wird wie uns.

Natürlich habe ich auch heute Morgen zwei dicke, mit Wurst und Käse belegte Semmeln geschmiert und die Getränkeflaschen aufgefüllt, die wir jetzt mit auf unseren Ausflug nehmen. Wir müssen ganz schrecklich viele kleine Stufen hochsteigen, sicher mehr als dreihundert, bis wir bei einer winzigen Kapelle mit Bänkchen ankommen, von wo wir tief in die Rosengartenschlucht hineinschauen können. Schön ist es hier und ganz still. Nur wir zwei, ganz romantisch wird es uns ums Herz. Wir packen die Brötchen aus, und mit der Bemerkung, dass sie auch diesmal mit Liebe geschmiert wären, dass würde man einfach schmecken, beißt Bruno herzhaft hinein.

Es geht uns gut, ein wenig faul werden wir auf der Bank, aber die Rast muss einfach sein. Ganz still sind wir und schauen bloß. Sein Arm liegt auf meiner Schulter, die Sonne scheint durch das Laub des Baumes über uns, und wir fallen beide in ein kleines Mittagsschläfchen.

Ich kann schon immer, seit ich denken kann, wo auch immer ich bin und so ich wirklich müde bin, für zehn Minuten in einen Tiefschlaf fallen. Ich nenne das meinen »Cindy Crawford Power Nap«. Irgendwann mal hat diese Workout-Tante aus Amerika ein Fitnessvideo auf den Markt gebracht, von dem ich mir bloß den Kurzschlaf gemerkt habe. Da ich diesen Ausdruck so komisch fand, hab ich ihn übernommen und erfreue seitdem bei jedem Film das Team am Set, indem ich mich in der Mittagspause, wenn alle essen, irgendwo hinlümmle, um kurz wegzusacken. Meistens werden um mich herum dann Scheinwerfer verstellt und Möbel gerückt, und je lauter alle quatschen, desto seliger schlafe ich. Wie ein Baby. Liebevoll weckt mich dann der Aufnahmeleiter mit einem Espresso, und ich bin wieder fit für die nächsten Stunden.

So ist es auch heute. Wir wachen nach unserem Mittagsschläfchen auf und schauen uns an.

»Und? Wo gibt es denn jetzt einen Espresso?«, fragt Bruno.

»Unten in Imst natürlich, aber dazu müssen wir erst mal runtergehen«, antworte ich.

Wir laufen weiter den kleinen Weg entlang und erreichen den Wasserfall. Tosend, wie es sich für ihn gehört, stürzt er sich ins Tal. Der Wasserfall, meine ich. Aber irgendwie stürzt er in Betonbahnen gelenkt in die Tiefe, so dass es mich nicht sonderlich beeindruckt. Wenn wir wirklich wilde Natur sehen wollten, müssten wir uns wahrscheinlich kletternderweise weiter hinaufbegeben. Also beratschlagen wir, was wir tun sollen. In Anbetracht noch weiterer dreißig bis vierzig Kilometer Wegstrecke, die wir heute vor uns haben, und mit dem Kaffeeduft im Sinn, geben wir die Kletterpartie auf und laufen runter zu unseren treu am Kircherl auf uns wartenden Rädern.

An einem Brunnen fülle ich die Flaschen auf und gebe die Mineraltabletten hinein. Unser Freund Christian, der Arzt, hatte wirklich recht: keine Spur von Muskelkater, seit ich mindestens drei Stück am Tag trinke. Sagen Sie jetzt nicht, dass wir ja beim Busfahren schwer einen solchen kriegen können. Neee, also das ist unfair. Die Penatencreme brauche ich nämlich sehr wohl für mein zartes Popöchen. Gestern hat mir Bruno abends noch einen todsicheren Tipp gegeben, wie die Creme am besten hilft. Ich soll eine Plastikvorlage zwischen Cremepopo und Hose legen, dann bliebe die Creme den ganzen Tag erhalten. Hab ich gemacht, und seitdem raschelt es heute den ganzen Tag in meiner Hose, und wirklich angenehm ist das Gefühl nun auch nicht.

Am Marktplatz von Imst, das ehrlich gesagt keine Reise wert ist, trinken wir auf die Schnelle unseren Kaffee und schwingen uns wieder auf den Sattel. Schier endlos fahren wir bergab durch ein Industriegebiet, und ich habe das Gefühl, auf dem falschen Weg zu sein, aber die Via geht so, wie wir fahren, und ich bedaure die armen Römer. *War ein Scherz!*

Ehrlich gesagt ist der gesamte Weg von Imst nach Landeck nicht besonders aufregend. Es gibt einige nette und auch idyllische Abschnitte, alles sehr geschichtsträchtig, mit vielen Tafeln der Via, die den unwegsamen und mühevollen Weg vor zweitausend Jahren beschreiben, aber in Landeck angekommen, ist uns klar: Hier wollen wir garantiert nicht übernachten.

Da die Batterien von der Kamera schon wieder leer sind, erhofft sich Bruno, in dieser Stadt einen neuen Akku zu ergattern. Wir radeln kreuz und quer durch diese stinkigen, von Lastwagen und Autos überfüllten Gassen und finden schließlich sogar einen von diesen Allrounderläden, aber selbst der hat so etwas nicht. Nichts wie weg hier! Die armen Bewohner von Landeck, das ist ja grausam, hier zu leben. Es gibt nur eine Möglichkeit, ihnen zu helfen: Man muss den Reschenpass verlegen!

»Wie sieht es bei dir aus«, frage ich meinen Schatz, »kannst du noch weiterfahren?«

»Wie weit und wie steil wird das denn noch?«, will er statt einer Antwort wissen.

Da mein Guide und ich nicht allwissend sind, sage ich der Wahrheit entsprechend, der Weg sehe gut und ruhig aus, sicherlich kontinuierlich ansteigend, aber eher zahm. »Insgesamt sind es noch mal ungefähr fünfzehn bis zwanzig Kilometer, die wir zu radeln haben. Zwar gibt es kein Gasthaus unterwegs, aber das erste Dorf ist so in zirka zwölf Kilometern, und dann können wir ja, wenn alle Stricke reißen, ein Taxi nehmen.«

Das sag ich mal so als Trostpflaster, denn Bruno braucht etwas, um die Hoffnung nicht zu verlieren.

Der Weg ist dann wirklich sehr schön. Rechts vom Inn schlängelt sich sanft ansteigend ein fester Erdpfad entlang. Der Inn ist wild und grautürkis in seiner Farbe. Es riecht nach den Pflanzen, die hier wachsen, Schilf und hohe Gräser und Farne, ein wenig modrig ist der Geruch, und eine angenehme Kühle strahlt der Fluss ab.

Die Reschenpassstraße liegt links auf der anderen Seite des Flusses, und hin und wieder sehen wir, wie befahren sie ist, aber dank des Rauschens des Wassers bleibt uns der Straßenlärm erspart. So radeln wir tapfer vor uns hin. Ich des Öfteren im Stehen, weil mir der Po wehtut, Bruno dagegen setzt an steilen Stellen den Satz »Wer sein Radl liebt, der schiebt« in die Tat um. Was soll's, wir müssen nicht das gelbe Trikot gewinnen, Hauptsache, wir kommen heute noch nach Fiss.

Warum wollen wir denn eigentlich nach Fiss hinauf? Der Ort liegt doch gar nicht auf der Strecke? Ich habe dort vor fast sechs Jahren einen netten Weihnachtsfilm gedreht und mich pudelwohl gefühlt. Im Dezember darauf hat man mich nach Fiss zur feierlichen Vorführung im Gemeindehaus zu Promotionzwecken eingeladen. Zu diesem Zeitpunkt waren Bruno und ich bereits einander in Liebe zugeneigt, und so kam er mit. Da alles nicht so einfach war und wir mit großer Hoffnung im Herzen, dass sich bei uns alles zum Guten wandeln möge, in die Zukunft blickten, sind wir dort in die kleine Kirche gegangen, um ein Kerzerl anzuzünden.

Kaum waren wir in dieser entzückenden Barockkirche, in der kein Mensch außer uns zu sehen war, fing die Orgel oben in der Galerie an zu spielen. Es war absolut magisch, was mit uns passierte. Wir nahmen uns an der Hand und lauschten den Klängen, stumm wünschte sich jeder von uns, dass wir eine lange Zukunft miteinander haben. Dass sich die Probleme in Brunos Leben ins Positive verwandeln. Dass wir glücklich sind und es auch bleiben. Tränen liefen uns beiden über die Wangen, so sehr gingen uns diese Musik, die Stille und die Atmosphäre in diesem Raum unter die Haut. Immer haben wir gesagt, wir wollen hierher noch einmal zurückkommen. Und somit sind wir jetzt auf dem Weg. Dass es so mühevoll sein würde, noch einmal herzukommen, haben wir nicht geahnt. Aber es ist auch ein lustvoller Gedanke, sich dieses Fiss zu erkämpfen. Also rein in die

Pedale, wenigstens bis nach Prutz, und dann sehen wir ja, ob wir die zehn Kilometer Serpentinen nach Fiss hinauf noch imstande sind zu fahren.

Ich gestehe es!

Ja, wir haben ein Taxi genommen!

Eigentlich wollte ich wenigstens den normalen Bus nehmen, aber der letzte, der nach Serfaus fuhr, ist uns vor der Nase weggefahren, um genau fünf Minuten haben wir ihn verpasst, und heute geht keiner mehr. Wir fühlten uns beide außerstande, noch so eine strapaziöse Strecke in Angriff zu nehmen. Auf dem Campingplatz von Prutz half uns ein netter Mann weiter. Er rief den Fahrer mit dem einzigen Großraumtaxi des Ortes an, und nach einer guten halben Stunde war er dann auch schon da! Was der Fahrer wohl so lange gemacht hat? Egal, wir hatten Zeit, etwas zu trinken und uns zu regenerieren.

Beim Hochfahren wird uns dann bewusst, dass wir das wirklich nicht mehr geschafft hätten, so steil und lang ist der Weg.

In Fiss angekommen, bin ich erst einmal erstaunt, wie der Ort explodiert ist. Wir haben auch hier kein Zimmer bestellt, und ich möchte in das Hotel gehen, in dem wir vor fünf Jahren schon waren: ins s'Fassl. Wir verfahren uns bei der Suche, so viele Häuser sind in der Zwischenzeit gebaut worden. Am Marktplatzbrunnen orientiere ich mich neu, und alte Erinnerungen von Drehorten kommen auf. Die Bar, in der wir nachts getanzt haben, der Platz, auf dem der Christkindlmarkt aufgebaut war, die Gasse, wo ich hinter Heinz Hoenig hergerannt bin, um ihn aufzuhalten. Ja, und da steht es dann, unser Kircherl.

»Wir sehen uns alles später an, nachdem wir geduscht und uns umgezogen haben«, insistiert Bruno.

»Na gut«, willige ich ein.

Wenig später haben wir dann das Hotel s'Fassl gefunden. Das Hallo der Wirtin ist groß, wie auch die Freude, uns als Gäste bewirten zu können. Wir bekommen ein hübsches Zimmer mit Bad, nur die 50-Euro-Hürde werden wir heute Nacht überspringen müssen.

Bruno hat mal wieder einen Kessel Buntes und hängt seine Wäsche triefend auf den Balkon. Oje, denke ich, das wird ja wieder nicht trocken bis morgen früh. Auch das übliche Gekabel ziert das Zimmer, aber frisch geduscht und eingecremt machen wir uns zu Fuß auf Wiederentdeckungsreise. Ich habe noch die Telefonnummer des Bürgermeisters, Markus heißt er, mit dem ich immer mal zum Skifahren gehen wollte. Es wäre doch lustig, ihn heute Abend nach dem Essen in der Bar auf ein Bier zu treffen. Spontan rufe ich ihn an, hab aber nur den Anrufbeantworter dran. Also spreche ich ihm drauf, in der Hoffnung, dass er noch weiß, wer ich bin. Dann gehen wir, die Kamera im Anschlag, durch das zauberhafte Fiss. Es ist zu spät für einen Besuch in der Kirche, sie ist längst zu. Daher vertagen wir unser Vorhaben auf morgen früh. Der Friedhof rund um die Kirche ist auch absolut besuchenswert, und Bruno filmt mich durch die schmiedeeisernen Kreuze hindurch. Die untergehende Sonne verzaubert alles mit rotorangefarbenem Licht, und wieder umfängt mein Herz eine nostalgische Magie. Wir bleiben noch ein bisschen und gehen dann zurück zum Hotel.

Im Restaurant s'Fassl verstecken wir uns in den hintersten Winkel, weil so viele deutschsprachige Touristen da sind. Wir haben absolut keine Lust, beobachtet oder angesprochen zu werden, zu sehr sind wir mit uns und unseren Gedanken befasst.

Bruno verspürt beim Anblick des Riesensteaks, das am

Nachbartisch serviert wird, einen Bärenhunger und bestellt sich dieses. Ich hab's lieber zünftig und esse Käsespatzen, weil ich nie so viel Fleisch essen könnte, da gruselt es mich.

Bleischwer wird alles an mir, und der Rotwein tut sein Übriges dazu. Das Essen ist reichlich und gut, und wir werden immer schweigsamer. Gott sei Dank hat Markus nicht zurückgerufen, denn ich wäre nicht mehr imstande, mit ihm noch einen tirolerischen Hüttenabend zu absolvieren. Und als »fade Noggn« mag ich ihm auch nicht gegenübertreten.

»Komm, lass uns in die Federn gehen, morgen ist auch noch ein Tag«, sage ich zu meinem satten *amore*, von dem ich eine halbe Stunde später nur noch tiefes Schnorcheln höre.

Ich docke mich an, und ab geht die Post ins Land der Träume, während sanft im Wind die Socken baumeln.

Vierte Etappe: Lermoos – Fiss (Fernpass – Prutz)

Jutta ist grundsätzlich recht munter, wenn sie aufsteht, während ich oft noch Mühe habe, die Augen zu öffnen. Für mich ist es wichtig, den Beginn des Tages mit meinem natürlichen Rhythmus in Einklang zu bringen. Während es für sie nie ein großes Trauma bedeutet, das Bett zu verlassen (das typische Temperament einer Lerche), ist es für mich (mit meinem Stoffwechsel eines Steinkauzes) immer der schwierigste Augenblick gewesen. Aber auch heute werde ich der Schnellere im Bad sein, wetten? Ich habe gerade die Stoppuhr meines iPhones eingeschaltet. Schau'n mer mal, wer von uns beiden wirklich »langsamer« ist.

JUTTA GEHT DUSCHEN:

1) Jutta betritt das Badezimmer. Sie bleibt vor dem Spiegel stehen und studiert ihren Körper. Dann streckt sie den Bauch raus, um mich damit zu nerven, was sie gestern Abend alles gegessen hat.
2) Sie holt aus ihrem Reisenecessaire drei Fläschchen heraus: ein Shampoo auf der Grundlage von Avocado und Honig mit dreiundvierzig Vitaminen, einen Balsam mit tropischen Kräutern und eine straffende Creme der jüngsten Kosmetikgeneration.

3) Sie geht in die Dusche und stellt das Wasser an. Hierbei verliert sie keine Zeit, und sogar eiskaltes Wasser macht ihr nichts aus!
4) Sie wäscht sich die Haare mit dem Avocado-Honig-Shampoo mit dreiundvierzig Vitaminen. Die erste Haarwäsche dauert nur zwei Minuten, die zweite dagegen fünf. Das ist praktisch die Zeit, die sie braucht, um zweimal hintereinander den kompletten Song »Piove« von Jovanotti falsch zu singen.
5) In den nächsten sechs Minuten streicht sie sich den Balsam mit den tropischen Kräutern ins Haar, wobei sie die Kopfhaut massiert und dabei (falsch) einen alten Refrain von Roberto Blanco pfeift (ihr Repertoire ist bedauerlicherweise nicht immer vom Feinsten).
6) Während sie ihr Haar ausspült, findet sie die Zeit, ihre Wut an dem Unterzeichneten auszulassen, der unglücklicherweise gerade die Wasserspülung gezogen hat, wodurch die Dusche nicht mehr genügend Druck hatte: Es ist ein kurzer, aber heftiger Wutausbruch.
7) Sie stellt das Wasser ab und kommt aus der Dusche.
8) Da sie sich nicht wie zu Hause mit einem Handtuch von der Größe Afrikas abtrocknen kann, verliert sie mindestens drei Minuten damit, eines für das Gesicht, eines für die Beine, eines für den Rücken und, natürlich, eines für die Haare zu suchen.
9) Weitere sieben Minuten lang cremt sie ihren ganzen Körper mit der straffenden, revitalisierenden, den Alterungsprozess verlangsamenden Lotion ein. Während dieser Zeitspanne denkt sie lange und ausgiebig über die günstige Gelegenheit nach, sich den Intimbereich zu rasieren. Am Ende beschließt sie Gott sei Dank, dass es besser sei, nächste Woche zur Kosmetikerin zu gehen.

10) Sie kommt aus dem Badezimmer und zieht sich innerhalb von zwei Minuten an.

Gesamtzeit: 30 Minuten, 22 Sekunden.

BRUNO GEHT DUSCHEN:

1) Bruno bleibt nicht vor dem Spiegel stehen, um seinen Körper zu studieren, sondern verbringt gut zehn Minuten damit, die kaputten Haare seines Dachshaarpinsels zu entfernen (was allerdings nur dreimal pro Woche vorkommt).
2) Er geht in die Dusche, die dank Jutta bereits heiß ist (immer dem Kaiser geben, was des Kaisers ist).
3) Er wäscht sich mit einer einzigen neutralen englischen Seife, die auf Reisen extrem praktisch ist, weil sie zugleich als Duschgel, Shampoo und Spülung fungiert (wodurch man jede Menge Platz spart).
4) Er verlässt die Dusche, ohne zu bemerken, dass er das Badezimmer unter Wasser gesetzt hat, weil er den Duschvorhang draußen gelassen hat. Aber das hat er bloß getan, um Zeit zu sparen.
5) Er kämmt sich nicht. Dafür föhnt er sich fünf Minuten lang die Haare. (Leider kommt aus dem Hotelföhn nur lauwarme Luft, weshalb das Föhnen zwangsläufig länger dauert.)
6) Da er bester Laune ist, betrachtet er sich ausnahmsweise mal im Spiegel und spielt ein bisschen Hubschrauber mit dem Piephahn. Dieses Spiel dauert nur zehn Sekunden, was jedoch reicht, um Jutta in schallendes Gelächter ausbrechen zu lassen.
7) Er kommt aus dem Badezimmer und zieht sich in vier Minuten und sechzehn Sekunden an.

Gesamtzeit: 29 Minuten, 17 Sekunden.

Und die Moral von der Geschicht: Langsamkeit ist kein ungefährer Begriff, sondern reine Mathematik.

Die Wettervorhersage für heute ist ausgezeichnet, und uns erwartet die schönste Strecke.

Der Abschnitt von Lermoos zum Reschenpass ist landschaftlich zweifellos der Clou der ganzen Reise. Allerdings gibt es für meinen Geschmack zu viele Bergauffahrten, Abschnitte, für die man ein Mountainbike braucht, und diverse Kilometer über verkehrsreiche Straßen. Der Führer rät, einen Shuttle zum Fernpass zu nehmen, wenn wir die Räder nicht schieben wollen. Dort kommen wir gegen 10.30 Uhr an, doch wegen meines Hinterrads, in dem noch immer zu wenig Luft ist, sind wir gezwungen anzuhalten.

Ich hole meine Minipumpe hervor und mache Anstalten, den Reifen aufzupumpen, aber dabei entweicht die ganze Luft, und der Reifen ist erneut platt. Verdammt! Was, wenn jetzt den ganzen Tag niemand mit einer vernünftigen Pumpe vorbeikommt? Doch wir haben Glück, und jemand leiht uns eine sogenannte normale Pumpe. Gewöhnt an meine, habe ich allerdings Mühe, den Kolben zu drücken. Ich fühle mich wie Willy der Kojote, der eine Ladung TNT zum Explodieren bringt. Ich will nicht als Idiot dastehen, aber mein Problem ist Folgendes: Kaum setze ich die Pumpe auf das Ventil, höre ich ein eindeutiges Pfeifen, was bedeutet, dass gerade Luft aus dem Reifen entwichen ist, und das Gleiche geschieht leider, wenn ich fertig bin, mit dem Ergebnis, dass ich beim besten Willen nicht weiß, ob ich genug oder zu wenig gepumpt habe. Außerdem ist die gesamte Prozedur wahnsinnig anstrengend.

Gibt es eine orthodoxere Weise, es herauszufinden, abgesehen davon, dass man sich hinter eine vertikale Pumpe mit Luftdruckmesser von zehn Kilogramm oder einen Kompressor stellt? Jutta sagt, dass ich mir keine Sorgen machen solle, der Reifen habe jetzt genug Luft, und so fahren wir weiter.

Nach zwanzig Kilometern kommen wir nach Imst, und der Blick, der sich uns dort bietet, ist wirklich zauberhaft.

Eine der schönsten Schluchten Österreichs – die Rosengartenschlucht – beginnt genau hier, in einer der größten Städte Tirols im Inntal. Der Eingang zur Schlucht liegt in der Nähe der Filialkirche St. Johannes, wo wir ankommen und die Räder sofort abstellen, um einen langen Spaziergang zu machen. Ein gut ausgebauter Weg, der mindestens einen Meter breit ist, führt uns über den Wildbach und steigt über gut acht Stege längs der Schlucht stetig an. Hier habe ich wirklich das Gefühl, mit den Kräften der Natur in Kontakt zu sein, als ich sehe, wie der Wildbach Schinder reißend durch die Schlucht fließt und sich das Wasser an den auf der Felswand errichteten Häusern bricht.

»Sind diese Häuser bewohnt?«, frage ich Jutta.

»Bestimmt«, antwortet sie.

Wir sind ganz aufgewühlt von den starken Eindrücken. Dann setzen wir unseren Weg fort und fahren weitere zwanzig Kilometer bis Landeck, wo wir beschließen, etwas von unserer Route abzuweichen, um einen Abstecher nach Prutz zu machen.

Diese Strecke – wir sind im Tiroler Oberland – ist einer der bezauberndsten Abschnitte der Via Claudia Augusta mit bemerkenswerten rätoromanischen Zentren und anderen zauberhaften Dörfern bis hin zum Reschenpass. In Prutz lassen wir die Räder auf einem Campingplatz stehen, bestellen ein Taxi vor und steigen nach Fiss hinauf.

Wenn die Alchimie des Glücks das wahre Ziel des Lebens ist, dann repräsentiert Fiss für mich und Jutta eine kleine Etappe auf dem Weg dorthin.

Wer hat in seinem Leben nicht einen Ort gefunden, der

imstande ist, Emotionen auszulösen, Erinnerungen zu wecken und die Phantasie anzuregen? Damit meine ich jetzt nicht all diese imaginären Orte, zu denen wir reisen oder wo wir geboren sein möchten, auch nicht jene der Seele, an denen wir unseren Blumen- und Sternengarten bestellen. Ebenso wenig diejenigen, die sich auf halbem Weg zwischen Wirklichkeit und Vorstellung befinden. Wir Schauspieler sind es zum Beispiel gewohnt, die Bühne für einen idealisierten Ort zu halten, der häufig zum Ort des Erhabenen und Paradoxen erwählt wird. Ich meine einen realen Ort, an dem wir mindestens einmal gewesen sind, der uns durch irgendeine Wahrnehmung oder einen Stimulus emotional berührt hat. Und an den wir gern von Zeit zu Zeit zurückkehren.

Mir fällt bei dieser Gelegenheit eine Episode aus einem Film ein, den ich sehr gemocht habe und noch immer mag und den ich mir von Zeit zu Zeit anschaue: *Träume* von Akira Kurosawa ... ein Dorf mit vielen Mühlen, das Leben, das ruhig wie ein Flüsschen dahinfließt, und ein hundertjähriger Weiser, der ein einfaches Leben im Einklang mit der Natur führt.

Entdeckt als Drehort eines Films, den Jutta vor ein paar Jahren dort drehte, ist Fiss ein Ort, der verzaubert, auf tausendachthundert Metern Höhe auf einer sonnigen Hochebene gelegen, wo sogar der Spaziergang über die schmalen Wege eines Friedhofs anders als sonst auf einen zu wirken scheint.

Ich stelle fest, dass man hier in Fiss einen Segway (Hightech-Elektroroller, die man jetzt immer häufiger auch in unseren Städten sieht), mieten kann, um die Gegend zu erkunden. Allerdings würde ich Ihnen auf keinen Fall dazu raten! Ich finde, das ist eines der albernsten Transportmittel, das je erfunden wurde. Er schleudert dich zu Boden, wenn du es am wenigsten erwartest. Ich weiß nicht, wie viele Modelle bei uns in Italien wegen eines Software-Problems und plötzlicher Stürze zurückgerufen wurden. Er ist wirklich gefährlich, weil man im Unterschied zum klassischen Sturz vom Fahrrad unverhofft zu Boden stürzt und das Ganze ziemlich schmerzhaft ist.

Während ich mit der Videokamera die sechs Schönlinge aufnehme, die auf ihren Segways im Gänsemarsch das Sträßchen in der Nähe unseres Hotels hinauffahren, kommt mir spontan eine Frage in den Sinn: Wer ist der größere Idiot: derjenige, der mit diesem Ding unterm Hintern durch die Gegend fährt, oder der Autofahrer im Porsche Cayenne, der vor uns steht und seit mehr als zehn Minuten die Luft verpestet? Der Wagen ist so sperrig, dass der Mann nicht mal damit einparken kann!

Davon abgesehen ist Fiss ein zauberhafter Ort mit seinen weiten Flächen, den Wäldern, den Almen und der eindrucksvollen Berglandschaft. Es ist außerdem der Ort, wo Jutta und ich unvermeidlicherweise unsere Quote an Überwältigtsein erreichen und wo wir mit offenen Augen im Kontakt mit der unberührten Natur träumen. Und einfach schön, merkwürdig, vergnüglich und surreal sind die Träume, die man in Fiss »mit geschlossenen Augen« träumt.

Zu Beginn sehe ich Büchsen mit Sülze, die sich von allein öffnen und in denen chinesische Kinder in der Gelatine schwimmen (zweifellos ein beunruhigender Traum); dann eine dicke Taube und einen übel zugerichteten Stier, der mich durch die Straßen von Pamplona verfolgt. Das ist der Augenblick, in dem ich zum ersten Mal aufwache und mein Herz wie wild schlägt. Der nächste Traum ist nicht besser, also halten Sie sich gut fest!

Jutta ist im Begriff, mich die Felswand von Imst hinunterzustürzen, das Herz schlägt mir bis zum Hals, und ich begreife, dass ich gleich sterben werde. Es gelingt mir zu fliehen, und ich verbarrikadiere mich auf einem Laster, doch ein Bauer, der in Unterhemd und Unterhose und mit der Mistgabel in der Hand aus dem Stall kommt, beginnt heftig ans Wagenfenster zu klopfen und mich zu beschimpfen. Ich packe ein Ruderboot und gehe in die Schlucht hinab, wo ich mit den Fluten kämpfe und versuche, so gut ich kann, dem Wasser auszuweichen. Merkwürdige Personen sind an Bord, und ebenso merkwürdige Boote kommen mir entgegen oder überholen mich, darunter ein klassischer britischer Gentleman mit Melone und Regenschirm (der Glückliche, wenigstens kann er sich schützen!), eine Alte, die ich immer im Tengelmann in München mit ihrem Haarknoten und einem Einkaufswagen voller Forellen treffe, und ein zahnloser Herr (ein Bekannter von Jutta, dem ich schon mal irgendwo begegnet sein muss) mit einem Tablett voller Brezeln und Weißwürste. Letzterer sagt schreckliche Dinge zu mir, die mich zum Weinen bringen. Just in dem Augenblick kommt die sexy Christine Neubauer auf einem schwimmenden Sessel mit einem Lautsprecher vorbei, aus dem die Melodie von *Flashdance* dröhnt. Ich möchte zu ihr springen, doch es gibt keinen Platz. Schade! Kurz bevor ich vollkommen verzweifle, kommt jedoch Michaela May vorbei und versucht mich zu retten, indem sie mich auf die andere Seite der Schlucht bringt. Dort wartet Jutta auf mich und versucht mich zu packen.

Was hab ich ihr nur getan, um das zu verdienen? Fragen Sie mich nicht, was ich zu Abend gegessen habe. Aber wenn ich so darüber nachdenke, es waren Weißwürste, die natürlich schwer im Magen liegen.

Ich kehre auf den Pfad zurück und laufe zum Vorplatz der Johanneskirche, wo wir unsere Räder abgestellt haben. Es ist inzwischen tiefe Nacht. Dort angekommen, begegne ich einer Art Thomas Gottschalk, der noch größer als die Kirche ist, mir fröhlich zulächelt und, gekleidet wie Michael Jackson im Video zu dem Song »Smooth Criminal«, den Moonwalk nur für mich machen will. Ich verzichte, danke ihm und laufe weiter. Ich muss unbedingt an mein Fahrrad kommen und so schnell wie möglich vor diesem Käfig voller Narren fliehen. Doch Gottschalk verfolgt mich und zieht mich in das Gotteshaus. Als wir eintreten, bemerke ich, dass es gar keine Kirche mehr ist, möglicherweise bin ich in einem Haus oder einem Hotelzimmer. Drinnen laufen jedenfalls ein Salamander, ein schwarzer Leguan mit den Beinen eines Igels und ein japanischer Koi herum (noch immer?).

Ich versichere Ihnen, ich befinde mich keinesfalls in einem Aquarium und ebenso wenig in einem riesigen Swimmingpool.

Ich brülle und fliehe in das andere Zimmer. Dort sehe ich Jutta, die nackt auf einem Himmelbett liegt, neben ihr die Mistgabel des Bauern. Ich höre noch die fröhlichen Stimmen unseres Spaziergangs in der Rosengartenschlucht. Doch das dauert nur einen Augenblick. Ich lasse den Blick weiterwandern und bemerke den Bauern, der in einem ganz zerrissenen Flanellpyjama am Fenster steht.

An dem Punkt wache ich zum zweiten Mal auf, und der Albtraum ist zu Ende.

Dies sind die beiden ersten Träume, die ich umsichtig, wie ich bin, sofort meinem Tagebuch anvertraue, bevor ich wieder einschlafe.

Der dritte Traum (diesmal kein Albtraum, nur keine Sorge!) ist ein wenig komplexer, doch da ich ihn morgens geträumt habe, erinnere ich mich besser daran.

Ich bin gerade dabei, mein Rad aufzupumpen, und der Typ, der mir die Pumpe geborgt hat, hat das Gesicht und die (italienische) Stimme von Sean Connery. Jutta, die neben mir steht, vermeidet es, ihn anzusehen, obwohl dieser Mann sie fasziniert. Während Willy der Kojote (also ich) energisch das Hinterrad aufpumpt, lädt der Mann (Sean) sie auf einen Cappuccino ein. Da merke ich, dass nicht Jutta mich am Straßenrand stehen lässt, sondern Schwester Lotte, die Nonne, die sie im Fernsehen spielt!

Meine Liste merkwürdiger Träume ist schon ziemlich lang, und ich glaube nicht, dass dies der Ausdruck einer tiefen mystischen Krise ist oder dass ich im Konflikt mit irgendeiner religiösen Gestalt aus meiner Kindheit stehe (als Kind bin ich auf eine Nonnenschule gegangen). Aber die Tatsache, dass meine Lebensgefährtin mir nichts, dir nichts als Nonne verkleidet mit einem Mann in kurzen Hosen mit der Stimme von Sean Connery einen Cappuccino trinken geht, während ich schweißgebadet mit meinem verdammten Rad (ohne Motor und Dynamit!) kämpfe, verwirrt mich dann doch einigermaßen.

Als würde das alles nicht reichen, kommt mir auch noch ein Bischof mit einem Fahrradhelm auf dem Kopf entgegen (er muss berühmt sein in dieser Gegend, denn die Leute auf der Straße erkennen ihn sofort) und sagt zu mir: »Da ich von mehreren Begegnungen zwischen Schwester Lotte und einem ehemaligen Spion des KGB in jener Bar Kenntnis erhalten habe, bin ich auf der Suche nach Beweisen, um sie in flagranti erwischen zu können.« Die Sache könnte auch mich in Schwierigkeiten bringen, da sich internationale Verwicklungen abzeichnen.

Daher sage ich ihm: »Oh, ich habe hier keine Nonne vorbeikommen sehen.«

»Wem gehört eigentlich das zweite Fahrrad?«, will er nun wissen. »Und was haben Sie mit dieser Pumpgun hier vor?«

Tja, in Träumen kann es schon mal vorkommen, dass eine Fahrradpumpe sich in eine Pumpgun verwandelt!

»Damit will ich auf Tontauben schießen«, antworte ich. »Außerdem ist meine Gefährtin losgegangen, um eine Schachtel Schrotpatronen zu kaufen.«

Mir bleibt keine Zeit, das Märchen zu Ende zu erzählen, denn da überqueren die beiden auch schon Hand in Hand die Straße. Diesmal sieht der Typ mit der Pumpe wie Fritz Wepper aus, und Jutta trägt noch immer das Nonnenhabit, allerdings mit einem schwindelerregenden Riss an der rechten Seite und halterlosen Strümpfen. Als der Mann mit dem Gesicht von Wepper und der Stimme von Connery den Bischof sieht, stürzt er sich mit einer Bewegung, die eines James Bond würdig ist, auf ihn. Während zwischen den beiden ein heftiges Handgemenge beginnt, geht Jutta schelmisch zum Fahrrad und stützt einen Fuß auf die Fahrradstange. Sie streckt ein Bein aus und beginnt langsam den perlenfarbenen Schleier abzunehmen, nachdem sie auf ihrer weißen Haut den rutschfesten Gummistreifen ausgerollt hat, der hinter dem Strumpfband aus Spitze versteckt war. Dann zwinkert sie mir zu und sagt: »Mission erfüllt, Baby!«

Driinnn, driiiinn klingelt der Wecker in Fiss. Es ist 8.00 Uhr am nächsten Morgen.

Es gibt Plätze, an denen man leichter träumt. Orte, an denen die Phantasie freier ist, Verabredungen in Raum und Zeit, bei denen die Personen uns anders vorkommen, Sternenkonstellationen, in denen unsere Gefühle und die Situationen, in denen wir uns befinden, uns surreal erscheinen. Wo das, was wir nachts träumen, mehr zählt als das, was wir tagsüber erlebt haben.

Während ich mir die Augen reibe, fällt mir ein, was Akira Kurosawa über seine Filme gesagt hat: »Träume sind Wünsche, die der Mensch auch vor sich selbst verbirgt.«

FÜNFTE ETAPPE

Fiss – Nauders
(Pfunds – Nauders)

Technische Daten

Länge: 53 km (27 km)
Tatsächliche Fahrzeit: 3 Stunden
Durchschnittsgeschwindigkeit: 9,0 km/h
Abfahrt: 9.30 Uhr
Rast: 14.00 Uhr
Ankunft: 18.30 Uhr
Windgeschwindigkeit (Beaufort-Skala):
50–61 km/h
Juttas Schreigeschwindigkeit (Skala menschliches Ohr): 48–55 km/h
Wutanfälle: 2

●●●●●●●●●●●●●●●●●●●

Dies ist eine wunderschöne Etappe. Von Pfunds aus steigt die alte Via Claudia Augusta kontinuierlich an und erreicht in der Nähe von Finstermünz die Schlucht des Inn. Man kann zwar das Fahrrad benutzen, aber es gibt keine eindeutig definierte Strecke. Die Etappe bietet reichlich Nervenkitzel, sowohl demjenigen, der beschließt, den langen Weg zu Fuß über Nebenstraßen und Mittelgebirgspisten zurückzulegen, als auch für denjenigen, der es mit dem Rad schafft. Nachdem man den Fluss hinter sich gelassen hat, erreicht man auf der gefährlichen und verkehrsreichen Staatsstraße nach Nauders, nachdem man eine Menge Stress gehabt hat, den Reschenpass und ist in Italien. Die Strecke, die über das Unterengadin und den Ort Martina führt, ist dagegen kürzer, angesichts der starken Höhenunterschiede allerdings auch um einiges anstrengender.

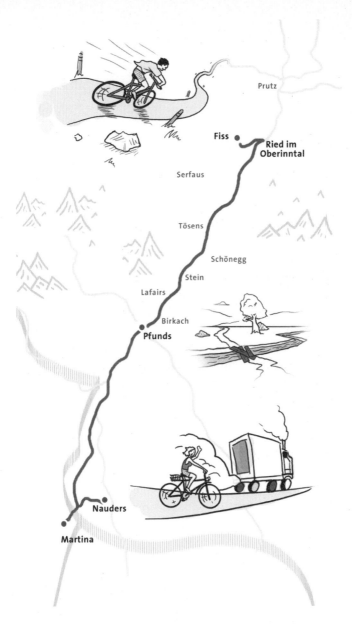

4. September 2008

5. TAG

Der Tag fängt total super an. Nachts hat es geregnet, aber jetzt am Morgen spitzt bereits wieder die Sonne zwischen den noch in den Bergen hängenden Wolken durch. Schön ist so ein Morgen auf tausendfünfhundert Metern Höhe, die Luft kühl und würzig. Es fröstelt mich, als ich auf den Balkon trete, um unsere Satteltaschen und Schuhe hereinzuholen. Wann immer wir einen Balkon haben, stelle ich die Sachen zum Lüften hinaus, es ist schon dringend nötig, wenn man nur ein Paar Schuhe dabeihat.

Dann schalte ich mein Handy an, vielleicht ist ja eine nette Nachricht drauf. Markus, der Bürgermeister, hat angerufen, er hätte sich so gefreut und sei abends zur Bar gekommen, die aber zuhatte. Eine halbe Stunde habe er davorgestanden, aber wir seien nicht gekommen. Oje, *quelle blamage*, ich lade ihn ein, mit uns zu frühstücken, was er auch gerne annimmt.

So sitzen wir gemeinsam im Frühstücksraum, wo es sich wieder mal lohnt, sich Zeit zu lassen. Verschieden angemachte Quarksorten, Müsli und frisches Obst, Eier, gerührt, gekocht, gespiegelt, Semmeln und Bauernbrot, mindestens fünf verschiedene selbstgekochte Marmeladen sowie Käse und Wurst, aus der Gegend selbstredend. Ich liebe es, so zu frühstücken, aber das erwähnte ich ja bereits. Der liebe Markus spricht auch ein wenig Italienisch, so dass sich die beiden Männer prächtig verstehen.

»Frisch verheiratet bin i«, sagt er stolz, »mit einer ganz einer Feschen, die würd ich euch gerne vorstellen. Außerdem haben wir gebaut.«

»Aha, auch so ein Dorfverschandler«, sage ich augenzwinkernd.

»Na, na, des miasts eich oschaun, da wirst staunen«, meint der Markus. Da könnten wir auch jederzeit wohnen, wenn wir wiederkämen. Und überhaupt: Wann wir denn endlich einmal Skifahren miteinander?

Ich bin total gerührt, sogar daran erinnert er sich noch. Er hätte mit seiner Frau ein ganz kleines, aber sehr feines Hotelchen gebaut, nur für Erwachsene, also ohne dieses Kindergetümmel, so zum Chillen und auf ein paar Tage zum Verstecken. Ja, clever sind die beiden, und den Zeitgeist haben sie auch erkannt. Bruno meint, er wolle gerne ein bisschen im Dorf filmen, wir könnten uns ja eine halbe Stunde später an der Kirche treffen.

So ein Schlawiner, ich weiß genau, dass das eine Ausrede ist. Er braucht nämlich morgens so seine Zeit, hat allerhand zu erledigen und hasst es, gehetzt zu werden. Ja, und so hat er ein halbes Stündchen für sich herausgeschlagen, und ich bin versorgt und kann ihn nicht antreiben. Sei es ihm gegönnt. Ich schaue mir gerne das Hotel und die fesche Gattin an. Und dann bin ich in der Tat erstaunt. Ganz geschmackvoll und mit sehr feinen Materialien wie einheimischem Holz und edlen Stoffen ist alles eingerichtet. Schön das Spa sowie die Zimmer. Ich bin begeistert und plane gleich ein, im Winter zu kommen. Die Hanni ist auch wirklich eine ganz Nette, und so verabschieden wir uns auf ganz bald.

Anschließend gehe ich zur Kirche, und wer ist nicht da?

Genau, Bruno. Wenn der Italiener sagt, er würde in *cinque minuti* da sein, lernt der seit Jahren immer auf ihn Wartende, dass dies in Wirklichkeit eine halbe Stunde ist. Also, was ist dann eine italienische halbe Stunde in Wirklichkeit?

So stehe ich vor der Kirche und warte. Dann gehe ich in die Kirche und warte. Ich stehe auf dem Friedhof und w... Schließlich laufe ich zum Fassl, wo er aber auch nicht ist, und dann ins Dorf rein und einmal herum, und dann bin ich etwas genervt und gehe wieder zur Kirche.

Da steht er und filmt.

»Schau mal zu mir rüber, *tesoro*«, sagt er, »aber ganz langsam, damit ich die Berge mit draufbekomme.«

Tja, so ist er halt. Man kann ihm nicht böse sein, und so schau ich halt ganz langsam zu ihm rüber.

In der Kirche werden wir dann feierlich, zünden ein Kerzlein an und lauschen, ob nicht wieder die Orgel anfängt zu spielen. Aber die ist scheinbar auf Urlaub. Dafür kommt die Putzfrau aus der Sakristei und wischt den Boden. Der Zauber von damals stellt sich zwar nicht ein, schön ist es trotzdem, gemeinsam hier zu sein, und ich sage »Danke schön« ans Universum.

Zeit wird es, uns von Fiss zu verabschieden. Inzwischen ist das Wetter wirklich schön geworden, aber bedeutend kühler, und so ziehen wir zum ersten Mal die langen Radlerhosen an. Auch eine Windjacke brauchen wir, weil jetzt geht's fünfzehn Kilometer steil bergab, bis wir wieder auf der Via Richtung Reschenpass sind. Bruno nervt noch eine Zeit lang mit dem blöden Gekabel, und dann ist alles am richtigen Platz, und wir sausen los. Mal ist er hinter mir, mal vor mir, dann soll ich ihn überholen, und er filmt von hinten, und so geht's, hui wie der Wind, hinab. Diese Gegend ist ein Traum, auch im Sommer, ich wünsche mir, hier unbedingt ein paar Tage zum Wandern herzukommen. Ich denke an meinen Hund Gino und daran, wie glücklich der hier wäre. Abends in die Sauna, dann was Leckeres essen und auf einen Absacker in die Bar. Ja, das wär's! Jetzt ist aber der Reschen angesagt, und der hat's in sich, wie wir bald merken sollen.

Nach dem vielen Gebremse tun mir, im Tal angekommen, die Hände weh. Ich bin es gewöhnt, mit einer Rücktrittbremse zu fahren, aber die gibt es nicht bei diesen Fahrrädern. Ich gebe zu, dass mir mulmig war, bei dem Tempo, das wir gerade draufhatten. Was tun, wenn die Bremse heiß wird und plötzlich versagt? Vom Zirler Berg kenn ich die steilen Auslaufwege seitlich der Straße, an die hab ich die ganze Zeit gedacht. Hab mich dann aber, in Ermangelung derer, im hohen Bogen aus der Kurve raus- und den Abhang hinuntersegeln sehen. Gottlob, es ist gutgegangen. Verstohlen schnüffele ich an meinem Fahrrad, ob es nach heißem Gummi riecht, aber alles ist gut, nichts brennt, nur die Handinnenflächen.

Ich packe meine schlaue Landkarte aus und suche den Einstieg zur Via Claudia Augusta.

Diese offeriert uns heute zwei Möglichkeiten: Wir können über die Schweiz einfahren oder über die grausam befahrene Reschenpassstraße. Welche Frage! Wie sind bloß die guten Römer über diesen Berg gekommen? Das würd ich jetzt schon gern wissen. Irgendwie lässt sich die Frage jedoch nicht aus der Karte beantworten. Stattdessen wird wieder ein Huckepackservice von Pfunds nach Nauders angeboten. Nein, das kommt heute absolut nicht in Frage, ich jedenfalls radle gen Italien. Anbieten kann ich es Bruno ja, und er soll für sich selbst entscheiden.

Wie üblich lautet seine Frage: »Wie schwer sind die Steigungen?«

»Mit den Abfahrten ist es erst mal vorbei«, sage ich. »Wir

müssen froh sein, wenn es zwischen den Anstiegen mal eine Weile flach einhergeht.«

Er denkt kurz nach und steht dann seinen Biker-Mann.

In der Tat ist die kommende Strecke bis Pfunds wenig erbaulich. Ständig werden wir von ehrgeizigen Rennradlern überholt, die nicht mal schnaufen, wenn sie an uns vorbeidüsen. Ich frag mich wirklich, was daran so toll sein soll. Noch dazu liegt der Radweg direkt an der Straße, und wir dürfen den Gestank der Auspuffgase einatmen. Hinzu kommt, dass es sakrisch bergauf geht und sich die Sonne nicht entscheiden kann, ob sie jetzt scheinen will oder mit den Wolken Verstecken spielt. Mal schmeiß ich die Windjacke von mir, um sie im nächsten Moment fröstelnd wieder anzuziehen. Die lange Hose ist definitiv zu warm, aber wie soll ich mich hier, direkt neben der Hauptstraße, bis aufs Unterhöschen ausziehen? Das könnte zu Missverständnissen führen, die ich nicht näher beleuchten möchte. Ich sag nur so viel: Fernfahrer!

Kennen Sie die »Salaria«? Wenn Sie die Autostrada del Sole, also von Mailand nach Neapel fahren und von Norden nach Rom einfahren wollen, kommen Sie automatisch auf die Salaria. Eine scheußliche, enorm von Fernfahrern und Pendlern befahrene Einfallstraße, die durch die Peripherie führt. Rom, wie so viele andere Großstädte dieser Welt, ist absolut hässlich außen herum. Überall stehen Baracken und Wellblechhütten, in denen Tausende von Migranten oder Illegalen leben. Mülldeponien oder solche, die es mal werden wollen, oder einfach nur weggeworfener Müll zieren die Straße. Da stehen sie dann, die Mädels in den kurzen Höschen, und versuchen, wenigstens so viel Geld heimzubringen, dass sie die hungrigen Mäuler ihrer Großfamilien stopfen können. Jung sind sie, viel zu jung für dieses Geschäft, und hoffnungslos, aber es kümmert sich keiner um sie, man lässt sie einfach anschaffen, bis wieder mal ein Mord passiert, das Volk kurz aufschreit und Signor Berlusconi Rambazamba macht.

Dann führt er einfach ein neues Gesetz ein, nach dem jeder, der keiner geregelten Arbeit nachgeht und Ausländer ist, das Land zu verlassen hat. Wie soll das funktionieren, wo doch schon die Arbeitslosigkeit unter den Italienern so hoch ist? Außerdem braucht das Land illegale oder legale Einwanderer, die die Drecksarbeit machen, für die sich der feine Italiener zu schade ist. Sorry für diesen Exkurs, kehren wir zurück zu meinem Höschen.

Ja, das ist mir zu warm. Als wir endlich durch ein kleines, malerisches Dörfchen mit dem Namen St. Christina fahren, ist mir eine Blamage wurstpiepegal, und ich ziehe mich am Wegesrand um. Meinem ewig frierenden, aber heißblütigen Italiener – liegt da nicht der Widerspruch auf der Hand? – ist es völlig unverständlich, dass ich schwitze. Wenn, dann höchstens wegen dieser verdammten Strecke, aber doch nicht wegen dem bisschen Sonne.

»Oder liegt's an deinem Alter?«, feixt er frech.

Typisch Bruno! Wann immer ich eine Befindlichkeit habe, welche auch immer, sagt er: »*Eeeeeh ... è l'età!*«

Mann, bin ich froh, wenn er endlich fünfzig wird und auch seine *menopausa* hat, die *crisi* hat er ja schon lange! Kriegen Männer die nicht schon ab vierzig?

Längst ist es Mittag, und unsere Mägen möchten etwas essen. Natürlich habe ich auch heute Morgen zwei dicke Pausenbrote für uns geschmiert, aber uns gelüstet es nach einem Süppchen, und so radeln wir, in Süppchenphantasien schwelgend, nebeneinanderher.

»Jetzt eine richtig kräftigende *minestrone*, das wär's doch«, schwärmt Bruno.

»Ja«, erwidere ich, »oder eine Leberknödelsuppe, wie sie

meine Oma immer gemacht hat, mit frischem Schnittlauch, mmmh«, mache ich einen Gegenvorschlag.

Bruno erzählt mir, wie er sich immer heimlich als Kind den Rest der *minestrone* vom Vortag aufgewärmt hat, weil sie, so durchgezogen, noch viel besser schmeckte. Viele verschiedene Sorten von Bohnen müssten drin sein, dicke weiße und kleine rote, außerdem Graupen und Linsen und ganz viel kleingeschnittenes Gemüse. Das Ganze in einem Topf mit fertiger Rindfleischbrühe, stundenlang geköchelt, sei der Traum schlechthin.

Ich kann ihm nur beipflichten, wenngleich ich eine leichtere Suppe jetzt bevorzugen würde. »Na ja, du weißt schon«, sage ich, »jedes Böhnchen ein Tönchen.«

So eine Leberknödel- oder Leberspatzensuppe ist wirklich was Feines. Man kocht dazu stundenlang Suppenfleisch aus, mit viel Gemüse. Dann sieht man alles ab und gibt den Knödel hinein, der dann ziehen muss. Das Geheimnis jedoch ist der Knödel an sich, und jede Köchin hat da so ihr eigenes Rezept.

Mein Knödel oder auch meine Spatzen bestehen aus durchgedrehter Leber, unter die ich eingeweichte Semmeln mische, dazu feingehackte Petersilie, Majoran sowie ein Hauch Kerbel und ein Lorbeerblatt. Das Ganze wird mit Salz und Pfeffer abgeschmeckt. Manche geben zum Binden noch ein Eigelb dazu, aber ich finde, das braucht es nicht. Dann entscheide ich mich, ob ich die Masse über eine Spätzchenreibe in die kochende Brühe gebe oder ob ich Knödel forme. Egal, beide Variationen sind für mich zum Niederknien.

Je länger Bruno und ich übers Essen reden, desto hungriger werden wir, und endlich taucht eine Ortschaft auf. Das Stadttor führt mitten durch ein altes Haus, das auf einer Brücke steht, unter welcher der Inn durchrauscht. In Pfunds gibt's auch ein Wirtshaus, und nun raten Sie mal, mit welchem Namen? Klar doch, der Hirsch hat uns mal wieder eingeholt. Im Hirschen finden wir aber weder *minestrone* noch Leberknödelsuppe, daher essen wir Tomatensuppe und erlauben uns ein kleines Bier.

Der Wirt ist ein gemütlicher Mann, der es gar nicht eilig hat. Erst glauben wir, verdursten zu müssen, und dann zu verhungern. Als er in der Küche verschwindet, packe ich unsere Brote aus, die wir geschwind essen, damit er uns nicht dabei ertappt. Wenig später, wir können gerade noch runterschlucken, kommt er mit einer köstlich duftenden, frisch gemachten Tomatensuppe an. Nach dem ersten Löffel sind wir gänzlich versöhnt, und der eher schweigsame Mann fragt uns, wo wir herkämen und hinwollten. Richtig nett ist das Gespräch, und er gibt uns obendrein Auskunft über die beiden Möglichkeiten, nach Nauders zu gelangen. Allerdings habe ich das Gefühl, er hat die Strecken maximal mit dem Postbus abgefahren und keine Ahnung über deren Schwierigkeitsgrade.

Der Postbus kommt nicht in Frage, also trinken wir noch einen kräftigen Espresso, und dann greifen wir den wahren Reschen an. Bislang war das ja eher ein Zuckerschlecken.

Vier Kilometer dürfen wir noch mal stetig aufwärtsstrampeln, bis wir zu einer Brücke kommen, die Österreich und die Schweiz voneinander trennt. Auf diesen vier Kilometern offeriert mir Bruno, er habe gar nicht gewusst, dass wir in die Schweiz fahren.

»Also ich habe keinen Reisepass dabei und auch keinen Personalausweis.«

»Wie bitte?«, platze ich heraus. »Ja, bist du denn nicht ganz gescheit? Es könnte doch auch etwas passieren, und kein Mensch kann dich dann identifizieren!« Ich fasse es manchmal nicht, wie einem Kleinkind muss man ihm solche Sachen vorher erklären.

Ich bin gar nicht auf die Idee gekommen, dass er eine solche Reise ohne Ausweis antreten könnte. Er hätte an so vieles denken müssen, vor der Abreise.

»Da konnte ich daran nicht auch noch denken«, erwidert er. »Und so ein Fass brauchst du deswegen nicht aufzumachen, so schlimm ist es nun auch wieder nicht.«

»Nein«, sag ich, »außer dass wir jetzt über die blöde Hauptverkehrsstraße radeln müssen, na dann viel Spaß!«

Ich bin stinksauer, und gaaaanz langsam dämmert es auch ihm, welche Konsequenzen seine Vergesslichkeit hat. Ich erspare es mir, lange darüber zu lamentieren, dass Männer einfach nicht fähig sind, sich auf mehrere Dinge gleichzeitig zu konzentrieren, vielmehr kommt jetzt meine schlummernde kriminelle Energie zum Einsatz. Ich erkläre Bruno, dass ich nun mit meinem gezückten Ausweis zu dem Zöllner hinradeln und ihn nach dem Weg nach Martina und Nauders ausquetschen werde. Er solle derweil in gebührendem Abstand einfach an uns vorbeifahren und auf keinen Fall anhalten, ich käme dann gleich darauf nach.

Brunos Einwände nehme ich einfach nicht zur Kenntnis und fahre los. Da bemerke ich einige weitere flinke Biker hinter uns und hoffe, dass auch sie über die Schweiz fahren wollen. Der Zöllner ist freundlich und jung, gibt nett Auskunft, alles radelt an uns vorbei, inklusive Bruno, und unsere Ausweise interessieren ihn überhaupt nicht. Ob es wohl für diese Grenze ein Radlabkommen gibt, bei welchem dem »fahrenden Volk« keine Achtung beigemessen wird? Ich weiß es nicht und werde es vermutlich auch nie herausbekommen. Momentan ist mir das auch reichlich egal, Hauptsache, wir müssen nicht über die Passstraße fahren.

Als so ruhig und gemütlich stellt sich dieser Weg allerdings nicht heraus. Denn auch auf dieser Straße gibt es jede Menge Fernverkehr, und ich bin verzweifelt auf der Suche nach einem erlösenden Via-Schild. Endlich taucht eines versteckt am Wegesrand auf, ich bin glücklich, und wir fahren ab von der Straße seitlich auf einen sehr schmalen Waldweg, der sich sacht unterhalb der Hauptstraße entlangschlängelt. Eine große Gruppe junger Menschen, bepackt mit Kletterausrüstung, versperrt uns den Weg.

Wo die wohl hinwollen?, frage ich mich.

Auch Bruno ist verwirrt, gibt es doch hier in der unmittelbaren Nähe keinen Berg, den man erklimmen könnte. Links von uns sehen wir einen reißenden Gebirgsbach, an dem steile Felsen aufragen. Die werden doch da nicht klettern wollen? Unser Waldpfad wird schmäler und schmäler, gleichzeitig auch unwegsamer, aber wildromantisch ist es und einfach großartig archaisch. Wir müssen die Räder über Sturzbäche tragen, auf großen Steinen zwischen dem Wasser den Weg finden – und ja nicht reinplumpsen, was wehtäte, aber auch sehr nasse Folgen hätte. Ein anderes Mal fahren wir auf einem ausgelatschten Holzbrett über ein wildes Bächlein. Alles wird gefilmt, und ich bin überglücklich, ist es doch jetzt genau so eine Tour, die ich mir immer erträumt habe.

Auch Bruno ist begeistert, und mein Groll von vorhin längst verflogen. Einzig, weit und breit ist kein Via-Zeichen zu erblicken. Auch in meinem Plan lässt sich die genaue Route nicht ausmachen. Aber vorhin war ein Hinweis, also muss es doch stimmen. Umkehren geht sowieso nicht, wir sind schon viel zu weit, und die Richtung stimmt in jedem Fall. Ich spreche uns beiden Mut zu, und es stimmt, wir werden schon sehen.

Da entdeckt Bruno ein Schild, auf dem der Name einer Ortschaft steht, und meint, dort sei er schon mal vor vielen Jahren gewesen. Es wäre doch sicherer, diesen Weg zu nehmen, als hier weiter ins Ungewisse zu fahren. Ich wiederum finde es schade, den Pfad jetzt zu verlassen, erblicke ich doch soeben ein klares Via-Schild in genau der entgegengesetzten Richtung. Wir wägen ab, was wohl das Gescheiteste wäre. Wie doof, dass es ausgerechnet hier keine Radler weit und breit gibt, die wir hätten fragen können.

Also entschließen wir uns, den Via-Claudia-Augusta-Weg einzuschlagen. Bruno wird später bei jeder Gelegenheit behaupten, *ich* alleine hätte es beschlossen … Ungemütlich ist er, und mehr schieben wir, als dass wir fahren können. Über Stock und Stein geht er, und dann stehen wir plötzlich vor einer phantastischen Ruine, die gerade renoviert wird. Sie befindet sich auf der anderen Seite des Flusses. Eine alte Steinbrücke führt zu ihr hinüber. Wieder entdecke ich das erlösende Zeichen und triumphiere. Wir sind an der alten Pass- und Münzstation Hochfinstermünz angekommen. Sicherlich waren hier auch schon die guten alten Römer handelsmäßig unterwegs. Wir sind völlig hin und weg, so toll und interessant ist es. Nur schade, dass das Museum und die Ruine momentan geschlossen sind.

»Hier müssen wir unbedingt noch mal herkommen«, sage ich begeistert zu meinem Schatz.

Wieder begegnen wir einer Horde Jugendlicher, die mit ihrem Lehrer scheinbar die gleiche Tour machen.

»Geht es denn auf diesem Weg weiter bis zum Reschenpass?«, frage ich hoffnungsvoll denselben.

»Ja, ja, immer weiter da rauf, a bisserl steil ist es, aber dann ischt da die Straßn, und dann ischt es bequemer«, meint er in entzückendem Tirolerisch.

»Na also, aber du glaubst mir ja nie«, juble ich Bruno entgegen.

Dann begeben wir uns auf einen unglaublich steilen Kiesweg, und bereits nach hundert Metern wird klar, dass wir schieben müssen. Die nächsten zwei Kilometer sind für alle

Zeiten unvergessen. Ich und sicher auch Bruno gehen an unsere körperliche Grenzen. Wir schieben und schieben einen schier nicht enden wollenden Weg hinauf, verfolgt und überholt von der grölenden Tiroler Meute, die uns mitleidig anschauen, haben sie doch schon Mühe, ihr Eigengewicht den Berg raufzuschleppen. Ich bin total fertig, der Rücken tut mir weh, und ich pfeife aus dem letzten Loch, aber was hilft's, wir müssen es schaffen, und gleich wird ja alles gut.

Wie gut es wird, sehen wir dann wenig später, als wir an der Straße angekommen sind.

Zuerst kann ich es nicht glauben und suche nach der Ausweichmöglichkeit, aber da gibt es keine. Weder auf unserer Landkarte noch auf dem Plan ist ein anderer Weg eingezeichnet. Wir stehen am Rand der Reschenpassstraße. Es gibt nur drei Möglichkeiten, und für eine müssen wir uns entscheiden: rauf, runter oder zurück.

Bruno kapiert nicht, was ich damit meine, und fragt mich immer wieder: »Wo verläuft denn jetzt die Via?«

»Nirgends«, antworte ich, »jedenfalls nicht hier oben. Drüben auf der Schweizer Seite sicherlich, aber hier müssen wir durch die Tunnel rechts am Straßenrand fahren oder schieben.«

Ich weiß auch nicht, auf welcher Höhe wir bereits sind, nahe an Nauders, also schon fast oben, oder in der Mitte. Keine Ahnung, wie viele Kilometer steil bergauf wir noch vor uns haben auf dieser stinkigen, kreuzgefährlichen Straße. Ich bitte Bruno, mir ehrlich zu sagen, was er tun will. Ich würde gerne runterfahren und dann über die Schweiz zum Reschenpass, aber das sind Minimum noch fünfunddreißig Kilometer, und wir haben schon eine ordentliche Tour hinter uns.

»Ich habe die Nase voll und will jetzt auf den Pass hoch«, erwidert er ungehalten. »Sag mir gefälligst, wo der Weg ist.«

Ist das jetzt ein sprachliches Problem, oder hört er schlecht? Ich wiederhole erneut, was ich ihm schon fünfmal gesagt habe.

Er wird immer ungeduldiger. »Nun gib endlich zu, dass du nicht weißt, wo wir sind, und dass ich uns falsch geleitet habe.«

Mir ist es völlig wurscht im Moment, wer von uns hier einen Fehler gemacht hat, ich will nur wissen, was ich ihm noch zumuten kann.

»Ich will hochfahren«, sagt er.

Nie, nie wieder werde ich mit dem Fahrrad diese Straße auch nur betreten, schwöre ich mir Minuten später. Ich habe richtig Angst. Die Autos rauschen an uns vorbei, so eng, dass ich befürchte, sie streifen uns. Nase und Mund muss ich mir zuhalten, um nicht zu ersticken, dazu geht es die ganze Zeit über bergauf. Ich habe Kreuzweh und bin total erschöpft.

Als es in den ersten Tunnel geht, ist Bruno weit hinter mir. Ich Glucke hab um ihn noch mehr Angst als um mich. Kurz bleibe ich stehen, aber es ist dunkel und scheißgefährlich hier drin, also setze ich mich wieder auf den Sattel und trete in die Pedale, was das Zeug hält, bis ich endlich draußen bin. Heulen könnte ich. Verfluchen, dass es überhaupt Autos gibt. Jedenfalls im Moment.

Flotte Rennradler überholen uns, ich schreie ihnen hinterher, wie viele Kilometer es noch bis Nauders seien. Sie hören mich nicht oder wollen nicht aus dem Schwung kommen, ich kann sie ja verstehen. Dann kommt der zweite Tunnel, ich krieg die Krise. Bruno, der jetzt dichter hinter mir ist, japst genauso wie ich.

»Wie weit ist es noch?«, fragt er.

»Gute Frage«, brülle ich, »keine Ahnung.«

Er will anfangen zu diskutieren, ich denke nur, das ist der absolut falsche Platz, um zu streiten, also zische ich wieder los. Rein in den Stinktunnel und durch das Ding durch, so schnell es geht.

Danach steht für mich fest, ich dreh um, das kann ich nicht weiter verantworten. Schließlich bin ich nicht lebensmüde.

Bruno kommt an, stellt sich zu mir auf den Seitenstreifen, wo es vier Quadratmeter Parkbucht gibt. Wahrscheinlich für Leute, die mal so ganz in Ruhe die schöne Aussicht genießen wollen. Neben uns rauscht der Verkehr, wuuummm, wuuuummmm. Vor uns der Abhang. Ein Wind geht auch noch, so dass man alles festhalten muss.

Ich rufe: »*Amore, voglio ritornare.*«

»*Anch'io*«, schreit er zurück, und in dem Moment sehe ich, wie seine Brille in hohem Bogen Richtung Abhang fliegt.

Jetzt ist's vorbei mit seiner Gutmütigkeit. Klar, dass ich auch dafür die Schuld trage. Sauer ist der gute Mann, und wenn ich sie nicht gerettet hätte, bevor sie mit dem nächsten Windstoß gen Tal geflogen wäre, würden wir wahrscheinlich heute noch zankenderweise am Reschen stehen.

Wir rauschen bergab. Mulmig ist uns, mir jedenfalls. Da sehe ich eine Postbus-Station. Die Rettung naht. Jetzt gilt es nur noch, unbeschadet auf die andere Straßenseite zu kommen. Ein Zeitplan aus dem vergangenen Jahrhundert hängt verwittert an einer Tafel. Das Häuschen, in dem einstmals ein sicher sehr fescher Tiroler Fahrkarten verkauft hat, ist völlig demoliert, alte Pornohefte liegen drinnen herum und der Rest einer Tageszeitung von anno dunnemal. Die Scheiben sind eingeschlagen, und irgendwie stinkt's auch nach Notdurft. Laut diesem Plan käme in zwanzig Minuten ein Bus hier vorbei. Ich stelle mich in Winkposition, damit er uns auch ja nicht übersieht. Das wäre fatal, denn es ist der letzte heute, so er überhaupt kommt.

Inzwischen versuche ich bei meinem wilden Italiener schön Wetter zu machen, aber er ist stur wie der Gran Sasso, so einfach geht es nicht. Ich solle doch wenigstens zugeben, dass es mein *errore* gewesen sei.

Meine Nerven liegen blank. »Was ändert das denn an der Tatsache!« Aber okay, okay, ich gebe alles zu und nehme sämtliche Schuld auf mich. »Bist du jetzt glücklicher?«, frage ich ihn.

Tatsächlich ist er das! Ich fasse es nicht, er ist mit einem Mal einfach ein Stück glücklicher. Mit keinem Fünkchen würde er auch nur die geringste Schuld an der Situation auf sich nehmen. Ich habe ihn falsch geleitet, und damit basta.

»Ich bin nicht für die Route zuständig, sondern nur für die Dokumentation«, erklärt er mir allen Ernstes.

Komischerweise hat er aber seit vielen Stunden nicht mehr gefilmt. Bevor nun ich ausraste, kommt glücklicherweise der Bus.

Nur nimmt er uns leider nicht mit!

»Ich habe nur noch einen Platz«, wimmelt uns der Busfahrer ab, »und die Räder nehme ich in keinem Fall innen mit.«

»Bitte«, flehe ich ihn an und liege fast vor ihm im Schmutz.

»Nein!« Er bleibt hart.

Drinnen sehe ich am Fenster Reisende genüsslich sich in den Sitzen räkeln. Tja, sie hatten es geschafft, sie müssen nicht draußen bleiben. Ich hege Mordgedanken. Der Bus fährt ungerührt weiter. Ich habe Bruno angefleht, dass wenigstens er einsteigen solle, ich würde es schon schaffen. Aber da ist nicht mit ihm zu reden. Ist ja auch lieb, dass er mich nicht im Stich lassen will. Oder hat er nur die Befürchtung, den Weg nicht zu kennen?

Todesmutig stürzen wir uns dem Tal entgegen, und als

endlich, nach ich weiß nicht wie vielen Kilometern, die Zweiländerbrücke mit Zollhäuschen zu erkennen ist, bin ich nur noch dankbar, dass wir die Abfahrt heil überstanden haben. Wie können Biker bloß freiwillig auf dieser Straße fahren? Mir wird das ein ewiges Rätsel bleiben.

Bevor wir zum zweiten Mal ohne Ausweis über die Grenze radeln, der Zöllner muss denken, ich muss verrückt sein, falls er mich wiedererkennen sollte, kehren wir zur Stärkung bei einem Kiosk ein. Der Automatencappuccino erscheint mir als der beste meines Lebens. Still sind wir beide, aber innerlich brodelt es.

Frag mich jetzt bloß nicht, wo die Via ist, sonst platze ich, denke ich mir. Um vorzubauen, sage ich: »Okay, Bruno, wir müssen noch mal in die Schweiz einfahren. Falls der Zöllner diesmal Interesse an deinem Pass zeigt, kannst du nur noch morgen früh den Postbus nach Nauders nehmen. Eine Übernachtungsmöglichkeit musst du dir hier irgendwo suchen, ich fahre über Martina und von dort hoch zum Reschenpass. Falls wir aber durchkommen sollten, geht es zirka zehn Kilometer rein in die Schweiz und dann die Serpentinen hinauf Richtung Italien.«

»Ist das denn die …«, will er gerade sagen, aber ich schneide ihm mit einem glasklaren »Ja!« das Wort ab.

Pazienza, pazienza, Jutta, immer klug und geduldig sein und obendrein freundlich und zuversichtlich schauen, nur so können wir die nächsten Strapazen überstehen.

Was soll ich sagen, der Zöllner interessiert sich schon wieder nicht für uns. Also fahren wir wie zwei müde Mulis die Schweizer Landstraße entlang, unberührt von diversen Via-Zeichen, die uns eventuell wieder in die Irre führen könnten. Bruno bekommt auf diesen endlosen Kilometern endlose Telefonate. Jedes Mal steigt er ab und redet und redet, ich bin schier am Verzweifeln, hab ich doch in meinem schlauen Büchlein gelesen, dass es auch einen Postbus von Martina nach Nauders gibt, und gerne möchte ich mir die Serpentinen ersparen. Außerdem sieht es so aus, als gäbe es keine Übernachtungsmöglichkeit in Martina. Warum also um Himmels willen vergeudet er so viel kostbare Zeit? Sinnlos, mit ihm darüber zu reden, er hat wichtige Gespräche zu führen, und dafür braucht er jetzt Zeit! Ich denke an Loriot und seine Theorie über Männlein und Weiblein und gebe mich geschlagen.

In Martina angekommen, stehen wir wieder vor einem Zollhäuschen, und diesmal ist mir klar, warum wir dem Zöllner an der Brücke schnuppe waren. Wir sind durchs Niemandsland geradelt und erst jetzt in der Schweiz angekommen. Aber ich sag einfach besser nichts, um mich nicht lächerlich zu machen. Bruno bekommt neben seiner ständigen Telefoniererei sowieso rein gar nichts mit. Er lässt mich alles alleine entscheiden, kümmert sich um nichts.

Den Postbus haben wir wieder mal um Haaresbreite verpasst. Es gibt weder ein Hotel, geschweige denn ein Restaurant in diesem trostlosen Kaff, welches den Namen von Brunos Tochter trägt! Die Serpentinen gehen steil dreizehn Kilometer aufwärts, und ich rufe ein Taxi. Mir reicht's. Im schlauen Büchlein ist eine Pension in Nauders verzeichnet, und da ergattere ich noch ein Doppelzimmer für unsere veranschlagten vierzig Euro. Stunden später, als endlich das Großraumtaxi unsere Räder und uns eingesammelt hat, erwähnt der etwas maulfaule Taxler, er habe auch eine Pension, die sei genauso billig, warum wir denn da nicht übernachten würden?

Ich will grad so was wie »Ja, kann ich das riechen!« erwidern, beiß mir dann aber auf die Zunge und sage stattdessen: »In Ordnung, dann schlafen wir halt bei Ihnen.«

Bruno ist eh alles egal, Hauptsache, der Tag geht bald vorüber.

In unserem Domizil angekommen, muss die Gattin erst mal die Betten überziehen. Mürrisch, wie sie ist, scheint ihr unser Besuch keine Freude zu bereiten. Überhaupt sind die beiden sehr unfreundlich, dabei bräuchten wir jetzt eigentlich liebenswerte Aufmunterung. Die Betten jedoch wie auch die Dusche sind in Ordnung, und wenn wir jetzt noch ein gutes Lokal zum Essen finden, sind alle Mühsal und Grant vergessen.

»Da unten auf da Hauptstraßn is a guats Reschtaurant, des isch a Freind vo uns, da kenscht essen«, sagt der Taxler.

Also gehen wir in das eher einer Fernfahrerkneipe ähnelnde Lokal. Der Wirt mit seiner Kochkunst und seinem Wein lässt uns zufrieden müde werden. Wir wollen nur noch eins: ins Bettchen, und zwar schnell. Inzwischen hat es angefangen zu regnen, und kalt ist es hier oben am Reschenpass. Mir fällt der Satz unseres bayerischen Radlhändlers ein, der uns darauf hingewiesen hat, dass es am Reschen schon mal ganz schön zapfig werden kann im September, und ich flehe inständig, dass wir nicht morgen mit einer bösen weißen Überraschung aufwachen werden.

Eigentlich war es ein toller und aufregender Tag, nur Bruno muss ich noch davon überzeugen. Ich murre nicht, sondern gurre, und nach ein bisserl Schnickeln und Schnackeln hab ich ihn wieder weichgeklopft, und so lässt sich's auch gut einschlafen.

Ich sag nur: MÄNNER!!!

Fünfte Etappe: Fiss – Nauders
(Pfunds – Nauders)

Jutta hat ihre morgendliche Lieblingsposition eingenommen: den Lotussitz. Ich stehe auf und gehe, während ich peinlich genau darauf achte, jedes noch so leise Geräusch zu vermeiden, das ihre Meditation stören könnte, auf den Balkon hinaus. Doch das Schicksal will, dass jemand hinter unserem Bett, im anderen Zimmer, gerade versucht, die Toilettenspülung in Gang zu bringen, indem er immer wieder auf den Knopf an der Wand drückt. Der Wasserkasten im Badezimmer reagiert nicht, und es hagelt Sprüche wie »Verdammt«, »Scheiß dies«, »Scheiß das«.

Das holde Lächeln auf Juttas Lippen bleibt davon unberührt, bis das Rauschen der Spülung in seiner vollen Wucht zu hören ist. Indem sie unmerklich die Lippen verzieht, scheint sie ihr durchaus verständliches Missfallen ausdrücken zu wollen. Doch dem ist nicht so, es handelt sich lediglich um eine leichte Kontraktion. Sie öffnet Augen und Mund und lächelt wieder. Wie beneide ich Menschen, die morgens meditieren können!

Das Wetter ist heute eindeutig schlecht, aber immerhin regnet es nicht. Zum ersten Mal holen wir die Windjacken und die langen Radlerhosen aus den Taschen. Wir lassen es gemütlich angehen, frühstücken ausgiebig und machen anschließend einen langen Spaziergang. Gegen Mittag beginnen wir die Abfahrt nach Pfunds, wo wir Rast machen und eine heiße Tomatensuppe essen. Schön eingemummelt und gestärkt, breiten wir im Bauch eines alten Wirtshauses die Karte auf dem Tisch aus und legen unsere heutige Etappe fest. Dann fahren wir weiter.

Der erste Teil der Strecke leitet uns durch Wälder zur Holzbrücke über den Inn, bis wir zu der Kreuzung kommen, die zum einen in die Schweiz führt und zum anderen zu einer alten österreichischen Zollstelle mit einer ehemaligen Festung, in der heute ein Museum untergebracht ist. Dies ist vielleicht der älteste und unwegsamste Abschnitt der ganzen Via Claudia Augusta. Immer wieder stoßen wir auf Schilder, die vorschreiben, die Räder zu schieben, so eng und steil ist die Via an dieser Stelle. Bis jetzt lief alles gut, abgesehen von den Strapazen.

Fern vom Asphalt denke ich, während ich die von majestätischen Bäumen und zerklüfteten Gipfeln umgebenen Serpentinen hinaufsteige, an die Menschen, die in der Antike hier unterwegs waren. Nicht ohne eine gewisse innere Bewegtheit lese ich auf einem großen Schild, dass hier meine Vorfahren vorbeikamen, die alten Römer, die mit den Ländern des Nordens Handel trieben. An manchen Stellen ist der Weg mit großen Steinen gepflastert, in denen noch die Rillen zu sehen sind, welche die Räder der Wagen in den vielen Jahren anstrengender Reisen eingegraben haben. Unglaublich!

Nachdem wir Hochfinstermünz an der Grenze zum Engadin erreicht haben, verirren wir uns. Denn anstatt der Ausschilderung nach Martina zu folgen (wie die Karte vorschlägt), verlassen wir den Radweg (wie Jutta vorschlägt, sic!) und wechseln auf die Staatsstraße, über welche die Fernlaster in Richtung Italien brettern. Die vier Kilometer, die wir auf der schmalen Standspur fahren, rechts neben uns eine niedrige Leitplanke, links ein Tunnel nach dem anderen, sind die gefährlichsten der ganzen Reise. Außerdem haben wir Gegenwind, und irgendwann weht es mir die Brille vom Kopf. Ich halte an und will über die Leitplanke klettern, um sie zurückzuholen. Erschöpft von der Anstrengung, beschließt Jutta just in diesem Moment umzukehren.

»Warte!«, rufe ich ihr zwischen den hupenden Lkws hinterher. Die Fernlaster brettern weiter mit einer solchen Geschwindigkeit an mir vorbei, dass ich Jutta aus den Augen verliere.

»Du bist verrückt!«, schreit sie plötzlich. »È pericoloso. Ich komm zurück!«

Ich weiß nicht, woher die allgemeine Überzeugung stammt, dass Leitplanken automatisch Sicherheit bedeuten. Eigentlich sollten sie dazu dienen, dass man nicht irgendwelche Abhänge hinunterstürzt, und keineswegs dazu, nicht auf einer Wiese zu landen. In diesem Fall könnte meine Gefährtin recht haben, ich bin verrückt.

»Aber ich *brauche* meine Brille, um mich vor diesem Scheißwind zu schützen«, widerspreche ich. »Deswegen klettere ich jetzt da drüber, und du wartest hier auf mich … Auf miiiich … Auf miiiiiiiii…«

Meine Stimme scheint von den Wänden der wie von Sinnen dahinrasenden Fernlaster wie ein Echo zurückgeworfen zu werden. Als ich über die Leitplanke klettere, bleibe ich in einem Busch hängen, der mich meine Radlerhose verfluchen lässt, weil sie zwar gegen Wind schützt, aber nicht gegen Dornen. Ich versuche, mein Bein aus den Klauen des wehrhaften Busches zu befreien, peinlich darauf bedacht, nicht die Stacheln zu berühren. Ich höre ein Geräusch von reißendem Stoff, der Busch hat ein weiteres Stück meiner Radlerhose auf dem Gewissen! Was soll's, wenigstens habe ich meine Brille wieder.

Ich kehre auf die Straße zurück. Jutta, sichtlich getroffen von der Aggressivität meiner Worte, wartet auf der Gegenfahrbahn. Dies ist einer jener Augenblicke, in denen wir es in »stillschweigendem Einvernehmen« vorziehen, nichts zu sagen, um nicht zu streiten. Wir fahren die gut zehn Kilometer zurück nach Pfunds. Völlig erschöpft und schweißgebadet, machen wir eine Pause, um einen Kaffee zu trinken und schweigend zu grübeln. Ich über Juttas Eingebung, nicht der Karte zu vertrauen und ihren eigenen Kopf durchsetzen zu wollen, sie über die Aktion mit der Brille.

Wir schließen uns einer kleinen Gruppe von Mountainbikern an und kehren zu der Schweizer Zollstation zurück, wobei wir diesmal auf der Staatsstraße bleiben, die in Richtung des Kantons Graubünden nach Martina führt. Dort wollen wir übernachten. Alles in allem kann ich Jutta nicht böse sein und fühle mich irgendwie sogar schuldig. Schließlich hat sie sich bisher noch nicht einmal verfahren. Ich schließe zu ihr auf und küsse sie lange. Das ist die schönste Art, Jutta um Entschuldigung zu bitten. Sie erwidert den Kuss mit unendlicher Sanftheit. Danach radeln wir weiter.

In Martina stellen wir fest, dass das einzige Hotel Betriebsferien macht. So ein Mist! Ich komme um vor Hunger, ein Brötchen mit Bratwurst würde mir schon reichen. Wir sind wirklich zu müde, um weiterzufahren, daher bleibt uns nichts anderes übrig, als ein Taxi zu rufen und nach Nauders zu fahren. Trotz des Kusses ist der Streit noch nicht ganz vergessen. Den Kopf gegen das Wagenfenster gelehnt, kehre ich in Gedanken zu der Leitplanke zurück. Was ist da eigentlich genau geschehen?

»*L'amore non è bello se non è litigarello* – Liebe ohne Streit ist nicht schön«, besagt eine italienische Volksweisheit und unterstellt, dass es keine auf Liebe gegründete Beziehung ohne Streit geben kann. Jutta und ich streiten wirklich selten und fast nie aus banalen Gründen. Sicher, von Zeit zu Zeit geraten auch wir uns darüber in die Haare, wo die schmutzige Schöpfkelle hingelegt werden soll, nachdem einer von uns die Tomatensuppe umgerührt hat, wegen der Teetasse, die den ganzen Tag im Spülbecken stehen geblieben ist, wegen des Mülls (»Ich dachte, du hättest ihn rausgebracht!«), wegen des nicht weggeräumten Bügelbretts (manchmal vergesse ich es eben), wegen der halb ausgedrückten Zahnpastatube, deren Verschluss verlorengegangen ist (was mir durchaus häufig passiert).

Trotz alledem ist es nur schwer vorstellbar, unsere Liebe könnte ernsthaft darunter leiden, dass wir uns, wie es so schön heißt, »um des Kaisers Bart streiten«. Dafür kommt es vor, dass wir beide auf stur schalten – was etwas ganz anderes ist. Man beharrt auf bestimmten kleinen Verhaltensweisen, als hinge vom Sieg oder besser vom Disput die Stabilität unseres Seins ab. Wenn man es recht überlegt, gibt es keinen triftigen Grund für einen Streit, sondern einfach nur zwei willensstarke Menschen, die sich gegenseitig herausfordern: »Komm zurück!« – »Nein, ich klettere jetzt über die Leitplanke.«

Wer ist da wohl sturer?

Analysieren wir die Phasen des letzten eigensinnigen Beharrens, und versuchen wir, es herauszufinden.

1) Jutta wählt eine bestimmte Strecke.
2) Bruno bringt eine gewisse Unschlüssigkeit zum Ausdruck.
3) Jutta vertraut ihrer Intuition.
4) Bruno traut eher der Karte.
5) Jutta bemerkt, dass sie sich im Weg geirrt hat, und will umkehren.
6) Bruno verliert seine Brille und wird wütend.

7) Jutta fühlt sich verletzt und schweigt beleidigt.

Gehen wir mal von der These aus, dass Jutta immer recht haben will. Das ist keine Taktik, um zu dominieren, und noch viel weniger, um Bruno hörig zu machen. Sagen wir, es ist eine Neigung, eine Manie … entweder – oder.
Jutta hat eine Art, vorausschauend zu denken, und daher neigt sie dazu, das Leben der anderen zu organisieren. Bruno ist ebenso eigensinnig, daher erträgt er ihre Neigung nicht, die Dinge nur von einem einzigen Standpunkt aus zu betrachten und die Ideen anderer sogar dann noch zu ignorieren, wenn sie sich als absolut plausibel erwiesen haben. Jutta will den Angaben der Karte nicht folgen, Bruno will um jeden Preis seine Brille zurückhaben. Jutta ist ungeduldig. Beide wollen das letzte Wort haben.
Grundsätzlich gefällt Bruno die Tatsache, dass sie so »entschlossen« ist, aus mehreren Gründen; zunächst einmal bedeutet es ein Ausbrechen aus der traditionellen Rolle der Frau, und das beruhigt ihn, da auch er kein Macho im klassischen Sinne ist. Außerdem bringt die Möglichkeit, »geführt« zu werden, die unbewussten Saiten seines verfeinerten Masochismus zum Schwingen. Doch wenn Jutta sich im Weg irrt, warum gibt sie es dann nicht zu? Das ist keine Dickköpfigkeit mehr, das ist schon Verbohrtheit!
Und wehe, man widerspricht solcher Verbohrtheit! Die dickköpfige Person gibt niemals nach, und mögen die Tatsachen noch so eindeutig sein. Nicht zufällig gibt es den Ausdruck »störrisch wie ein Esel«, weil selbst der sympathischste Esel ohne einen realen Grund unvermittelt stehen bleibt und sich nicht mehr von der Stelle rührt. Manchmal ist Jutta wirklich eine »Eselin«, eine »Verbohrte«, ein »Dummkopf«, eine, die darauf besteht, dass etwas rot ist, obwohl es grün ist, und in diesem Fall passt auch der Aus-

spruch »Eseln gibt man immer recht« perfekt auf sie. Deswegen stimme ich ihr auch so oft zu, denn es gibt keinen schlimmeren Tauben als jenen, der nicht hören will!

Ich weiß schon, was sie über mich sagen wird: dass ich der wahre Esel bin, dass ich ein grenzenloses Selbstbewusstsein habe und mir meiner Vorzüge allzu bewusst – und damit selbstherrlich – bin. Dass ich meinen Mitmenschen nicht vertraue. Dass ich mein Ego über alles stelle. Dass ich mich von anderen Menschen abkapsele, weil ich mich unverstanden fühle. Dass ich ein harter Bursche bin, der lieber stirbt als nachzugeben.

Doch ich bin kein Esel, höchstens eine Mauer. Und wer gegen eine Mauer kämpft, der schlägt sich den Kopf ein!

Wenn ich beschließe, über eine Leitplanke zu klettern, dann aus gutem Grund: Ich wollte meine Brille zurück. Wenn Jutta sich dagegen im Weg geirrt hat, dann einzig und allein aus störrischer Eigensinnigkeit.

Schließen wir diese Betrachtung mit einem kurzen Test für uns Männer:

1. *Im Badezimmer liegt wie immer die schlecht ausgedrückte Zahnpastatube. Was denken Sie?*
   a) Sie wird sich nie ändern ...
   b) Ich lasse die Tube einfach so liegen, mal sehen, ob sie es merkt.

2. *Sie waren nicht dran, die Waschmaschine anzustellen, aber da Ihre bessere Hälfte keine Zeit dazu hatte, müssen Sie es tun. Was denken Sie?*
   a) Uff, immer ich.
   b) Ständig die gleiche Ausrede, aber diesmal wird sie dafür büßen!

3. *An einer Weggabelung möchten Sie rechts fahren, aber sie ist bereits nach links abgebogen.*
   a) Sie folgen ihr, um ihr nicht zu widersprechen.
   b) Sie weigern sich, ihr zu folgen, und fordern sie auf, es sich noch einmal zu überlegen.

4. *Nach dem letzten Streit sprechen Sie jetzt schon seit zwei Stunden nicht mehr miteinander. Wie verhalten Sie sich?*
   a) Sie gehen zu ihr, weil Sie das Schweigen nicht länger ertragen können.
   a) So sauer, wie Sie sind, sind zwei Stunden gar nichts!

5. *Den ersten Schritt zur Versöhnung zu machen bedeutet für Sie …*
   a) … dass Sie das Richtige tun.
   b) … dass Sie das Falsche tun.

6. *Sie würden sie gern küssen, aber Sie haben gerade gestritten. Was tun Sie?*
   a) Sie küssen sie trotzdem, ein Streit zerstört die Leidenschaft nicht.
   b) Sie warten, bis sie den ersten Schritt macht.

7. *Sie lächelt Sie an und akzeptiert die Waffenruhe.*
   a) Sie begraben endgültig das Kriegsbeil.
   b) Sie nutzen die Gelegenheit, um noch etwas zu klären.

8. *Ein weiterer Zwist bedroht die traute Zweisamkeit. Wessen Schuld ist das?*
   a) Die von beiden.
   b) Die von ihr natürlich.

Zählen Sie nun zusammen, wie häufig Sie sich für Antwort a) und wie häufig Sie sich für Antwort b) entschieden haben. Wenn Sie häufiger mit a) geantwortet haben, sind Sie wie Bruno. Haben Sie dagegen häufiger mit b) geantwortet, sollten Sie sich besser von Jutta fernhalten.

Der Taxifahrer betrachtet mich amüsiert im Rückspiegel, er scheint meine Gedanken gelesen zu haben. In Wirklichkeit versucht er mir nur mitzuteilen, dass wir, sofern wir wollen, für fünfzig Euro (inklusive der Fahrt) bei ihm zu Hause übernachten können.

Im Grunde haben wir jetzt genau zwei Möglichkeiten:

Wenn wir ablehnen, werden wir wieder darüber streiten, wo wir absteigen sollen.

Wenn wir dagegen akzeptieren, werden wir früh ins Bett gehen.

Letztere ist die richtige Antwort.

SECHSTE ETAPPE

Nauders – Silandro
(Nauders – Schlanders)

Technische Daten

Länge: 57 km
Tatsächliche Fahrzeit: 5 Stunden
Durchschnittsgeschwindigkeit: 11,4 km/h
Abfahrt: 11.15 Uhr
Rast: 14.15 Uhr
Ankunft: 18.00 Uhr
Saunabesuche: 1
Freigesetzte freie Radikale: viele
Von Bruno freigesetzte freie Radikale, die
Jutta Angst machen: unzählige

· · · · · · · · · · · · · · · · · · · ·

In Reschen hat man die Wahl, auf dem Radweg zur Rechten des Sees in Richtung Spinn über eine Länge von zwei Kilometern und mit einem Höhenunterschied von hundert Metern oder zur Linken auf einer ebenen Strecke am Ufer weiterzufahren. Auf beiden Routen gelangt man nach San Valentino alla Muta, wo die Talfahrt beginnt. Auch hier hat man die Möglichkeit, die Straße zu verlassen und links in Richtung Dörfli und Ultimo zu fahren oder die direkte Abfahrt nach Malles (Mals) zu wählen. Da der Verkehr hier keine allzu großen Probleme bereitet, ist dies die erste Wahl für all jene, die rasch hinunterkommen wollen, zumal man dann an friedlichen Alpenwiesen vorbeikommt. Von Malles aus fährt man weiter in Richtung Glorenza (Glurns). Der Weg führt in einer scharfen Kurve nach rechts, in der man auf die Geschwindigkeit achten muss. Man gelangt in das historische Ortszentrum, das von mittelalterlichen Mauern umgeben ist. Nachdem man den Ort hinter sich gelassen hat, fährt man geradeaus weiter, biegt kurz vor der Brücke über die Etsch nach rechts in eine Schotterstraße und folgt dem Straßenschild Lasa – Silandro (Laas – Schlanders).

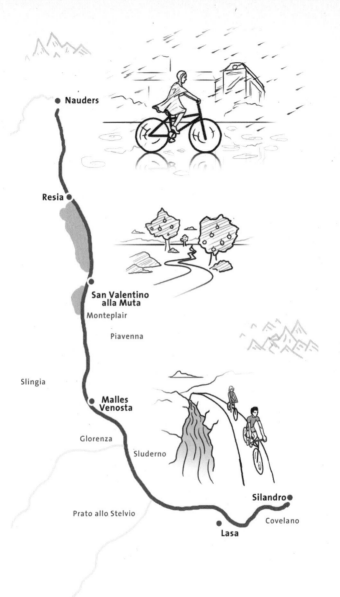

5. September 2008

6. TAG

Bumm, bumm, bumm, jemand trommelt an unsere Türe.

»Was, wie, wo? *Ehh, che ora è?*«

»Ja«, rufe ich, »was ist?«

Die ach so charmante Stimme der Gastwirtin fragt, wann wir denn endlich frühstücken wollten, denn um 10.00 Uhr müssten wir das Haus verlassen.

»Ja, ja, das geht schon klar«, antworte ich, indem ich vorsichtig versuche, mein linkes Auge zu öffnen, um die Uhrzeit auf meiner Armbanduhr zu erspähen.

Schreck lass nach, kurz nach 9.00 Uhr. Wie kommt es, dass wir heute so lange in den Federn geblieben sind? Bruno spielt Komapatient, teils, weil er nicht aufstehen mag, und teils, weil er über die Diskussion, die mitten in der Nacht ausgebrochen ist, noch nachdenken muss. Zum hundertsten Male hat er mir gesagt, dass wir uns doch besser trennen sollten, weil wir absolut nicht zusammenpassen.

Das ist auch immer die einfachste Lösung, sich mal eben schnell zu trennen, um dann drei Stunden später zu sagen, was interessiert mich der Schei…, den ich vorher gesagt habe. Die Nummer kenn ich, und sie beeindruckt mich nicht mehr besonders, sondern wird verstaut in der Schublade Blablabla, gleich unten links. Das Dumme ist nur, bis sie in der Lade liegt, vergehen Stunden, und die sind kostbar, besonders nachts. Ich kann nämlich grundsätzlich auf Brunos Monologe schlecht wieder einschlafen und bin zu stolz, um mich anzukuscheln, was eigentlich das Beste wäre, nämlich in meiner »Baldrianschlafposition«: andocken und die Hand auf sein Bäuchlein legen. Stattdessen wälze ich mich bis zum Morgengrauen, Grauen, wie wahr, wie wahr, und falle dann in ein dreißigminütiges Koma.

Danach bin ich wie erschlagen. Habe das Gefühl, in meinem Kopf wohnt eine boxende Faust. Meine Laune ist auch absolut grandios, und reden mag ich ebenso wenig. Ich gehe unter die Dusche, danach versuche ich, aus mir eine morgendliche Schönheit zu machen. Zuerst klatsche ich mir ein Erfrischungsgel ins Gesicht, um anschließend mit der Antifaltencreme, die eh nichts nützt, sondern nur beruhigt, dasselbige zu bügeln. Ich könnte mich jedes Mal kringeln, wenn wieder so ein »Star« die ultimative Bügelcreme als den letzten Schrei bewirbt. Ja, wenn's doch nur helfen würde, Tausende würde ich dafür ausgeben!

Meine väterlichen Gene haben mir jedoch schon im frühen Jugendalter Dackelfalten auf der Stirn beschert, und die anderen zehntausend Falten hab ich mir mühsam in den letzten fünfunddreißig Jahren angelacht. Absolut unverzichtbar, muss ich mich nach der Gesichtsverjüngung meinem alabasterfarbenen Revuekörper widmen. Dies tue ich, indem ich mich von Hals bis Fuß mit einer schmatzenden, wohlduftenden Vanillelotion einbalsamiere. Meistens geht es mir danach viel besser, jedoch heute, kaum beuge ich mich zu meinem rechten Füßchen hinunter, fährt mir ohne jegliche Vorankündigung ein Schlachtermesser in den Ischiasnerv.

»Oh Gott«, stöhnt es aus mir, und meine gebückte Haltung, ein Fuß auf dem Klodeckel, der Rest von mir demütig der Schüssel zugeneigt, verspricht nichts Hoffnungsvolles.

Vorsichtig, Minuten vergehen, bis ich mich wieder in eine

leicht eingeknickte Vertikale hochgeschraubt habe, rufe ich Bruno.

Der bleibt ungerührt, er wäre krank: »*Sono raffreddato.*«

Das ist wieder mal typisch, wann immer ich ein bisschen Mitleid bräuchte, beansprucht er sofort das Gleiche für sich – und wenn er dafür behaupten muss, er sei erkältet. Ich überhöre einfach sein Gejammer und sage nichts mehr. Packe meine Taschen, ziehe mich an und humple runter zum Frühstück. Mein Rücken tut verdammt weh, und jede Bewegung überlege ich vorher gründlich. Meine große Angst ist, nicht weiterfahren zu können, aber mein Verstand sagt mir, dass Fahrradfahren eigentlich vom Bewegungsablauf her genau das Richtige sein müsste. Nur bitte keine Steigungen heute, die würde ich nicht packen.

Unsere zauberhaften Gastgeber schmeißen uns buchstäblich um Punkt 10.00 Uhr aus dem Haus. Da stehen wir nun im Nieselregen und bei Windstärke acht, Gegenwind natürlich, wie sich gleich noch herausstellen wird. Meine Sympathie für den Reschenpass wird größer und größer. Ihr lieben Laienradler, ich kann euch nur raten: Meidet Nauders, denn es ist keine Reise wert. Wenn man schon dort vorbeimuss, dann bitte im Affentempo.

Eingehüllt in unsere Regenkondome, Mützen tief ins Gesicht gezogen, die Augen gegen den Regen mit Brillen geschützt und Radlerhandschuhe an, kämpfen wir uns, natürlich vorerst wieder mal aufwärts, gen Italien.

Ich bin mir sicher, der einzige Grund, warum wir bei diesem Schietwetter weiterradeln, ist der, dass Bruno die *Tricolore Italiana* in der Ferne wehen sieht. Er ist bestimmt davon überzeugt, dass sich bei Grenzüberschreitung das Wetter schlagartig ändern wird. In der Tat gibt es schon kleine sichtbare Lücken zwischen den dunklen Wolken, also können wir doch hoffnungsfroh sein.

Am Reschensee angekommen, fasziniert uns die bleifarbene Stimmung ungemein. Bruno packt seine Kamera aus und hält mir sein Minimikrofon vor die Nase.

»Sag bitte was zur Historie dieser Gegend und warum da ein Kirchturm aus dem Wasser schaut«, fordert er mich auf.

Ich halte meine Mütze fest und stelle mich in Position, Gesicht in Richtung blauschwarze See. »Ja, das war folghuuhuuhuu aßen, man brahuuhuu einen Stahuhuuuhuu ee und deswehuuhuu.«

Bruno filmt meine ganze Erzählung über den nördlichsten Zipfel Italiens, übrigens gewissenhaft recherchiert nachzulesen bei Wikipedia, womit ich mir jetzt die erneute Schilderung erspart hätte. Später wird er feststellen, dass er rein gar nichts verstanden hat – aber nicht deshalb, weil er eh kein Deutsch spricht. Dieser Wind und das Licht um uns sind so toll, dass wir uns beim Betrachten der völlig verrückten Windsurfer, die es hoch über die Wellen wirft, sagen, dass wir uns eigentlich doch ganz lieb haben.

Nachdem die widerspenstige Zähmung zweier Holzköpfe gelungen ist, radeln wir fröhlich links am See entlang, unter Betrachtung des Naturschauspiels, welches uns geboten wird. Man soll es kaum glauben, langsam, aber stetig legt sich der Wind, und die Lücken zwischen den Wolken werden größer und größer. Die Windjacke wird aufgeknöpft und die lange Hose bis zum Knie hochgerollt.

Mein Ischiasnerv tut immer noch höllisch weh, aber ich sag nichts, weil es eh nichts bringt. Wenn ich stetig in die Pedale trete, geht es mir am besten. Bruno ist guter Laune, hat er es nicht gesagt, in Italien wird alles besser? Recht hat er, und grad schön ist es. Vorbei am Wasserkirchturm St. Anna, hinein ins zauberhafte Vinschgau, durch welches wir die restlichen Tage bis Meran fahren werden. Lustig, dass ab jetzt die Wegbeschreibungen immer in zwei Sprachen sind. Ich radle durch Graun, der Bruno durch Curon, rechts kann ich die Elferspitze sehen, der Bruno sieht *La cima undici*. Ich sage ihm, dass aus dem Stausee die Etsch herausfließt, und er protestiert: »So ein Blödsinn, das ist *il' Adige*.« Als dann der malerische Weg auch noch Richtung Burgeis stetig abwärts geht, radelt Bruno flott vor mir her, nach Burgusio.

Die Landschaft sowie das Wetter werden immer schöner, und die Via schlängelt sich an der Etsch entlang, durch Apfelplantagen mit riesigen gelben und roten Äpfeln, die nur darauf warten, in den nächsten Wochen gepflückt zu werden. Zwetschgen- und Esskastanienbäume sowie große Kirschbaumplantagen säumen den Weg, und ich bekomme einen solchen *gusto* auf das Obst, dass ich anhalte und für uns beide jeweils einen auf dem Boden liegenden Apfel klaue. Aber dafür werde ich sofort bestraft, denn beim Aufheben der Äpfel, was mit Hexenschuss eh schon ein Kunststück ist, sticht mich eine Biene ins Bein. Ja, ja, die kleinen Sünden straft der liebe Gott sofort. Die Äpfel jedoch schmecken genauso gut, wie sie aussehen, und im weiteren Verlauf unserer Vinschgaufahrt mache ich einige Kinder glücklich, die in Körbchen am Wegesrand ihre Köstlichkeiten für wenige Cents anbieten. Die Pflaumen und Äpfel gären fröhlich in uns, und den Wind, den wir noch vor kurzem vor uns hatten, lassen wir jetzt hinter uns.

Seit dem Reschensee kreuzen sich unsere Wege immer wieder mit vier fröhlichen, mittelalterlichen Holländern, die genau wie wir mit vollgepackten Rädern unterwegs sind. Mountainbikes natürlich, die sind ja nicht doof. Als wir uns zum dritten Mal begegnen, ich wälze gerade wieder mal meinen Routenplan und überlege, ob es rechtsherum oder linksherum geht, da zischen die vier an uns vorbei und rufen: »Hallo, hallo Froinde, beim näcccchhhschten Mal trinken wirrr einen Capputschino!«

Aha, wie meinen die das denn?

Die Dörfchen, durch die wir fahren, sind allerliebst, jedes Mal steht auch eine alte Raubritterburg auf einem der umliegenden Hügel, und ich will jetzt unbedingt eine südtirolerische Brotzeit in einem der nächsten Gasthöfe machen, an denen wir vorbeikommen. In Mals oder eben Malles Venosta fallen wir in den Goldenen Adler ein, die Hirschen haben wir scheinbar hinter uns gelassen! Ein Superrestaurant, wie sich herausstellt, mit ein paar zauberhaften Zimmerchen, nur leider ist es erst früher Nachmittag, und wir wollen schon noch einige Kilometer weiterkommen.

»Ich muss jetzt einen Blauburgunder trinken und eine Speckknödelsuppe essen«, verkünde ich Bruno gierig.

Der ist über den nachmittäglichen Alkoholgenuss erstaunt, und nach einer Anstandsminute tut er so, als ob er mich schließlich nicht alleine trinken lassen könne, und bestellt ebenfalls ein Glas zu seiner Frittatensuppe. Der Wirt ist reizend und redselig.

So erfahren wir zum Beispiel, dass das nächste Dörfchen Glurns oder Glorenza zwar die kleinste Stadt Südtirols ist, aber im dreizehnten Jahrhundert eine ganz wichtige Rolle gespielt hat. Dort waren die Revoluzzer zu Hause, die sich gegen die Fürstbischöfe aus Chur zur Wehr gesetzt haben. Klar ging es mal wieder um Macht und Reichtum. Das Dorf besaß nämlich das Stapelrecht für das Salz. Glurns wurde bald so einflussreich, dass man aus dem Dorf eine Stadt machte, was angesichts der achthundertfünfzig Einwohner von heute recht skurril wirkt. Aber hübsch ist dieses Städtchen, überhaupt ist das Vinschgau unbedingt eine Radlreise wert.

Gemütlich ist unsere Pause, und eigentlich hätten wir enorm Lust, hier zu versacken, Bruno fragt so nebenbei, ob denn überhaupt ein Zimmer frei sei. Das Schicksal hat entschieden, wir sollen weiterradeln, denn der Adler ist ausgebucht. Dann brauchen wir jetzt einen starken Espresso, mein Italiener natürlich *corretto*, also mit Mistral oder Anis.

Unsere Via, die hier auch Etschweg heißt, ist eine super Strecke. Es geht bergab, und wir sind einfach nur glücklich, wenn wir die schnaufenden und sich abstrampelnden entgegenkommenden Radler sehen. Eins ist uns klar, von Meran nach München wollen wir nie radeln. Hui geht's durch Schluderns, vorbei am Stilfserjoch, wieder an den besten Äpfeln vorbei, und schon lassen wir die Tschenglsburg rechts liegen und sausen geradewegs auf Laas zu.

Ich möchte Sie ja nicht langweilen, aber Lasa/Laas spielt im Leben meiner Familie eine bedeutende Rolle, deshalb möchte ich auch Bruno in diesem für mich so geschichtsträchtigen Ort die Stelle zeigen, wo mein Großvater sich einst eingebracht hat. Schon heute Vormittag habe ich einen gewissen Dr. Telfers aus Laas angerufen und unsere Ankunft am Nachmittag angekündigt. Er hat ein Buch über den Laaser Marmorbruch und dessen Geschichte geschrieben und darin meinen Großvater erwähnt, der vor dem Zweiten Weltkrieg als Bergbauingenieur den Weißmarmorbruch übernommen und erweitert hat, dessen guter Ruf auf diese Zeit zurückgeht. Der Laaser Marmor ist der weißeste Marmor der Welt und daher enorm begehrt. Er ist wunderschön und sehr robust. So ist zum Beispiel die Laaser Fußgängerzone mit weißen Pflastersteinen ausgelegt, viele Häuser haben eine Marmorfassade, und eine strahlende weiße Marienstatue steht auf dem Marktplatz.

Während wir im Café am Markt auf Dr. Telfers warten, kommen unsere vier Holländer angeradelt.

»Jetzt ist der Cappuccino aber definitiv fällig«, meinen sie.

»Na klar«, willigen wir gerne ein.

»Kennt ihr euch denn hier aus?«, fragen sie weiter. »Wir brauchen ein Nachtquartier.«

Goldig, wie sie da so fröhlich stehen. Wir trinken gemeinsam ein Kaffeetscherl, und danach gehen sie zu der kleinen Touristeninfo, um vier Bettchen zu finden.

Wenig später sehen wir einen jungen, ziemlich gutaussehenden Mann auf uns zukommen. Von wegen verschrobener Historiker! Ein flotter ehemaliger Lehrer, der jetzt was Besseres zu tun hat, als störrischen Schülern Mathe beizubringen. Mit ihm gehen wir zur Bahnstation des Marmorbruchs, wo die schweren Loren wie vor hundert Jahren von oben aus dem Berg ins Tal hinunterfahren. Geschnitten wird der Stein dann in dem riesigen Werk.

Im Werksmuseum können wir bewundern, was man alles aus diesem Stein machen kann. Hauptimporteur ist im Moment Dubai, praktisch in jedem Hotel und den vielen Shoppingcentern sowie in den protzigen Privatvillen der Muftis ist er verarbeitet. Ich freue mich für Lasa, aber leider ist weder Italien noch die Stadt Hauptaktionär, sondern die GmbH eines deutschen Filmverleihs. Na prima, die haben es richtig gemacht. In die Steinbrüche selbst können wir leider nicht einfahren, das hätten wir länger vorbereiten müssen, aber auch so ist alles schon aufregend genug. Mein Vater sowie seine Geschwister sind in den Jahren des Aufenthalts in Meran in die Schule gegangen. Deshalb habe ich schon von Kindesbeinen an eine besondere Affinität zu Südtirol.

Ob der liebe Dr. Telfers uns nicht eine hübsche, gemütliche Pension empfehlen könne, hier oder ein Stückchen weiter, erkundigen wir uns erschöpft, denn eigentlich reiche es uns für heute.

»In Lasa weiß ich jetzt nichts Aufregendes«, sagt er. »Aber wenn ihr noch sechs Kilometer weiterradelt, sofern es noch geht, dann seid ihr in Schlanders, und dort gibt es genug Möglichkeiten.«

Eigentlich, wenn ich ganz ehrlich bin, geht's nicht mehr, aber das sage ich natürlich nicht, weil eine Indianerin keinen Schmerz kennt. Insgeheim hoffe ich, dass wir ein Hotel mit Wellnessbereich finden, wo ich in die Sauna und zum Masseur gehen kann. Nur wie verklickere ich das meinem Bruno? So etwas wird schwer für vierzig Euro zu finden sein, und dann müssen wir schon wieder unser Prinzip aufgeben. Oder wir haken das Ganze unter Notfall ab und sparen dann morgen bei der nächsten Übernachtung. Ich werde ganz einfach auf der Fahrt mal betonen, wie gut mir jetzt schwimmen täte. Vielleicht sagt er ja, ihm auch?

Wir treten wieder in die Pedale. Die Via zeigt sich gnädig und führt sanft abwärts. In Schlanders angekommen, folgen wir dem Schild ins *centro*, und mein heimlich gehegter Wunsch geht in Erfüllung. Wir fallen geradezu ins Hotel Vier Jahreszeiten mit riesigem Außenschwimmbad, Innenpool und Wellnessbereich. Die Masseurin ist zwar schon nach Hause gegangen, aber für morgen früh hab ich einen Termin.

Ich weiß ja nicht, was Bruno über den heutigen Abend schreibt, aber die Wahrheit ist, dass er überglücklich war, weil ich in dieses Hotel wollte. Denn sofort hat sich der kleine Luxus-Bruno in ihm breitgemacht. Er hat im Hotelrestaurant einen Tisch mit Kerzenschein bestellt. Ganz versteckt, im lauschigen Eckchen. Einen edlen Südtiroler Rotwein hat er auch schon ausgesucht, damit der gute Tropfen rechtzeitig dekantiert werden kann.

So gegen neun sollten wir eintrudeln, erklärt er mir, dann könne man noch ordentlich wellnessen vorher. Außerdem würde er gerne mal in seine E-Mails reinschauen, es dauere auch ganz bestimmt nicht lange. Da hat den Bruno die Zivilisation wieder in den Krallen, und ich denke über die *cinque minuti* nach.

Also beschließe ich, erst mal ausgiebig in den Außenpool zu gehen, da kommt er eh nicht rein, weil es ihm zu kalt sein wird.

Brrrr, das Wasser ist wirklich ganz schön kühl, aber mein Rücken mag das vielleicht. Ich schwimme durch Blubber-Blubber-Ströme, an Inselchen mit Brückchen vorbei, massiere mir am Niagarafall die Schulterpartie, liege im Whirlpool und sehe den Abendstern aufgehen, und zum Abschluss zischt mein kalter Körper im Hamam auf dem heißen Stein. Herrlich auch die finnische Sauna, und siehe da, Stunden später taucht auch mein Liebster auf. Ein kleines Nickerchen noch im Ruheraum, bis er fertig gesaunt hat, und dann wollen wir doch mal sehen, ob die Hexe im Rücken noch etwas zu meckern hat.

Hat sie leider, denn während ich meinen Luxuskörper einbalsamiere, fährt sie mir erneut ins Kreuz.

Fluchen könnte ich, Mist verdammter, autsch! Ich liege flach im Bett und bin fertig mit der Welt. Bruno massiert mir die Sportlersalbe in die schmerzenden Stellen, und ich sage, er muss jetzt zehn Minuten lang die Löffelchenposition einnehmen, um mich dort zu wärmen.

Das Telefon schreckt uns auf, ob wir den bestellten Tisch denn nicht mehr benötigten? Hilfe, wir sind eingeschlafen, und es ist schon 21.30 Uhr. In Windeseile, na ja, bei mir sind es zwei Winde, ziehen wir uns an und gehen zum Essen.

Köstlichstes wird uns aufgetragen. Das reichhaltige Salatbuffet reizt mich am meisten. Der Wein macht träge, und wir beobachten ein Pärchen am Nebentisch, das, so kommt es uns vor, ein Blinddate hat. Klar ist, dass sie sich nicht gut kennen. Er versucht sie ganz eindeutig zu bezirzen. Die Art, wie sie sich etwas zu essen aussucht, geziert und immer ein wenig zu viel lächelnd, die Beine hochglanzjournalmäßig aufgestellt. Hin und wieder ertönt ein albernes Gackern, das er geflissentlich überhört, während er ihr champagnermäßig zuprostet. Peinlich, jetzt hat sie sich verschluckt, er haut auf den zarten Rücken, wupps, draußen ist der Brösel, zur Belohnung gibt's ein kleines Küsschen. Jetzt muss sie Pipi. Er schaut ihren bestöckelten Beinen nach und wendet uns das Gesicht wieder zu, in dem Ratlosigkeit zu erkennen ist. Das Handy wird gezückt, und er tippt etwas ein.

Nur zu gerne wüsste ich, was! Hat er den besten Freund gefragt, was er tun soll? Oder schreibt er der Gattin, dass die Besprechung leider länger dauern würde und er müsse dummerweise auswärts übernachten, weil man morgen zum Frühstück noch etwas zu besprechen hätte? Eigentlich ist der Kerl blitzhässlich und gewöhnlich, was will das Schneckerl eigentlich von dem? Ihn vielleicht ausnehmen, weil er reich ist? Oder sehnt sich ihr verlorenes Herz nach dem Fels in der Brandung? Ich werde es nie erfahren, und das macht mich traurig.

Cincin, amore, bin ich froh, dass wir uns schon gefunden haben, geliebtes Scheusal!

Sechste Etappe: Nauders – Silandro (Nauders – Schlanders)

Ich habe die ganze Nacht kein Auge zugetan. Ist ja auch kein Wunder: Zum Abendessen gab es Hirschgulasch mit Polenta und Peperonata (zu verdauen bis Mai 2010), dazu Kaffee und Grappa! Das ist nicht nur Völlerei, das schädigt auch die Speiseröhre und die Leber!

Mal abgesehen von den Predigten der Tierschützer, bereue ich die Schlemmerei so sehr, dass ich mich heute Morgen diesem armen Hirschen zum Fraß vorwerfen und mich, sollte das nicht reichen, selbst geißeln würde. Seit Jahren frage ich mich schon, welchem Weg ich folgen soll: Fleischfresser bleiben oder Vegetarier werden? Ich habe den dritten Weg gewählt, den der Heuchelei. Was für ein Widerspruch, mit dem Fahrrad zu fahren und die Natur und alle (oder fast alle) ihre Bestandteile zu lieben und sich am Ende über sie lustig zu machen!

Neulich wäre ich sogar beinahe von der Straße abgekommen, nur um einen ungeschickten jungen Hasen nicht zu überfahren, und was tue ich jetzt? Ich esse einen Hirschen! Was für ein Unterschied besteht zwischen mir und einem Menschen, der um vier Uhr morgens aufsteht, um ein Gewehr anzulegen, und sich stark genug fühlt, einen jungen Hasen abzuknallen?

Hier, an der Grenze zu Südtirol, kommt es immer wieder

vor, vor allem wenn man die Bergpisten entlangradelt, dass man einem jungen Hirschen oder einem anderen Wildtier von Angesicht zu Angesicht gegenübersteht. Meist versetzt die Anwesenheit des Menschen es in Angst und Schrecken, doch manchmal macht sie es auch neugierig. Es ist ein phantastisches Erlebnis, die Tiere in Freiheit in ihrem natürlichen Lebensraum bewundern zu können, sie zwischen den Felsen der Dolomiten laufen zu sehen. Weniger schön ist es allerdings, wenn sie aus Versehen in den sogenannten städtischen oder zivilisierten Gebieten enden. Wie dieser Hirsch, der, eines Nachts, vom Gewitter aufgeschreckt, frei durch die Straßen von Bozen lief und von einem Wildhüter mitten in der historischen Altstadt durch einen Gewehrschuss niedergestreckt wurde.

Gab es wirklich keine andere Lösung, als ihn zu erschießen? Ich verstehe ja, dass das Geweih eines erwachsenen Hirschen in einer Ortschaft gefährlich sein kann, aber ihn anders außer Gefecht zu setzen ... Nein? Den Unglückseligen sedieren und in seine Welt zurückbringen ... Neeiiin? Tja, jemand hat wohl gedacht, er wäre sehr viel besser in einem Kochtopf aufgehoben, als frei in den Wäldern herumzulaufen! Armer Hirsch!

Jedenfalls bin ich ein Nervenbündel nach dieser schlaflosen Nacht und brenne darauf loszuradeln. Langsam erhole ich mich auch von der schlechten Verdauung und bin gewappnet für die Abenteuer des neuen Tages. Mein »Bambi« ist gerade aufgewacht und noch immer ein bisschen wütend auf mich. Wir müssen das Zimmer bis zehn Uhr verlassen haben, das ist ja schlimmer als im Kempinski. Die Inhaberin der Pension ist wirklich unsympathisch, aber wenigstens macht ihr Mann (der Taxifahrer) einen fröhlichen Eindruck.

Als wir losfahren, bläst ein starker Wind, und es fängt an zu nieseln. Ich bin erkältet und glaube nicht, dass ich heute sehr lange durchhalte. Doch ein Sonnenstrahl und der Anblick des Reschensees reichen aus, um meine Meinung zu ändern. Eine magische Atmosphäre umgibt mich, wie ich sie noch nie erlebt habe. Die Spitze des alten Kirchturms von Curon Venosta (Graun im Vinschgau), die wir aus dem Wasser ragen sehen, ist das schönste Bild unserer ganzen Reise. Ich glaube meinen Augen nicht.

»Bin ich wirklich wach, oder ist das hier etwa ein lebendiger Spuk oder gar ein Loch Ness aus Stein?«, frage ich Jutta.

»Nein«, sagt sie lächelnd.

Dieser einsame Obelisk des metaphysisch-surrealen Symbolismus ist die Erinnerung an ein Dorf, das wegen eines riesigen, 1950 errichteten Staudamms, der die Seen von Resia (Reschen), Curon und San Valentino vereinigen sollte, in den Fluten versank. Durch das Stauen des Wassers wurden mehr als fünfhundert Hektar bebautes Land und mehr als hundertfünfzig Häuser vollständig überflutet.

Der Turm ist das einzige Zeichen des alten Dorfes, das neue entstand in unmittelbarer Nähe. Ich denke an all die armen Menschen, die ihr Zuhause verlassen mussten, und daran, wie schwer es für sie wohl war, ihre untergegangenen Häuser zu vergessen. Angeblich ist dies eine der am meisten fotografierten Ecken Italiens, doch in Wirklichkeit ist es nur eine weitere Tragödie, die der Mensch verursacht hat, auch wenn es im Namen des Fortschritts geschah.

Wir fahren weiter am ebenen Ufer des Sees entlang und erreichen bald San Valentino alla Muta, wo uns eine schöne Talfahrt erwartet. In Malles (Mals) vor Glorenza (Glurns) machen wir Rast und nehmen einen kleinen Imbiss mit einem ausgezeichneten Burgunder der Domaines Devillard zu uns.

Ich sage zum ersten Mal *»Buongiorno«* und segne zusammen mit Jutta diese Ecke meines Landes, das Val Venosta (Vinschgautal). Wir sind fasziniert von der ungewöhnlichen

Schönheit dieser kleinen, alten Ortschaften, den Menschen hier, den hohen Bergen, den dichten Wäldern, den weiten Almen, den endlosen Apfelplantagen. Was für ein Anblick! *Bella Italia* im wahrsten Sinne des Wortes!

Der Kellner, der uns gerade die Rechnung gebracht hat, krümmt sich noch immer vor Lachen. Einer der alten Gäste am anderen Tisch erzählt einen Witz nach dem andern. Ich würde sie Jutta gern übersetzen, doch dieser Südtiroler Dialekt ist kaum zu verstehen. Obwohl das Val Venosta schon vor Jahrhunderten sprachlich germanisiert wurde, hat es keine eigene Sprache. Stattdessen herrschen verschiedene lokale Idiome vor, die von Tal zu Tal kleine Unterschiede im Wortschatz wie in der Intonation aufweisen. Selbst ich muss die Simultanübersetzung unseres Wirts in Anspruch nehmen, um den folgenden Witz aus dem Jenseits zu verstehen.

»Ein Mann verreist und logiert in einem Hotel mit PC samt Internetzugang im Zimmer. Er beschließt, seiner Frau eine E-Mail zu schicken, doch aufgrund eines Tippfehlers sendet er sie aus Versehen an die falsche E-Mail-Adresse. Die E-Mail landet bei einer Witwe, die gerade von der Beerdigung ihres Mannes kommt. Kaum zu Hause, ruft sie die eingegangenen Nachrichten ab, obwohl sie noch ganz von Trauer und Schmerz überwältigt ist. Ihr Sohn, der kurz darauf nach Hause kommt, entdeckt seine Mutter ohnmächtig vor dem Computer und liest auf dem Bildschirm die E-Mail, die sie geöffnet hat: ›Liebe Gattin, ich bin gut angekommen, alles in Ordnung. Vermutlich wird es dich überraschen, per E-Mail von mir zu hören, aber jetzt haben sie auch hier Computer, und es ist möglich, seinen Lieben Nachrichten zu senden. Kaum angekommen, habe ich mich vergewissert, dass auch für dich alles vorbereitet ist, wenn du nächsten Freitag kommst. Ich sehne mich sehr danach, dich wiederzusehen, und hoffe, dass du wie ich eine ruhige Reise haben wirst. PS: Nimm nur das Nötigste an Kleidung mit, denn hier herrscht eine höllische Hitze.«"

Unter lautem Gelächter palavern die fröhlichen Alten weiter und trinken Bier aus der Flasche, ohne sie an den Mund zu setzen. Jutta schaut ihnen amüsiert zu.

Es ist fast drei, daher schwingen wir uns erneut aufs Fahrrad und fahren die Waalwege entlang, das sind die alten Bewässerungskanäle. Was gibt es Schöneres, als über diese Abhänge zu radeln, begleitet vom leisen Rauschen des Wassers und dem herrlichen Anblick der endlosen Apfelplantagen? Im Nu erreichen wir Lasa (Laas), das faszinierende, für seinen weißen Marmor berühmte Dörfchen, wo uns ein Freund von Jutta erwartet. Gemeinsam mit ihm besichtigen wir die Bahn, die zur berühmten Mine des »weißen Goldes« hinaufführt. Niemand Geringeres als Großvater Speidel hat sie 1929 gebaut. Noch heute verbindet eine Schwebebahn den Marmorbruch mit dem Werk im Tal.

Auch diesmal möchte ich nicht auf die Erinnerungen und ihre therapeutische Wirkung verzichten. So wird der Besuch einer Marmorbahn, der für Jutta so wichtig und bedeutungsvoll ist, zu einem guten Vorwand, in Erinnerungen zu schwelgen. Wie vielen von Ihnen ist es schon mal passiert, dass Sie beim Sprechen über einen fernen Verwandten unbewusst noch einmal die Phasen Ihres eigenen Lebens durchliefen? Nehmen wir mal an, es stimmt, was ein bekannter deutscher Psychotherapeut behauptet, nämlich dass wir alle, auch ohne uns dessen bewusst zu sein, durch eine Art biologisches Band mit unseren Familienangehörigen verbunden sind (sogar mit jenen, die wir nicht kennen und von denen wir nie gehört haben) und dass wir kraft dieses Bandes in manchen Fällen von ihnen »umgarnt« werden und sogar ihr Schicksal annehmen können. All das im Hinterkopf, entdecken wir, dass Juttas Ururgroßvater Gaukler war und einer meiner Vorfahren auf der Via Claudia Augusta verkehrte!

Nein, wir beschließen, das Spiel der Erinnerung nicht zu weit zu treiben, indem wir nur über unsere Jugend, unsere Eltern und höchstens noch unsere Großeltern reden. Wir bewegen uns auf gefährlichem Terrain, ich weiß. Auf einem Gebiet voller Nostalgie. Doch die Regeln sind strikt: Wir dürfen nur schöne, strahlende Erinnerungen wählen, uns Freude, Entdeckung, Zufriedenheit ins Gedächtnis rufen. Außerdem Ereignisse, die uns ergriffen, bewegt oder verblüfft haben, sowie jene gesegneten Tage, an denen wir uns – wie heute, während wir auf einer Bank vor einer Apfelplantage sitzen – zutiefst lebendig und auf geheimnisvolle Weise glücklich fühlten.

Jutta beginnt mit einer Liste, die natürlich nach drei Minuten endlos zu werden droht, weil sie aus unzähligen mikroskopischen Details besteht: »Mein erster Schultag, Papa, der mir das Bruchrechnen und das Radfahren beibringt, ich, die ich den Jasmin lutsche und dabei die ganze Hecke ruiniere, ich, die ich mir das Knie beim Radfahren an einem Baum aufschlage, weil ich es nicht geschafft habe, rechtzeitig zu bremsen, weil ich den Lockenwickler meiner ersten Puppe in der Hand halte, der Tag, an dem ich mir die Zöpfe abschneide, mein Vater, der auf unserer ersten Reise nach Italien DDT versprüht, um die Stechmücken zu töten, mein erstes Dirndl, ich, die ich Spitze tanze, das Schönste, was ich je auf Erden gesehen habe: zwei Surfer mit einem türkisfarbenen VW-Bus, mein erster Hund, der mit mir unter einer Decke schläft, meine Großmutter, die mich Yoga lehrt und wie wichtig es ist, sich die Ellbogen mit Wachs zu massieren, ich, die ich aus den Ferien zurückkomme und mit dem Akzent all derer spreche, die ich kennengelernt habe, ich, die ich alles esse, was ich will, ohne ein Gramm zu-

zunehmen, was mir allerdings vollkommen schnuppe ist, der Gedanke, dass das Leben eine wundervolle Überraschung ist, die Aufschriften auf den engen Jeans, meine erste Probeaufnahme mit sechzehn, mein erster Film.«

Und dann komme ich: »Die großen Ferien, die im Juni anfangen und im September enden, und wenn ich vom Meer zurückkomme, muss ich erst einmal ums Haus herumgehen, um mich zu erinnern, wo alles ist, das Leben, das von der Frage bestimmt ist: ›Was spielen wir?‹. Ich als Märchenprinz an Karneval, das Spielen im Garten mit meinen Freunden, meine erste Schwärmerei für ein Mädchen aus der achten Klasse und wie ich entdecke, dass sie hinter meinem Haus wohnt. Ich, der ich gelernt habe, mich tot zu stellen, und beinahe tatsächlich gestorben wäre, die Comics von Tex Willer und diejenigen der Fantastici Quattro, die ersten Blues von Barry White, all die Male, wenn ich nach der Schule nach Hause komme und immer jemand da ist, der auf mich wartet, ich und meine Brüder, die wir uns kaputtlachen, mein Vater, der Anwalt ist und in seinem Arbeitszimmer das Plädoyer übt, das er am nächsten Tag zu halten hat, meine glückliche Mutter und mein ganzes Leben, das ich noch vor mir habe.«

Nach einer Führung durch die faszinierende Marmorwelt verabschieden wir uns von unserem sympathischen Freund und setzen unsere Fahrt (die ganz bequem fast nur bergab führt) fort in Richtung Silandro (Schlanders). Dort gönnen wir uns eine Nacht und einen ganzen Tag in einem der besten Spas der Gegend. Zum Teufel mit der Sparerei! Schließlich haben wir es uns verdient. Vorher legen wir aber erst noch eine Runde im Swimmingpool, eine Thalassotherapiesitzung auf der Grundlage von Algen und Meeressalzen und einen Besuch in der finnischen Sauna ein.

Der schöne, große, ultramoderne Raum ist ganz mit hellen Holzbalken ausgekleidet, hat außerdem ein Fenster hoch über dem Tal und einen mit Tannenzapfen und kleinen Ästen bedeckten Hightech-Ofen in der Mitte, weshalb er den Duft nordischer Wälder ausströmt. Jutta setzt sich neben die Glastür, ich ans Fenster.

»Grüß Gott!«, ruft eine dicke Frau mit einer heiseren Stimme à la Zarah Leander, die sich in ein weißes Frotteetuch gehüllt hat.

»Grüß Gott!«, antworten wir höflich.

Die Dame (die mit österreichischem Akzent spricht) setzt sich neben Jutta, direkt mir gegenüber. Na ja, denke ich, was ist schon dabei? Jeder setzt sich eben hin, wo er will. Dann entfernt sie das Handtuch und legt es unter ihren Hintern, während sie sagt: »Das ist schön!«

Alles geht blitzschnell, trotzdem habe ich Zeit genug, zu bemerken, dass es sich um einen Transsexuellen handelt. In solchen Fällen gerät man mächtig ins Schwitzen, nicht nur wegen der Temperatur, die in der Sauna herrscht, und sitzt die ganze Zeit reglos und wie versteinert da, weil man fürchtet, dass auch nur die geringste Verschiebung des Blickfeldes den anderen zwingen könnte, in die sexuelle Intimität des Gegenübers einzudringen. Aufgrund der Tatsache, dass man in der Sauna mit Wildfremden auf engem Raum zusammensitzt, bin ich an merkwürdige und bizarre Begegnungen gewöhnt (in Baden-Baden habe ich sogar einmal Freundschaft mit einem Sumoringer geschlossen), aber ein Transsexueller ist mir im Saunadampf wahrlich noch nicht begegnet.

Nicht dass ich diese Art von Verschiedenartigkeit nicht mögen würde, um Himmels willen, aber in der Regel ziehe ich eine zurückhaltendere Atmosphäre, leise Gespräche (und noch mehr das Schweigen!) und die Diskretion der Steinwände vor. Nicht dass der Anblick mich verwirren würde, doch der Anblick eines männlichen Glieds, das unter allzu weiblichen Brüsten baumelt – noch dazu aus nächster Nähe –, das hatte ich nun wahrlich nicht erwartet. Außerdem beginnt diese Sitzung, sei es wegen des ständigen Hin und Hers zwischen Sauna und Dusche, sei es wegen der trockenen Hitze von knapp achtzig Grad, statt meines Serotoninspiegels meinen Blutdruck beträchtlich zu erhöhen.

Jutta, die außer meiner Verwirrung noch nichts bemerkt hat, sieht mich verärgert an, während sie sich leichte Peitschenhiebe mit einem Birkenzweig versetzt, und verlässt dann den Raum.

Ich bleibe allein mit Miss Leander. Selbst wenn man sie einen Augenblick anschaut, ähnelt sie dem Original! Fast hätte ich sie gebeten, mir »Ich weiß, es wird einmal ein Wunder gescheh'n« zu singen.

Zarah befreit mich aus meiner Verlegenheit, indem sie ein schüchternes Lächeln andeutet, als wollte sie sich rechtfertigen. Unaufdringlich und mit perfektem italienischem Akzent fragt sie mich: »Sind Sie nicht der Typ, der gar kein Auto hat?«

Ich erröte (was man zum Glück in der Sauna nicht sieht), und da ich nicht weiß, was ich dazu sagen soll, stammele ich: »Äh … es ist wirklich schön hier!«

Darauf sie, während sie sich wieder in ihr Handtuch hüllt und zur Tür geht: »Sie sind wirklich sehr sympathisch, *buonasera!*)

Jetzt bin ich mutterseelenallein mit meinem idiotischen Lächeln auf den Lippen. Es dürfte kein großer Unterschied bestehen zwischen meiner Beweglichkeit und der des glühenden Ofens neben mir. In solchen Situationen sieht man mir meine Verlegenheit wirklich an! Ist mein Schamgefühl etwa tatsächlich so tief verwurzelt, dass ich es nicht fertigbringe, in der Sauna einem Transsexuellen entspannt gegenüberzusitzen?

Die Temperatur ist inzwischen auf neunzig Grad geklettert. Am liebsten möchte ich mich jetzt im Schnee wälzen, muss mich aber mit der dritten eiskalten Dusche begnügen. Ich steige zu Jutta in den Whirlpool und habe die Gelegenheit, ihr alles haarklein zu erzählen (nicht ohne einen unkontrollierbaren Lachanfall bei ihr auszulösen). Nachdem wir uns vom Wasser haben massieren lassen, strecken wir uns im Hotelzimmer auf unserem Wasserbett aus und lassen die schönen Erinnerungen des Tages Revue passieren: den Kirchturm von Curon, die Äpfel von Resia (Reschen), den Marmor von Lasa. Wie wunderschön! Dann gehen wir auf unser Zimmer, um uns umzuziehen, und anschließend hinunter ins Restaurant.

Ein romantisches Abendessen mit Fisch. Köstlich! Doch dann überkommt mich eine plötzliche Müdigkeit, sei es, weil ich ein wenig zu viel getrunken habe, sei es wegen des ausgiebigen Saunaaufenthaltes nach siebenundfünfzig Kilometern im Fahrradsattel. Jedenfalls fallen mir die Augen zu, und ich fange an, leise unzusammenhängende Sätze zu murmeln.

»Bring mich ins Bett, *amore*, ich bin erledigt, dieser Marmor ist zu weiß, schäm dich. Du hast einen Apfel geklaut, morgen rufe ich deine Mutter an und erzähle es ihr. Ich bin sicher, dass sich der echte Drache von Loch Ness in Resia befindet. Stimmt es, dass Zarah Leander transsexuell war?«

Kein Zweifel, ich rede wirres Zeug. Wir beschließen, aufs Zimmer zurückzukehren und mein Theaterstück »*L'osso d'oca* – Der Gänseknochen« auf Rai Due anzuschauen. Nach zwei Minuten bin ich weggedöst. Mir bleibt nicht einmal die Zeit, mich selbst wiederzusehen.

Doch wenigstens brauchen wir morgen das Zimmer nicht in aller Herrgottsfrühe zu räumen.

SIEBTE ETAPPE

Schlanders – Meran
(Silandro – Merano)

Technische Daten

Länge: 42 km
Tatsächliche Fahrzeit: 3,5 Stunden
Durchschnittsgeschwindigkeit: 12,7 km/h
Abfahrt: 14.45 Uhr
Rast: 15.30 Uhr
Ankunft: 20.00 Uhr
Geklaute Äpfel: 3
Massagen: 2
Schmerzen an Brunos Steißbein: leicht
Reizungen im Bereich der Kreuzbeinwirbel bei Jutta (die zu ständigem Reiben am Fahrradsattel führen): stark

• • • • • • • • • • • • • • • • • •

Eine leichte, angenehme Strecke, die entlang der Etsch in gebührender Entfernung von verkehrsreichen und gefährlichen Straßen durch Obstgärten führt. Von Coldrano aus fährt man an Obstplantagen vorbei weiter in Richtung Laces (Latsch), der »Hauptstadt« des Apfels des Val Venosta. Dann abwärts nach Castelbello (Kastelbell) und weiter nach Stava. Von dort aus führt der Weg nach Plaus und Rablà. Von Rablà aus fährt man in Richtung Tel, wo man die Hauptstraße auf Höhe der Schleuse überquert und dann nach links in die Via Pars abbiegt. Wenn man die Landstraße erreicht hat, folgt man den abschüssigen Serpentinen bis zum Damm des Flusses. Man gelangt automatisch zur Via Postgranz (in der Nähe der Schnellstraße Meran – Bozen), die mit den innerstädtischen Fahrradwegen von Meran verbunden ist. An diesem Punkt hat man die Möglichkeit, ins Stadtzentrum oder in Richtung Maia Bassa zu fahren. Nachdem man einen Bummel durch das historische Zentrum von Meran gemacht hat, sollte man nicht versäumen, durch die Gärten von Schloss Trauttmannsdorff zu schlendern.

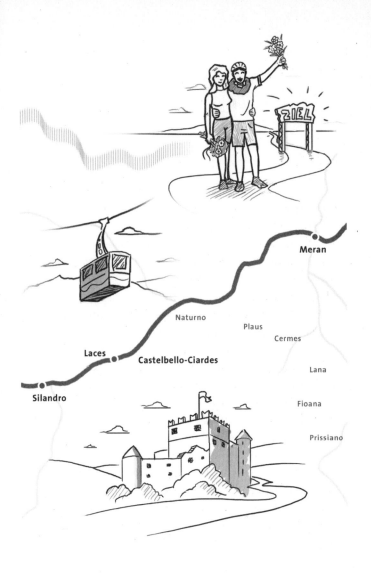

6. September 2008

7. TAG

Elogen, Elogen, die halbe Nacht lang hat es per *telefonino* Elogen gehagelt. Ich bin noch ganz benommen von dem Geklingel, aber für Komplimente muss man natürlich sein Handy angeschaltet lassen, und Italiener erkennen die Nacht ja erst gegen Morgen.

Was war der Grund für dieses breite Lächeln, welches beim Aufwachen Brunos Gesicht ziert? *L'osso d'oca* – der Knochensplitter vom Ganserl, an dem Giacomo Puccini letztendlich jämmerlich krepiert ist. Ja, um Himmels willen, wo ist ihm denn das passiert? Na, in Bayern, wo sonst! Hätte nicht der beherzte Gastwirt dem armen erstickenden Puccini mit seinen Wurstfingern in den Rachen gelangt und das Ganserlknöcherl herausgepult – Halleluja, das muss man sich mal vorstellen! –, dann wäre er sofort dahingeschieden und nicht erst Jahre später jämmerlich an Kehlkopfkrebs gestorben. Egal, in beiden Fällen ein scheußliches Ende, aber warum erwähne ich das?

Weil Bruno ein Theaterstück über die letzten Tage Puccinis in einem Sanatorium gespielt hat. Nicht den sterbenden Komponisten, dafür ist er ja zu jung, sondern den erblindeten Journalisten, der ein großer Puccini-Fan war und seine Nähe suchte. Letzte Nacht lief die Aufzeichnung des Stückes auf Rai Due, und ganz Italien erbebte vor Begeisterung. Diese hat sich wiederum auf unser gemütliches Hotelzimmer niedergeschlagen, und mein Held hat die ganze Nacht ein hüpfendes Herz gehabt. Auch jetzt am Morgen klingelt es, und der nächste begeisterte Gratulant ruft an.

Ich freu mich für Bruno, und angesichts der strahlenden Sonne beschließe ich, schwimmen zu gehen. Mein Liebster, der mir unbedingt noch vom letzten Telefonat erzählen will, springt wenig später zu mir ins Becken, um jedoch gleich wieder mit einem lauten *»Boh, che freddo!«* die Flucht zu ergreifen. Das wird er nie kapieren, warum Deutsche gerne ins kalte Wasser springen. Tja, uns bleibt eben meistens nichts anderes übrig, kann ich darauf nur sagen. Wann haben wir in unserem Land schon mal am Stück so heißes Wetter, dass unsere Seen und die beiden Meere Badewannentemperatur haben? Der Italiener macht unter vierundzwanzig Grad Wassertemperatur nicht mal seinen großen Zeh nass. Die Außentemperatur muss dann allerdings die magischen dreißig Grad überschritten haben, sonst müsste er ja im Pullover schwimmen. Das stimmt. Ganz ehrlich, ich übertreibe nicht! So ist er halt, der Italiener, bis auf die völlig wahnsinnigen Extremsportler, die das ganze Jahr hindurch stundenlang im Wasser kraulen, um ihren Astralleib der Damenwelt präsentieren zu können.

Aber zurück zum Knöcherl. Bruno meint, wir sollten uns beim Frühstück ein Glas Prosecco leisten, um den Erfolg zu feiern. Warum nicht? Heute ist Luxustag angesagt, und so sitzen wir im Bademantel auf der Terrasse und lassen es uns gutgehen. Natürlich klingelt das *telefonino* noch etliche Male, aber ich habe zum Glück einen Massagetermin, bei dem ich mich beschwingt auf die Bank werfe. Oh, die Daumen gehen bis in die Eingeweide, und die Masseurin schnauft und schwitzt. Aber nach fünfundvierzig Minuten verspüre ich Erleichterung, und die Hexe ist wohl endgültig ausgetrieben worden, so hoffe ich zumindest.

Bruno hat beschlossen, auf seine Massage zu verzichten, da ihn das Internet mehr lockt, könnten doch die ersten Kritiken schon gedruckt sein. Auch in den E-Mails könnten sich weitere freudige Überraschungen verbergen, und die Gelegenheit ist günstig. Ich studiere inzwischen die Landkarte der Gegend, die in der Hotelhalle hängt. Bald ist es Mittag, und ich bekomme Lust auf eine Exkursion in der näheren Umgebung. Vielleicht gibt es ja hier in der Nähe einen Berg, auf den man mit der Seilbahn hochfahren kann, das wäre doch nett. Die Damen an der Rezeption sind überaus hilfreich, und so habe ich eine Idee, wie wir uns den Nachmittag verschönern können.

Nachdem wir ein bisserl mehr als vierzig Euro gezahlt und dazu noch eine Flasche Rotwein mit unseren Namen auf dem Etikett geschenkt bekommen haben, machen wir uns froh gelaunt auf den Weg in Richtung Meran. Eigentlich dürfen wir da heute nicht ankommen, habe ich doch meiner Mutter, die uns dort erwartet, gegenüber behauptet, dass wir erst morgen eintreffen. So wie ich sie kenne, hat sie sicherlich eine Überraschung für uns parat, und die darf ich ihr nicht kaputtmachen. Also haben wir Zeit.

Die Via ist weiterhin gnädig und geht leicht bergab, das Wetter ist mild, wenngleich sich auch hier der Herbstbeginn bemerkbar macht. Das Licht ist anders geworden seit ein paar Tagen. Diffuser und weniger bunt. Der Himmel knallt nicht mehr tiefblau, sondern lichtblau. Ich bin ein Vier-Jahreszeiten-Mensch und liebe die Veränderung, mich macht sie nicht traurig. Bruno dagegen trauert immer dem schwindenden Sommer hinterher, Hitze macht ihm viel weniger aus als mir. Ich bin am liebsten bei Hitze andauernd im Wasser und hasse es, in Städten zu schwitzen.

Rechts und links unseres Weges ragen mächtige Dreitausender auf, mit dem letzten Schnee des Frühlings oder bereits dem ersten Schnee der letzten Sommertage auf den Spitzen. In Latsch (Laces) führt eine nette kleine *funivia*, eine Gondelbahn, hinauf nach St. Martin am Kofel. Dort soll es gemütliche Sennhütten und ein Bergdorf geben. Wir parken wieder einmal mit Gottvertrauen unsere Drahtesel zwischen den anderen am Fuße der Seilbahn und schweben hinauf. Oben am Berg steht ein architektonisches Wunder, schwer zu sagen, ob Museum oder Wohnhaus. Jedenfalls so gewagt wie aus einem James-Bond-Film. Zu gerne wüssten wir, wem es gehört und wieso ein solches Bauwerk mitten in ländlicher Bergidylle von der Gemeinde überhaupt gestattet wird.

»Vielleicht hat der Besitzer die Seilbahn bezahlt«, mutmaßt Bruno.

»Jedenfalls ist es eine richtige Attraktion, die man so schnell nicht wieder findet.«

Da sich meine doofe Hexe erneut bemerkbar macht und das Gehen wehtut, beschränken wir uns auf eine der näher liegenden Hütten. Während wir dorthin marschieren, begegnen uns tapfere Mountainbiker, und ein bisserl ärgert es mich, dass wir nicht auch hinaufgeradelt sind, denn der Weg ins Tal scheint mit diesem herrlichen Panorama ein Traum zu sein. Die Sennerei hat Speck und Käse zum Niederknien, dazu noch das selbstgebackene Vinschgauer Laiberl und den biologischen Rotwein aus der Gegend, serviert auf der sonnenbeschienenen Holzterrasse – was braucht man mehr?

Verdient haben wir uns diese Brotzeit eigentlich nicht, aber grad schön ist es, und da wir unserem Ziel schon so nahe sind, hält sich das schlechte Gewissen in Grenzen. Dunkle, fette Wolken grummeln gegenüber am Berg, und ich hoffe nur, dass sie dortbleiben und sich nicht über uns abladen. Sonst werden wir ordentlich nass, denn die Regenhäute sind in den Taschen unten im Tal. Wie blöd wir doch waren. Hätten wir unser Zeugs mitgenommen, könnten wir jetzt weinselig in die Buntkarierten der Sennhütte fallen. Denn nach Dösen ist uns beiden jetzt zumute. Ich kaufe noch ein Stück Speck und einen Käse, dann zahlen wir notgedrungen und machen uns auf den Weg Richtung Seilbahn.

»Jetzt ein netter, kleiner *sonnellino* auf der warmen, duftenden Almwiese wäre doch einen Gedanken wert, was meinst du, Bruno?«

Da bietet sich auch schon eine gemütliche Kuschelmulde an, in die wir uns reinfallen lassen.

Die Sonne sticht, und ich räkele ihr mein Gesicht entgegen, aber Minuten später pfeift der Wind, und es schieben sich dunkle Wolken davor. So geht es die nächste halbe Stunde munter weiter, mal ist mir kalt, mal heiß.

»So ein Mist«, schimpfe ich. »Warum denn ausgerechnet heute, wo wir da sind!«

Als dann die Wolken immer weniger Lücken aufzeigen, beschließen wir, schleunigst ins Tal zu fahren, denn bis Meran sind es sicher noch zwei Stunden, und es ist schon 17.00 Uhr durch. Wer weiß, wo wir unterwegs eine Pension finden. Es ist Törggele-Saison, und die Dörfer brummen vor Touristen.

Brav stehen unsere zwei Räder dort, wo wir sie geparkt haben. Brav auch die Menschen, die nichts geklaut haben.

Die Via führt idyllisch weiter an der Etsch entlang, und wir radeln, wie seit gestern schon, zwischen den Obstplantagen. Die bösen Wolken haben wir hinter uns gelassen, und da es sich so gut fahren lässt, sehen wir eigentlich keinen Grund, vor Meran zu übernachten. Außerdem finden wir nichts, was nach den magischen vierzig Euro aussieht und uns noch dazu gefällt. Entweder kommen wir durch leicht traurig an der Hauptstraße liegende Dörfchen, wo die Laster einem übers Bett fahren, oder wir stehen vor touristischen Luxusherbergen, aus denen von weitem schon Folkloremusik aus falsch grölenden, vom Kalterersee beschwingten Touristenkehlen erschallt.

Also lassen wir es und bezwingen die letzten dreißig Kilometer unserer Reise. Irgendwie bin ich traurig, bald angekommen zu sein. Erstaunlicherweise bin ich auch körperlich, bis auf die Hexe im Kreuz, topfit. Es würde mir überhaupt nichts ausmachen, bis Venedig die Via weiterzufahren. Plötzlich steht es vor uns, das Schild: MERAN. Ja, wo schlafen wir denn heute Nacht? Im Grand Hotel? Doch sicher nicht!

»Bruno, erinnerst du dich noch an das Schloss Pienzenau, wo wir mal den Geburtstag von unserem Freund Jakob De Chirico gefeiert haben? Wer weiß, vielleicht haben die noch ein Bettchen frei für uns arme Radlkönige?«

Bruno windet sich, denn nichts ist ihm unangenehmer, als uneingeladen irgendwo aufzutauchen und um Herberge zu bitten. Da bin ich eher noch geprägt von der guten, alten Hippiezeit, als ich quer durch Italien getrampt bin und mich durchschmarotzt habe. Es war ja auch nicht anders möglich, mit dem bisschen Geld, das man damals hatte, außerdem hat einem dieses Vagabundieren so manche herrliche Begegnung beschert. Noch heute habe ich Freunde aus dieser Zeit. Bruno, der ein paar Jahre jünger als ich und gutbürgerlich-spießig in der Provinz aufgewachsen ist, hat das nicht so unbelastet erlebt. Mir macht es auch nichts aus, wenn bei mir zu Hause plötzlich Freunde vor der Tür stehen und nicht wissen, wohin mit sich in der Nacht. Es steht immer ein Supperle auf dem Herd, und das Bett ist schnell bezogen.

»Nun komm schon und hab dich nicht so, wir radeln jetzt dahin, ich muss es bloß wiederfinden«, raunze ich meinen gschamigen Italiener an. Wenn ich bloß wüsste, wo genau es liegt! In meiner Erinnerung glaube ich, dass es in der Nähe des Botanischen Gartens sei, aber wo ist der? Und stimmt das auch? Ich frage die nächstbeste Person, die uns begegnet, aber die hat auch keine Ahnung, weil sie aus Amerika kommt. Also halte ich einen älteren Herrn mit Trachtenhut an.

Aber der sagt immer: »Häääääh, wosch hoscht gsaid?«

Ist der jetzt schwerhörig, oder versteht er kein Deutsch? Also versuche ich es auf Italienisch

»Häääääh, wia moanscht?«, sagt er bloß.

Ich geb's auf und trete in die Pedale. Fahren wir halt einfach stockgradaus in die Stadt rein, dann werde ich es schon finden.

Kennen Sie auch Männer, die einem erstens nicht vertrauen und zweitens von Sekunde zu Sekunde ungeduldiger und motziger werden? Genau so einen hab ich jetzt hinter mir! Wenn er doch bloß zum Stalldrang auch noch eine gute Spürnase hätte, die uns zur Futterkrippe führte. Nur dieses Gemotze bringt einen auch nicht weiter, und ich bin mal wieder kurz davor, ihn einfach stehen zu lassen. Soll er doch im Kurpark auf der Parkbank übernachten, vielleicht findet sich ja ein sich ihm erbarmender Kurschatten, der ihn mit in die Wärmekruge nimmt!

»Hallo, entschuldigen Sie bitte, aber kennen Sie das Schloss Pienzenau?«, frage ich einen Mann mit Kind.

Er kennt es, und besser noch, er weiß auch, wie man da hinkommt. Hurra, jetzt sind wir gerettet!

Ein bisserl den Berg rauf und dann wieder runter, dann wieder rauf, und schon liegt es friedlich linker Hand in einem wunderschönen Park.

Im Schloss herrscht Partystimmung – immerhin besser als Totenstille, finde ich. Verschwitzt, wie wir sind, rollen wir mit unseren Drahteseln in Richtung des Anwesens. Dort ist eine Hochzeitsfeier im Gange, und viele attraktive Menschen tummeln sich. Oje, da wird wohl kein Plätzchen für uns frei sein.

Ich mache mich auf die Suche nach der Gerti, die ich vor Jahren kennengelernt habe. Hat sie nicht damals gesagt, wenn wir mal kommen wollen, sollen wir das einfach tun? Ja, und jetzt haben wir es wahr gemacht!

»Die Gerti isch irgendwo, aber da Reinhard isch im Haus«, gibt uns eine nette Frau Auskunft.

Also gehen wir hinein. Wie schön, Reinhard freut sich, uns zu sehen, und lässt seine Gerti ausfindig machen. Ganz ehrlich, ein bisschen blöd komme ich mir in dem Moment schon vor, aber die Herzlichkeit, mit der sie uns wenige Minuten später empfängt, macht alles wieder gut. Es gibt zwar kein Zimmer mehr, aber den großen Meditationsraum mit zehn Futons und zwei Bädern könne sie uns anbieten, wenn's genehm sei. Und ob es das ist! Und dann sollen wir runter zum Essen kommen, es gebe am Hochzeitsbuffet reichlich zu schmausen.

Zwei Bäder, beide mit kuscheligen Handtüchern ausgestattet, warten auf uns. Nackt wünschen wir uns eine erfreuliche Dusche und verschwinden rechts und links des Saales. Das hat was und ist urkomisch obendrein! Bruno kommt gar nicht mehr raus aus seiner Dusche, und nachdem ich ordentlich getrödelt und noch Tagebuch geschrieben habe, mein Magen sich vor Hunger zusammenkrampft und die rituellen Waschungen meines Lebensgefährten anscheinend immer noch im Gange sind, wird es mir zu blöd, und ich gehe runter ins Restaurant. Der liebe Reinhard sitzt mit zwei Freunden auf der Terrasse und entkorkt gerade einen Südtiroler Weißwein. Auf dem Tisch stehen Teller mit italienischen Antipasti, dazu duftendes Brot mit Olivenöl und Salz.

»Bedien dich«, fordert er mich auf, und das lasse ich mir nicht zweimal sagen.

Wenig später erscheint Gerti mit tiefen, gefüllten Pastatellern, und während wir alle genüsslich essen, entspinnt sich ein erstaunliches Gespräch in einem Kauderwelsch aus Italienisch, Deutsch und Südtirolerisch. Die beiden Freunde sind Weltenbummler, die mit ihren Motorrädern monatelang durch Wüsten und über hohe Berge, Kontinente übergreifend, die Welt gesehen haben. Mir bleibt der Mund offen stehen während ihrer Schilderungen. Was ist unsere kleine Biketour angesichts dieser Abenteuer? Na ja, was soll's, jeder fängt mal klein an. Als ich dann von unseren vergangenen sieben Tagen erzähle, können die beiden Harleyfahrer gar nicht fassen, warum wir uns solchen körperlichen Strapazen ausgesetzt haben, mit dem Motorrad wäre das doch einfacher zu machen gewesen. Ja mei, was soll ich dazu sagen?

Die Abendsonne geht auf, und der glänzende, wohlduftende Bruno betritt die Terrasse.

»Ich habe so meine Zeit gebraucht«, meint er.

Zeit wovon oder Zeit wofür?, frage ich mich.

Der Abend wird lang und lustig, der Wein macht gute Laune, und wir fallen irgendwann gegen Mitternacht aufs Futon. Dieser riesige Raum unter dem Schlossdach, alles in feinstem, hellem Holz getäfelt, bis zum Giebel offen, Duftstäbchen, in Mandelöl getränkt, auf dem flachen Tisch vor dem Fenster, von dem aus man über den Park bis hinunter zur Stadt Meran blicken kann, hat eine seltsam beruhigende Ausstrahlung. Die zehn Futons, jeder einzelne breit genug, um zu zweit darauf zu schlafen, stehen jeweils rechts und links, durch weiße, zarte Vorhänge voneinander getrennt, an den Wänden des großen Saales. Alles ziemlich Feng-Shui-mäßig, wie ich finde. Elegant und trotzdem auch schlicht und sehr geschmackvoll. Wir sind begeistert. Eng umschlungen sinken wir in einen zehnstündigen Tiefschlaf. Endlich angekommen!

7. September 2008

SIEBENEINHALBTER TAG

Wir lagen förmlich im Koma, ich kann mich beim besten Willen nicht daran erinnern, mich in dieser Nacht auch nur einmal umgedreht zu haben, geschweige denn aufgestanden zu sein, um zur Toilette zu gehen. Gottlob, denn sicher hätte ich im Tran das ebenerdige Fenster mit der Türe verwechselt und wäre rausgesprungen, dann hätte sich mein nächtliches Problem erledigt. Liegt es am Feng-Shui, oder sind wir wirklich so fix und foxi, dass gar nichts mehr geht?

Vorsichtig bewege ich die Glieder und versuche mich yogamäßig zu strecken. Grunzend dreht sich Bruno von mir weg. Hurra, er lebt noch!

Mein Körper fühlt sich gut an, ausgeruht, ungestresst, einfach wohlig. Von wegen »Sport ist Mord«! Es muss an diesem Raum liegen, an der Energie, die ihm innewohnt. Ganz still bleibe ich liegen und konzentriere mich auf die Ausstrahlung, die von ihm ausgeht, lasse Gelborange meinen Körper durchfluten, wie eine Sonne, die in mir aufgeht. Ein Glücksgefühl durchströmt mich, ebenso eine herrliche Ruhe und Gelassenheit. Später beim Frühstück werde ich von Gerti erfahren, dass hier, in diesem Zimmer, Yoga und Meditationsmeister aus dem asiatischen Raum mehrmals im Jahr Seminare geben. Deshalb herrschen hier diese Stille und Besinnung.

Ich muss es noch ein bisschen genießen, bleibe einfach

langgestreckt liegen und lasse die vergangene Woche Revue passieren. So schlecht haben wir blutige Radlanfänger das gar nicht gemacht, finde ich.

Das Klingeln meines Handys reißt mich aus den Gedanken.

»Ja, wo seid ihr denn? Fahrt ihr schon Richtung Meran? Wann kommt ihr denn an?« Mami ruft es geradezu ins Telefon, ganz aufgeregt ist sie.

Oje, was sage ich denn jetzt? Schwindeln muss ich, schließlich kann ich ihr unmöglich gestehen, dass wir schon seit zwölf Stunden am Ziel sind. »Wir schlafen eigentlich noch«, flüstere ich morgenschwach. »Momentan sind wir so zirka fünfzehn Kilometer vor Meran in einer Pension.«

»Ja, wo denn genau?«, will sie wissen.

»Äääh, der Ort heißt Plaus oder Plums oder so ähnlich«, stammele ich.

»Na, das ist ja mal saublöd von euch. Warum habt ihr denn nicht angerufen? Ihr hättet doch bei der Tochter von Maria in Naturns übernachten können. Den ganzen Abend habe ich auf einen Anruf von euch gewartet. Ich hätt euch doch helfen können. So was aber auch, echt überflüssig, so kurz vorm Ziel noch mal Geld auszugeben!«

»Mami, Mami, alles ist gut, und schau, wir haben es bis hierher geschafft, den Rest packen wir auch noch«, versuche ich den Redeschwall zu unterbrechen.

»Nein, also das muss ich jetzt schon wissen, wann ihr in Meran eintrudelt, immerhin haben wir eine Überraschung vorbereitet. Sobald ihr an dem *Benvenuti a Merano*-Schild vorbeikommt, ruft ihr mich an, ja? Ich sage euch dann, wo ihr hinfahren müsst.«

»Wäre es nicht geschickter, wenn du mir jetzt sagen würdest, wo wir ankommen sollen? Es wird so um die Mittagszeit«, versuche ich sie zu überreden.

Aber da kenne ich meine Mutter schlecht. Wenn sie sich was in den Kopf gesetzt hat, dann muss das auch so ablaufen. Kann ich ja verstehen, bin ja auch ein Widder, genau wie sie. Also verspreche ich, rechtzeitig anzurufen, und versichere ihr noch mal, dass es uns gutgeht und wir bester Laune sind, nur halt noch im Bett und nicht schon fahrenderweise auf dem Rad.

Einmal Mama, immer Mama!

Es ist in der Tat längst Zeit, aufzustehen, und so versuche ich, den faulen Krieger neben mir im Bett mit einem ordentlichen *grattino* wachzukitzeln. Bruno liebt es, gekitzelt und gekratzt zu werden, am besten von den Haarwurzeln bis zur Ferse. Genau wie mein Hund Gino! Beide räkeln sich und grunzen, können nicht genug kriegen, wenden sich hierhin und dorthin, damit ich auch überall gut hinkomme und keine Stelle nicht gekratzt wird. Mannomann, das kostet jedes Mal Zeit und Kraft, aber wach ist er danach! Außerdem hat es den Vorteil, dass man sich das Nägelfeilen erspart! War ein Scherz …

Reinhard hat in Meran die schönste Buchhandlung, ist außerdem aktiver Kulturpolitiker und in allen möglichen Ausschüssen tätig. Er möchte aus dem etwas verschlafenen Meran einen wichtigen kulturellen Standort in Südtirol machen und unter anderem ein kleines Filmfestival organisieren. Die beiden Männer haben ausgiebig Gesprächsstoff, und so verabreden wir uns nach dem Frühstück an der Piazza zu einem *aperitivo*. Von dort können wir sowohl die Buchhandlung anschauen als auch die malerischen Arkaden und sind schon in der Innenstadt, wo dann sicher auch die Überraschung auf uns wartet.

Gegen 13.00 Uhr rufe ich, vom Prosecco beschwingt, meine sicher vor Ungeduld längst von einem Bein aufs andere springende Mutter an.

»Also, Mami, wir sind jetzt dann gleich in Meran.« Pfui, Jutta, du alte Schwindelliese!

»Okay, fahrt zum Teatro Puccini an der Kurpromenade«, lautet die Anordnung.

Wir busseln unsere Freunde herzlich ab, die es sich nicht haben nehmen lassen, uns einfach so zu beherbergen, und verabreden uns auf morgen, eventuell. Das machen die Italiener gerne, sich immerzu verabreden, und am Ende hat dann doch keiner Zeit. Ich bin da ganz anders, so *deutsch* halt. Wenn ich eine Verabredung nicht einhalten kann, hab ich jedes Mal ein immens schlechtes Gewissen, also sage ich meistens: »Mal sehen, ob es sich noch ausgeht, ich rufe morgen an.« Blöd eigentlich, aber deutsch korrekt. Die italienische Variante ist so viel unkonventioneller und lockerer. Aber so bin ich nun mal erzogen und mag es auch nicht ändern.

Das alte Teatro Puccini ist ein hübscher Bau, der nicht zu übersehen ist, und als wir um die Kurve biegen, sehen wir schon von weitem drei ältere Damen. Eine davon hat Gino an der Leine, die beiden anderen halten ein Transparent, während sie vor dem Theatereingang warten.

»Ziel«, steht darauf.

Gino bekommt einen halben Herzinfarkt vor Freude, als er uns bemerkt. Selbstgewundene Lorbeerkränze mit Blumen werden uns mit Bussis rechts und links auf die Wangen umgelegt. Kameras werden gezückt, bereit, die Siegerfotos zu schießen oder den Etappensieg einzufangen. Alle reden wild durcheinander.

»Wie war's denn?« – »Wo wart's denn?« – »War's denn schön?«, rufen sie und berühren bewundernd unsere strammen Wadln.

So muss sich der Sieger des *Giro d'Italia* im Ziel fühlen. Neugierige Touristen machen sicherheitshalber auch ein paar Fotos, man kann ja nicht wissen, wofür das mal gut sein kann.

»Wer ist das denn?«, fragt jemand die Freundin meiner Mutter.

Bevor sie dann wahrheitsgemäß Auskunft gibt, machen die allesamt Shorts tragenden Rheinländer den berühmten Doubletake, den Jerry Lewis so unnachahmlich konnte: zweimal kurz hintereinander hingucken. Beim ersten Mal normal schauen und beim zweiten Mal die leicht debile Erkennermiene aufsetzen. Wunderbar, ich liebe Doubletakes und könnte mich immer schepps lachen, wenn es jemandem passiert.

»Aaah, ist das nicht der von ›Isch abbe gar keine Auto‹«?

Richtig, meine Herrschaften, deshalb: Jaa, mia san mim Radl da!

Siebte Etappe: Schlanders – Meran (Silandro – Merano)

Ein Tag des absoluten Relaxens ist jetzt genau das Richtige. Trotz der gestrigen Massage hat Jutta noch immer ein bisschen Ischias. Nicht einmal meine Voltaren-Streicheleinheiten haben es geschafft, den Schmerz zu lindern. Wir Schauspieler sind nun mal für die aufrechte Position geschaffen und nicht dafür, stundenlang gekrümmt auf einem Fahrrad zu sitzen. Ich überrede meine Liebste zu einer weiteren Massage, bevor wir die letzte Etappe in Angriff nehmen. In Wirklichkeit bin ich derjenige, der es kaum erwarten kann, die Hot-Stone-Massage im sogenannten Schweigeraum des Hotels auszuprobieren.

Die heißen Lavasteine, mit denen man dabei massiert wird, lösen Verspannungen gezielt und bewirken ein intensives Gefühl des Wohlbefindens sowie eine tiefe Entspannung. Die Masseurin aus Pordenone (wie mag sie nur hierhergekommen sein?), eine stattliche Erscheinung und leidenschaftliche Radlerin, erklärt mir, dass einst indische Schamanen diese Massage praktiziert haben. Die Steine werden entsprechend den Chakren auf die Linien der Meridiane aufgelegt und geben ihre Wärme durch ihre thermische Trägheit nur sehr langsam ab, wodurch sich zahlreiche Beschwerden, wie rheumatische und arthritische Schmerzen, lindern lassen.

Schade, dass Jutta die konventionellere Kräutermassage gewählt hat. Ich bin jedenfalls gespannt auf mein Eintauchen ins Wohlbefinden.

Die Behandlung beginnt mit einer Abreibung, durchgeführt mit einem Seidenhandschuh, die fünfzehn Minuten dauert und äußerst zart ist. Jetzt ist mein Körper bereit, die Energie der Steine ganz aufzunehmen. Bevor die Masseurin die ersten Steine auflegt, mache ich sie darauf aufmerksam, dass mein Kreuz- und Steißbein seit ein paar Tagen die Körperteile sind, die am meisten schmerzen, und dass sie diese möglichst besonders zart behandeln sollte.

Mit einem professoralen Unterton, den ich ihr gar nicht zugetraut hätte, fragt sie mich: »Wie ist denn Ihr Sattel geneigt? Ist er Ihnen vielleicht zu hoch? Denn, wissen Sie, wenn die Spitze nach oben zeigt, ist es ganz normal, dass die Lendenwirbel beansprucht werden, so wie auch ein übermäßig hoher Sattel Schmerzen in der Lendenregion verursachen kann, die mit den Schwingungen des Beckens verbunden sind …«

Sollte das nicht ein »Schweigeraum« sein? Haben die indischen Schamanen etwa auch so viel geredet? Ich habe keine Lust auf einen sportmedizinischen Vortrag über mein Kreuzbein und beneide Jutta bereits, die sich gerade in der (wirklichen) Stille des Nebenraums streicheln lässt.

Doch die Masseurin aus Pordenone lässt nicht locker: »Wissen Sie, Signor Maccallini, die Spitze des Renn- oder Sportsattels drückt auf Ihren Damm, also den Punkt, den die Chinesen ›Tor des Lebens‹ nennen, genau wie eine Shiatsu-Massage, und lässt dadurch die Yang-Energie in diese Bereiche strömen. Bei einem Mann kommt es nicht selten vor, dass er vom Rad steigen muss, weil er Schmerzen hat, vor allem, wenn er im Sommer kurze Radlerhosen trägt. Warum probieren Sie es mal nicht mit einem Gelsattel?«

»Mein Bruder hat sogar …«, versuche ich sie zu unterbrechen.

Doch sie lässt mich nicht ausreden und dreht mir den Rücken zu. »Es ist völlig normal, dass ihr Männer es nicht mögt, etwas Hartes und Vibrierendes zwischen den Beinen zu haben. Ich weiß nicht, wie es bei Ihnen ist, aber ich beobachte häufig radelnde Paare. Wenn sie auf einen holprigen Weg kommen und die Erschütterungen mehr oder weniger deutlich zu spüren sind, fährt die Frau in neunundneunzig Prozent der Fälle schneller, während der Mann langsamer fährt. Haben Sie das nie bemerkt, Signor Maccallini? Und sprechen wir es ruhig mal an, es gibt da außerdem ein Problem, das mit dem Älterwerden zu tun hat: die Prostata. Der ortsansässige Arzt hat mir gesagt, dass eine Menge seiner älteren Patienten darunter leiden, und zwar schon nach wenigen Kilometern.«

Ich versuche sie erneut, zum Schweigen zu bringen. »Hören Sie, wenn es Ihnen nichts ausmacht …«

Aber sie redet wie ein Wasserfall. »Ich kann zwar nicht lesen und schreiben, aber ich empfehle Ihnen dringend einen Sattelüberzug aus Gel, am besten ein breites, bequemes Modell vom Typ Bettcouch.« Sie lacht schallend über ihre witzige Bemerkung – allein!

»Ich werde den Sattel ganz bestimmt ausprobieren, Signorina.«

Endlich ist sie still, und die Behandlung kann weitergehen. Was für ein Stress!

Die heutige Strecke ist nicht lang und zudem die letzte Etappe der Reise. Morgen Vormittag werden wir uns dann noch einmal aufs Rad schwingen, um zu einer geheimnisvollen Verabredung zu fahren. In ein paar Tagen werden unsere Fahrräder dank eines Freundes, der sie in seinem Wagen mitnimmt, nach München zurückkehren.

Vielleicht liegt es daran, dass die »Tour« ihrem Ende zugeht, aber die Kurven, durch die wir heute fahren, sind irgendwie anders, sie wirken melancholischer.

Den heutigen Abend werden wir im Schloss Pienzenau in der Nähe der Gärten von Schloss Trauttmannsdorff, dem »schönsten Park Italiens«, beschließen und dort im romantischen Hotel unserer Meraner Freunde Gerti und Reinhard übernachten. Sie wissen noch nicht, dass wir im Anmarsch sind, wir wollen sie überraschen. In der Zwischenzeit machen wir Halt in Laces, wo wir die Seilbahn nach San Martino a Monte (St. Martin am Kofel) nehmen. Mit seinen hundertdreißig Einwohnern und dem gleichnamigen Kirchlein ist dieser Ort auf siebzehnhundertvierzig Metern Höhe auf dem Monte Sole eines der schönsten Ausflugsziele des Val Venosta.

Wir beginnen unseren langen Spaziergang bei den Sennhütten und gelangen zu einer futuristischen Konstruktion aus Stahl und Glas mit riesigen dunklen Glasscheiben anstelle von Fenstern. Das spektakuläre Gebäude, das vermutlich ein Privathaus ist, erinnert in seiner Grandiosität sehr an Frank Lloyd Wright und scheint eigens für einen James-Bond-Film errichtet worden zu sein. Die reine Luft und der herrliche Blick über das Val Martello bis zu den Dolomiten lohnen einen Ausflug in dieses paradiesische Fleckchen Erde. In einer der Raststätten gibt es mit Käse und Speck gefüllte Knödel, bei deren Anblick uns das Wasser im Mund zusammenläuft! Beim Essen betrachten wir noch immer verblüfft die Konstruktion vor uns, und in dem klassischen Spiel mit den geschlossenen Augen fordere ich Jutta auf, sie solle sich mich in meiner absoluten Traumrolle vorstellen: 007!

»Stell dir vor, *amore mio*, dass dein James schon bald in die Höhle der SPECTRE stürzen wird, umgeben von zehn wunderschönen und gefährlichen jungen Frauen. Verfolgt von mehreren, mit Maschinengewehren bewaffneten Schurken, rast er dann den steilsten Abhang hinunter und kommt zu dir ins Hotel für einen gemeinsamen Wodka-Martini.«

Lachen Sie jetzt bitte nicht, wer von Ihnen hat sich nicht wenigstens einmal im Leben ausgemalt, ein echter Geheimagent im Dienst Ihrer Majestät zu sein?

Gegen 17.00 Uhr erwischen wir gerade noch die letzte Gondel, um ins Tal zurückzukehren. Wir springen hinein, und sofort nach uns gleiten die Türen der Seilbahn zu. Um ein Haar hätten wir den ganzen Weg zurück nach Laces zu Fuß gehen müssen. Da sind Skier schon praktischer!

Um Punkt 20.00 Uhr sind wir in Meran, nachdem wir das ganze Zentrum durchquert haben. Ich hatte schon immer eine Schwäche für diese Stadt. Magisch und zu jeder Jahreszeit überraschend, hat sie dieses etwas romantische und dekadente Aussehen, das einen auf den ersten Blick in den Bann schlägt. Ich könnte Rilke und Hofmannsthal bemühen, um die starke Faszination zu beschreiben, die Meran auf mich ausübt, aber noch lieber zitiere ich Stefan Zweig, dem es in wenigen Zeilen gelungen ist, das letzte Ziel unserer Reise zu preisen: »Norden und Süden, Stadt und Landschaft, Deutschland und Italien, alle diese scharfen Kontraste gleiten sanft ineinander.. wie mit runder, ruhiger Schrift hat die Natur hier mit bunten Lettern das Wort Friede in die Welt geschrieben.«

Wir fahren die Passeggiata d'Estate entlang und bewundern die weiße Marmorstatue der Kaiserin Elisabeth von Österreich, die sich hier mit Vorliebe aufhielt. Dann biegen wir in den Sissi-Weg, der das historische Zentrum mit Schloss Trauttmannsdorff verbindet. In der Dämmerung und den frühen Abendstunden ist Meran noch schöner und bezaubernder. Vor den Gärten würden wir am liebsten absteigen, uns in diesem phantastischen Labyrinth der Sinne verlieren und lernen, die zahllosen Varietäten der Kräuterpflanzen zu unterscheiden. Die Luft duftet nach Lavendel, Minze, Basilikum – herrlich!

Ein Stück entfernt befindet sich der Teich der Nymphen, ein weiterer magischer Ort mit Hunderten von Wasserpflanzen. Doch wir müssen umkehren, denn wir sind schon über den Weg hinaus, der zum Schloss Pienzenau führt. Der Pfad, den wir einschlagen, hat es allerdings in sich: Der Aufstieg ist anstrengend, und wir müssen die Räder schieben, aber wir kommen durch einen wunderschönen Park mit jahrhundertealten Zedern, Sequoia-Mammutbäumen und Kiefern. Wir waren vor ein paar Jahren schon einmal hier, um den Geburtstag unseres Freundes Jacob de Chirico zu feiern, aber wir hatten vergessen, wie schön dieser Ort ist. Ein echtes Juwel, verborgen im Grün!

Manchmal können Überraschungsbesuche für den, der sie erhält, unangenehm sein, doch nicht für unsere Freunde. Sie empfangen uns herzlich, obwohl sie bereits mit einem befreundeten Paar, das gerade aus Bali zurückgekehrt ist, auf einen Teller *fettuccine ai funghi* verabredet sind.

»Das ist ja eine schöne Überraschung«, sagt Gerti, fügt aber gleich hinzu: »Nur schade, dass wir keine freien Zimmer mehr haben, es ist alles belegt.«

Noch vor ein paar Minuten habe ich Jutta vorgeschlagen, im Hotel anzurufen, um zu fragen, ob es ausgebucht sei. Ich bin vorausschauend genug, um ausgerechnet in der letzten Nacht nicht ohne Bett dazustehen. Aber natürlich ist mein Rat auch diesmal umsonst gewesen.

Gerti kommt meinem verlegenen Blick zuvor und sagt mit einem herzlichen Lächeln: »Aber ihr könnt gerne unterm Dach schlafen, wo wir unsere Yogakurse abhalten.«

In einem solchen Fall hätte mein Vater mir ins Ohr geflüstert, das Gesetz der Vergeltung will, dass die Könige durch das Gegenteil ihrer Schuld bestraft werden. Unsere Schuld besteht darin, dass wir die beiden letzten Nächte in einem 5-Sterne-Hotelzimmer verbracht haben, und die Sühne besteht darin, dass wir nun in einem Saal mit acht Reisstrohmatten schlafen werden!

Jutta scheint die Vorstellung, auf dem Boden zu nächtigen, deutlich mehr zu begeistern als mich. Doch im Nachhinein muss ich zugeben, dass mein Futon wirklich bequem war, auch wenn ich es vorgezogen hätte, mich unter einem warmen Kotatsu zusammenzurollen, da der Platz, den man mir zugewiesen hat (was für ein Zufall!), neben dem (weit geöffneten) Fenster lag.

Also schnell unter die Dusche und danach hinunter zum Abendessen. Die Pasta ist nicht unbedingt die beste meines Lebens, aber die gesellige Runde ist fröhlich, sympathisch und sehr amüsant. Morgen erwartet uns der Endspurt mit einer Überraschung auf einem der Hauptplätze. Das Teatro Puccini soll die Ziellinie sein.

»Die Ziellinie« – zwei Wörter. Wörter, die nach Leben schmecken. Nach Abenteuer. Leidenschaft. Das Ziel, von dem wir alle träumen. Der eine hofft, die Linie zu erreichen, um auf ein Podium zu steigen, der andere, um das Herz eines Menschen zu erobern, der Dritte, um Erfolg zu haben, und der Vierte findet, wenn er sie überschreitet, den Schatz von Onkel Dagobert. Wir wollten die Linie des Herzens überschreiten. Vielleicht haben wir es ja geschafft. Nach einer Woche hat der Wunsch anzukommen diese Linie in nächste Nähe gerückt – und die Abfahrt in weite Ferne. Die metaphorische Dimension der Fahrt hat jene der überwundenen Kilometer ersetzt. Nicht Stolz über die Leistung, die wir vollbracht haben, überkommt uns plötzlich, sondern eine völlig unerwartete Verblüffung darüber, dass wir keine neue Etappe mehr beginnen können. Ja, in Kürze werden wir in Unterhosen in einem riesigen Raum unterm Dach sitzen, unsere sonnengebräunten Knie betrachten und uns sagen: »Es ist vorbei.« Von morgen an radeln wir nicht mehr, die Taschen bleiben ungepackt, und die Pferde kehren in den Stall zurück, um Hafer zu fressen.

Wer soll da nicht schwermütig werden!

Gerlinde, Juttas Mama, und ihre Freundinnen haben eine Überraschung für uns vorbereitet. Das Treffen ist für heute, den 7. September, um 12.00 Uhr vereinbart, und wir sind auf alles gefasst, nur nicht darauf, ein Grüppchen sympathischer älterer Damen anzutreffen, die ein Transparent mit dem Schriftzug »Ziel« hochhalten und uns Lorbeerkränze um den Hals legen. Allenfalls hätten wir erwartet, einen befreundeten Journalisten oder einen deutschen Paparazzo vorzufinden, der einem Knüller hinterherjagt. Denn Gerlinde hatte uns vor ein paar Tagen mitgeteilt, dass sie uns am Theater um die und die Zeit jemandem vorstellen wolle, ohne weitere Erklärungen abzugeben. Deswegen war die Hypothese, dank ihr als Komplizin am Ziel dem Überfall eines Fotografen oder Kameramanns ausgesetzt zu sein, gar nicht so unwahrscheinlich.

So endet es nun, unser Abenteuer, auf der mythischen Ziellinie des Teatro Puccini. Unter den neugierigen Blicken von Touristen und Passanten vollzieht sich eine äußerst unterhaltsame Minishow, und wir werden gebührend gefeiert. Sogar Gino bellt leise, nach der langen Woche, die er einsam und allein verbringen musste.

Jetzt, da die Tour München – Meran vorbei ist und ein leichter Wind auch die letzten Konfettireste der Preisverleihung fortweht, bleibt die Wiederentdeckung verschiedener Orte fern der Großstädte.

Die alte Via Claudia Augusta mit ihren Bauern-, Berg- und Provinzdörfern, die höchstwahrscheinlich nicht in den politischen Umfragen, in den Berechnungen der Fernsehquoten und in den Geschäftsstatistiken berücksichtigt sind, hat uns in emotionaler Hinsicht reich beschenkt. Wir haben die Fähigkeit wiederentdeckt, uns mit wenig zu vergnügen: einer Bergauffahrt, die kein Ende nimmt, einer rasend schnellen Talfahrt, einem schlammigen Weg, einem gehörigen Schweißausbruch, einer lustigen Rutschpartie. Nach gerade mal einer Woche ist Jutta sogar geduldiger geworden, und ich bin sicher, dass sie von nun an nicht einmal mehr vor einer Ampel, die einfach nicht grün werden will, ausrasten wird.

Das Rad ist zu unserem normalen Fortbewegungsmittel geworden. Und die Via Claudia Augusta zu unserem goldenen Mittelweg. Letzterer wird ja bekanntlich nicht ein für alle Mal festgelegt, sondern verändert sich entsprechend den Umständen, die das Leben für uns bereithält. Buddhistisch betrachtet, könnte man sagen, dass Fahrrad fahren und lernen, das Gleichgewicht zu halten, eine individuelle Erfahrung sind, die jeder für sich machen muss. Eine derartige Erfahrung zu zweit zu machen ist noch schwieriger. Doch wenn es einem gelingt, mit dieser tiefen Erkenntnis in die Pedale zu treten, lösen das Denken und der Geist sich auf, und »die zwei« werden eins mit der Straße.

Danke, amore mio, dass du mir diese Gelegenheit gegeben hast. Du konntest mir kein größeres Geschenk machen. Für mich hat das Fahrrad immer so viele Dinge bedeutet, doch ich will mich nicht in der üblichen Aufzählung von Erinnerungen verlieren, in denen das Wort »magisch« auftaucht, oder andere persönliche Episoden beschwören. Mir genügt es, dir eine andere Geschichte zu widmen, ein unvergessliches Bild meines Landes aus einem alten Film:

Es war einmal ein armes Land namens Italien mit geringen Löhnen und entsprechend eingeschränktem Konsum, in dem der

Kauf eines Fahrrads ein erhebliches Opfer für eine Familie bedeutete. In der bürgerlichen Schicht der Angestellten war es die Belohnung für den Sohn, der die höhere Schule beendete, für die Arbeiter, Tagelöhner und Bauern dagegen ein Arbeitsinstrument und zudem häufig die Voraussetzung, überhaupt Arbeit zu bekommen. Während des Krieges benutzten die Stafetten der Partisanen das Fahrrad, und in den schwierigen Nachkriegsjahren war es das einzige Mittel, um im Sommer ans Meer oder in die Berge zu fahren, um im Freien zu picknicken.

Es war ein Italien, in dem der Diebstahl dieses wertvollen Transportmittels ein regelrechtes Drama war. Erinnere dich an den schönen Film von De Sica, Fahrraddiebe, *der im Rom der kleinen Gauner, der Betrüger, der professionellen Diebe und der müden Ordnungshüter (von denen man nie weiß, ob sie mit den Dieben unter einer Decke stecken oder nicht) spielt, in dem Fahrraddiebstähle an der Tagesordnung sind und die Überführung der Verantwortlichen ins Gefängnis (wenn sie überhaupt überführt und verhaftet werden konnten) nichts Besonderes ist.*

Es war ein Italien, in dem das Fahrrad eine Versuchung darstellte, die einen gewissen Antonio zum Diebstahl reizte, den Köder, mit dem ein Pädophiler auf der Piazza Vittorio einen kleinen Jungen anlockte. Ein Italien, in dem der Verlust der Arbeit die endgültige Verzweiflung einer armen Familie bedeutete, die all ihre Überlebenshoffnungen auf diesen bescheidenen Gegenstand gesetzt hatte.

Es war ein anderes Italien, und es waren andere Fahrräder.
Tausend Dank.

Routen eines Radlers, der in die Stadt zurückgekehrt ist

Und jetzt?

Jetzt möchte ich die Savanne sehen, den Regenwald, bei Mondschein unter freiem Himmel schlafen und die Hyänen wenige Meter von unserem Zelt entfernt heulen hören. Ich möchte eine Familie von Warzenschweinen aus der Nähe betrachten und mich drei Tage lang nicht waschen. Die Mäntel meiner Fahrradreifen in vierhundert Kilometern Felsen, Lava und Sand zerstören. Samburu-Frauen mit ihrer Kopfbedeckung und ihren Ketten aus bunten Perlen sehen. Lanzenbewehrten Männern begegnen, die uns wie Marsmenschen beobachten. Vormittags mit dem Boot auf Safari gehen, um Krokodile und Nilpferde zu fotografieren, und mich nachmittags inmitten dichter Vegetation der Gefahr aussetzen, von Löwen angegriffen zu werden.

Man könnte in Sansibar beginnen und bis zur Küste des Ozeans gelangen. Doch vielleicht ist die Reise zu anstrengend und abenteuerlich, besser wäre eine Fahrradtour durch Marokko zwischen Berberhirten mit ihren Dromedarherden. In diesem Fall könnten wir in Marrakesch mit einem Geländewagen starten und uns dann bis zu den ersten Dünen aufs Fahrrad schwingen. Ich stelle mir die Szene schon vor …

Die schwarze Finsternis verschluckt uns augenblicklich,

man sieht keine zwei Meter weit, obwohl ich den ganzen Tag damit verbracht habe, die Halogenscheinwerfer, die Frontplatten und die unvermeidliche Webcam auf die Fahrradhelme zu montieren. Wir rufen immer wieder unsere Namen, aus Angst, uns im Dunkeln zu verlieren. Jutta beschließt, alle Lichter auszumachen, damit die Augen sich an das Mondlicht gewöhnen.

»Du bist ja vollkommen verrückt«, sage ich zu ihr. »Du riskierst, im Sand zu versinken oder gegen einen verdorrten, mit mörderischen Akazienstacheln bewehrten Strauch zu prallen, die in die Haut dringen und die Reifen durchstechen, und zwar tausendmal schlimmer als die Dornen in Nauders!« Denn gerade wenn sich durch das lange, stete Treten allmählich die Müdigkeit bemerkbar macht, platzt der Reifen. Wenn man Pech hat, sogar beide Reifen! Wir sind beide damit beschäftigt, die Reifen abzumontieren (inzwischen haben wir es gelernt), aber was für eine Kälte! Der Wind bläst unaufhörlich, und der kalte Schweiß trocknet am Körper. Nachdem wir die Räder in dem schwachen Licht der Handydisplays entfernt haben, stellen wir fest, dass der innere Zapfen zerbrochen ist. Mist! Und jetzt?

Fast hätten wir den Schatten nicht bemerkt, der aus den Bergen angelaufen kommt. Wir erkennen den Jogger aus Roßhaupten wieder, der, als Wüstenräuber verkleidet, zunächst versucht, uns die Handys zu klauen und der sich dann, um sich vor der beißenden und kratzenden Jutta zu schützen, mit unseren Fahrrädern aus dem Staub macht. Uns wird klar, dass die einzige Hoffnung auf Rettung darin besteht, seinen Spuren zu folgen und zu versuchen, ihn einzuholen. Wir machen uns auf den Weg. Als wir zu einem Grat kommen, umgehen wir ihn und dringen in einen Stollen ein, in dem uns Herr Dietrich erwartet, verkleidet als Beduine mit einem Amethyst um den Hals.

»Seid auf der Hut«, warnt er uns.

Es gibt dort zwar keine Kois, dafür aber Skorpione. Nein, es ist besser, sich von solchen Abenteuern fernzuhalten. Vielleicht ist es sicherer, von Orléans nach Angers an der Loire entlangzuradeln, zwischen Königen und Königinnen, Sonnenblumenfeldern, Schlössern, Abteien und Weinbergen. Ein flaches Gelände inmitten von Eichen und Birken ist entschieden besser als eine anstrengende Fahrt durch die Wüste.

Das sind lediglich Gedanken für das nächste Jahr. Wir werden sehen. Erst einmal habe ich mein Mountainbike noch mal hervorgeholt und bin wieder zu dem städtischen Radfahrer auf den Straßen von Obermenzing mutiert. Der Frühling ist inzwischen auch in München angekommen. Gino folgt mir auf Schritt und Tritt und wedelt glücklich mit dem Schwanz. Ich verlasse die Verdistraße und fahre durch eine Fußgängerzone. Am Ende der Strecke drossele ich die Geschwindigkeit, um die ankommenden Wagen zu kontrollieren. Gino ist ein paar Meter vor mir. Der Autofahrer sieht ihn und fährt langsamer, um ihn vorbeizulassen. Dann will ich die Straße überqueren, doch er fährt wieder los und schneidet mir den Weg ab. Gino haben sie vorbeigelassen. Mich nicht. Einem Hund schenkt man in Deutschland ganz offensichtlich mehr Aufmerksamkeit.

In Rom, wo das Fahren auf zwei Rädern – wie ich bereits sagte – ein halsbrecherisches Unternehmen ist, das eine Enzyklika verdienen würde, wird dem städtischen Radfahrer das Leben noch schwerer gemacht. Denn nach den Schlaglöchern sind die Autos der Feind Nummer eins. Während die Autofahrer in Deutschland noch einigermaßen freundlich zu den Radfahrern sind (nach den Hunden natürlich), geht in Rom die größte Gefahr zum einen von den Menschen aus, die ihre Wagentür direkt vor meiner Nase öffnen, und von denen, die mich schneiden. Ganz zu schweigen von den Türen der Laster, die ganz plötzlich auf der Höhe meiner Zähne aufgerissen werden. Am gefährlichsten sind die Postfahrer, die plötzlich anhalten und weiterfahren, um Pakete und Briefe auszuliefern. Mein uneingestandener Schrecken ist von einem Müllwagen überfahren zu werden. Mehr als alles andere fürchte ich, eines Tages mit Müll verwechselt und der getrennten Müllsammlung zugeführt zu werden – ich glaube nicht, dass ich in die Müllverbrennung komme ... Wenn man dagegen unter einen Krankenwagen gerät, kann das sehr praktisch und bequem sein, da sie einen dann direkt ins Krankenhaus bringen.

Seit Jutta und ich die Via Claudia Augusta verlassen haben, bin ich extrem vorsichtig. Trotzdem bin ich die beiden Male, als ich in meiner Stadt das Fahrrad genommen habe, zu Boden geworfen worden.

Die Umgehungsstraße ist eine Hölle aus glühendem Blech, lautem Gehupe und gestressten Nervensystemen. Nur ein Verrückter kann auf die Idee kommen, sie mit dem Rad entlangzufahren. Und ich bin so einer! Ich fahre in Schrittgeschwindigkeit auf der linken Spur an einer fast stehenden Autoschlange vorbei. Aus einem Pick-up mit offenen Fenstern dringt eine ohrenbetäubende »Musik«: BUMM, BUMM, BUMM ... BUMM, BUMM. Ein junger Mann mit Zöpfchen, der neben mir auf dem Bürgersteig geparkt hat, will aussteigen, um seine Jacke auszuziehen, öffnet die Wagentür und schleudert mich zu Boden. Zum Glück bin ich unverletzt, nur ein bisschen erschrocken.

»He, hast du keine Augen im Kopf?«, rufe ich.

Daraufhin er gereizt: »Wie soll ich dich sehen bei der lauten Musik?«

Die Reaktion spricht für sich selbst.

Ein anderes Mal, letzten Monat, komme ich zur Kreuzung zwischen der Piazza Venezia und der Via IV Novembre, einen Ort, der höchste Aufmerksamkeit, Vorsicht, Takt, Diplomatie und Können verlangt. Zwei alte Opas wären beinahe zusammengeprallt und beschimpfen sich jetzt gegenseitig mit hochroten Köpfen. Vermutlich stehen sie beide kurz vor einem schweren Herzinfarkt. Der linke ist bereits aus dem Wagen ausgestiegen und provoziert sein Gegenüber. Daraufhin öffnet der andere ebenfalls die Wagentür, und zwar genau in dem Augenblick, als ich auftauche. Es gelingt mir gerade noch auszuweichen, trotzdem stürze ich. Wehrlos wende ich mich an die betagten Rivalen.

»Wenn Sie sich gegenseitig umbringen wollen, dann tun Sie es, aber was habe ich damit zu tun?«

Den Rest will ich Ihnen lieber ersparen.

Um endlich zum Schluss zu kommen: Jutta und ich beschließen, ein Fahrrad in der Villa Borghese zu mieten und eine Tour in die historische Altstadt zu machen. Aus Versehen landen wir auf der für Busse und Taxen reservierten Fahrspur. Prompt kommt ein Wagen mit hoher Geschwindigkeit angebraust und bremst scharf. Wir machen ihm Platz und entschuldigen uns für unsere Zerstreutheit, doch der Taxifahrer öffnet das Wagenfenster und überschüttet uns mit einer Flut von Schimpfwörtern. Zumindest nehmen wir das an aufgrund des Tones und des wütenden Gesichts, denn wir verstehen kein einziges Wort. Ich verstehe nun wirklich fast alle Dialekte Süditaliens, einschließlich des sizilianischen, doch weiß der Teufel, woher der Mann kommt. Denn obwohl er einen ausgeprägten süditalienischen Akzent hat, klingt es eher türkisch, als er Wörter wie *creuczucc, tezzeck* und *baruk* von sich gibt.

Verdutzt, wie ich bin, verschlägt es mir die Sprache.

Jutta dagegen, stinksauer wie eine Hyäne (der ich übrigens nicht beggegnen möchte, falls wir nächsten Sommer beschließen sollten, eine Reise in den Regenwald zu unternehmen), wettert zurück: »WIR HABEN GAR KEIN AUTO, SIGNORE!«

Ob er sie wohl verstanden hat?

Nachwort

Ich beglückwünsche Sie herzlich, liebe Leser, die Sie es bis hierher geschafft haben.

Somit möchte ich Ihnen auch meine heutigen Gedanken nicht ersparen.

Gehen Sie einfach davon aus, dass *ich* in diesem Buch die Wahrheit geschrieben habe, Bruno dagegen, wie heißt es so passend?, Bruno *lügt wie gedruckt*.

Natürlich möchte ich es Ihnen überlassen, zu entscheiden, wer von uns beiden mehr geflunkert hat ...

Endlich, nach fünf Monaten Kälte und winterlichem Grau, zeigt sich seit ein paar Tagen die Frühlingssonne. Unsere Mountainbikes, die staubüberzogen in der Garage im Winterschlaf dösen, werden heute Nachmittag herausgeholt und geputzt. So haben wir es zumindest heute Morgen um 8.00 Uhr beschlossen. Bruno ist dann zur S-Bahn gelaufen, weil, man soll es nicht glauben, um 8.30 Uhr *sein Deutschkurs* beginnt. Falls unser Buch jemals gedruckt werden sollte, stehen ja eventuell Lesungen an, da muss er gewappnet sein. So sitzt er im Goethe-Institut, schwitzt und findet »*tedesco molto difficile*«.

Ich kann ihm da nur recht geben, denn auch ich bin dieser Sprache nicht so ganz gewachsen. Ein Leben lang werde ich die Regeln der Interpunktion ignorieren, und die in Mode gekommenen ständigen Veränderungen bei der Groß- und Kleinschreibung sind mir grad recht, denn so kann ich mich immer herausreden. Mal ist es die neue, mal die alte Variante. Weiß der Himmel, wonach Bruno Deutsch lernt, somit ist ja schon vorprogrammiert, dass wir uns wieder nicht verstehen.

Es war ein Abenteuer, dieses Buch zu schreiben, jedenfalls für mich. Hab ich doch bis zum heutigen Tage keine Ahnung, was Bruno geschrieben hat. Desgleichen tappt auch er völlig im Unklaren. Während Bruno in Rom bei mildem Winterlicht in den sonnenbeschienenen Frühling auf Italienisch in seinen Computer getippt hat, habe ich mich auf Deutsch in München durch Schneeflocken gequält. Hin und wieder haben wir uns kichernd kleine Gemeinheiten am Telefon erzählt, haben auch parallel ein Kapitel gemeinsam geschrieben.

Er sagte natürlich: *»You will be astonished.«*
»Also you«, meinte ich daraufhin nur lakonisch.

Was wir aber beide aus dieser Reise mitgenommen haben, ist das wunderbare Gefühl, eine schier unerreichbare Sache gemeistert zu haben. Die Profis unter Ihnen mögen sich jetzt vielleicht schepps lachen, aber wenn Sie einmal betrachten, mit welcher Naivität wir losgezogen sind, verstehen Sie sicher unseren Stolz. Auch dass wir beide sofort wieder losziehen würden, um eine erneute Radltour zu unternehmen, hätten wir vor einem halben Jahr nicht zu träumen gewagt.

Allen Unkenrufen zum Trotz lieben wir uns immer noch, da konnte selbst der Reschenpass nichts dran ändern. Die Prüfung haben wir auch bestanden. Eigentlich kann ich nur allen Pärchen dazu raten, so eine Reise zu wagen. Entweder ist die Krise, die Sie vermeintlich haben, danach vorüber und Sie sind neu verliebt, oder Sie beide haben es jetzt endlich geschafft, sich zu trennen. Sicher ist, dass Sie nicht mehr bereit sein werden, in einem unguten Beziehungsgefühl weiterzuwabern. Sie werden sich von »der Zicke« leicht trennen können, weil sie »den Trottel« nicht mehr länger erträgt.

Bruno möchte einen Kurs im Radlflicken belegen, und ich werde mir ein Navigationssystem ins Hirn einbauen lassen, welches auf Zuruf leicht zu bedienen ist.

Lassen Sie mich Ihnen noch etwas erzählen am Ende.

Meine Großmutter, die ich sehr geliebt habe, hat mir als Kind immer, wenn ich etwas schier Unmögliches machen wollte, aber mich nicht so recht traute, weil ich nicht wusste, wie ich beginnen sollte, die Fabel vom Ulmer Spatz erzählt.

Genau wie den Amseln, Spatzen und Kohlmeisen, die heute meine letzten Zeilen mit ihrem eifrigen Vogelgezwitscher aus dem Garten begleiten und dabei Hälmchen, Gräser und die von mir in die Bäume gelegten Hundehaare von Gino zupfen und quer in ihre Schnäbel stecken, erging es auch dem Spatz von Ulm. Dieser wollte ein besonders schönes Nest für seine Brut bauen und hatte sich dafür das Ulmer Münster ausgesucht. Hoch oben im Glockenturm begutachtete er die Balken über den großen, schweren Glocken und befand sie als idealen Brutplatz. Auf diese Idee würde kein anderer Spatz kommen, und außer dem bisserl Gebimmel würde ihn und seine Nachfahren auch nichts stören können, weil die schmalen Turmfenster es Raubvögeln oder auch Katzen unmöglich machen würden, das Nest zu räubern.

Also sammelte der kleine Spatz emsig große Halme und Gräser, packte den Schnabel so voll, wie er nur konnte, und flog hinauf zum Turmfenster. Jetzt war sein Erstaunen allerdings groß, denn er kam nicht durch. Immer wieder versuchte er, mit seiner Beute, die ihm quer im Schnabel hing, durch den schmalen Spalt zu fliegen, aber da er so viele Gräser trug, ließen sie sich auch nicht knicken. So flog er wieder hinunter und dachte nach. Der Spatz war jedoch ein kluger Spatz. Er war bei weitem nicht so doof wie die Ulmer Bauern, die beim Torbau ihrer Stadtmauer vor dem gleichen Problem standen und die Balken auch quer hindurchzwängen wollten. Der Spatz nahm erneut die Halme in den Schnabel, diesmal aber wie eine Lanze nach vorne gestreckt. So musste er zwar öfter fliegen, aber er kam problemlos durch das Turmfenster hindurch.

Was habe ich daraus gelernt? In erster Linie Durchhaltevermögen und in zweiter Linie, Lösungen zu finden und mein Gehirn zu benutzen. Auch auf unserer Reise habe ich an diese Geschichte gedacht, sie begleitet mich ein Leben lang. Sicher hat sich ihr Inhalt verändert, und Sie, denen diese Fabel ebenfalls bekannt vorkommt, meinen eine andere zu kennen, aber ich habe nur die Essenz behalten und sie als Lebensmotto benutzt.

Meiner Tochter Franziska, die in ihrem Leben auch oft vor schwierigen Problemen stand und immer wieder steht, habe ich von klein auf diese Geschichte erzählt. Sie übt momentan noch, die Hälmchen nach vorne zu drehen, aber das wird schon.

Im Übrigen möchte sie mit ihrem Pferd die gleiche Strecke reiten. Ob die liebe Familie Dietrich mit ihren Kois auch Reiter mit Pferd beherbergt, weiß ich allerdings nicht!

Beruhigt können Sie, liebe Leser, nun das Buch zuklappen, denn es ist zu Ende.

Jutta Speidel im Frühling 2009

Danksagung

Wir sagen danke und Entschuldigung an alle, die in unserem Buch erwähnt worden sind. Sie entscheiden, ob sie existieren oder nicht!

Danke auch an Herrn Erik Schmauß vom Bianchi Store München, wo Jutta ein Fahrrad für Bruno gekauft hat und die Idee zu dieser Reise entstand.

Ein spezieller Dank geht an: unseren Mentor Dr. Hans Christian Meiser, Heidi Graf und Gert-Jan Pooth, ebenso an Bernd Groh und Marc Krähling.

Horizont – obdachlosen Kindern und Müttern helfen!

Schicksalsschläge und schreckliche Umstände führen immer wieder dazu, dass Mütter mit ihren Kindern plötzlich auf der Straße stehen. Solche menschenunwürdigen Situationen hinterlassen tiefe Spuren und machen es vielen Mädchen und Buben schwer, in unserer Gesellschaft Fuß zu fassen.
Darum haben wir von **HORIZONT e.V.** einen Ort geschaffen, an dem **obdachlose Kinder mit ihren Müttern zur Ruhe kommen können.** Im **HORIZONT-Haus** finden sie eine Heimat auf Zeit. Hier erleben sie persönliche Fürsorge und qualifizierte Betreuung, die ihnen ermöglicht, ihr Leben selbst in die Hand zu nehmen.
HORIZONT e.V. ist dabei auf Spenden angewiesen. Gerade in der heutigen Zeit ist es notwendig, von Herzen für einander da zu sein. Ich zähle auf Sie und danke Ihnen für Ihre Unterstützung!

Jutta Speidel
Gründerin und Erste Vorsitzende von HORIZONT e.V.

PS: Mehr Informationen erhalten Sie unter
www.horizont-ev.org
Spenden können Sie auch auf folgende Konten:

HORIZONT e.V. | HypoVereinsbank München
Konto 35 60 12 0000 | BLZ 700 202 70

oder HORIZONT e.V. | Stadtsparkasse München
Konto 102 202 | BLZ 701 500 00

JETZT NEU

 Aktuelle Titel | **Login/ Registrieren** | **Über Bücher diskutieren**

Jede Woche vorab in einen brandaktuellen Top-Titel reinlesen, ...

... Leseeindruck verfassen, Kritiker werden und eins von **100** Vorab-Exemplaren gratis erhalten.

 vorablesen.de